westermann

Mathematik heute 8

Thüringen

Herausgegeben von
Rudolf vom Hofe, Bernhard Humpert
Heinz Griesel, Helmut Postel

Mathematik heute 8

Thüringen

Herausgegeben und bearbeitet von

Prof. Dr. Rudolf vom Hofe, Bernhard Humpert
Prof. Dr. Heinz Griesel, Prof. Helmut Postel

Arno Bierwirth, Heiko Cassens, Dr. Thomas Hafner, Dirk Kehrig, Manfred Popken, Torsten Schambortski

An dieser Ausgabe für Thüringen wirkten mit:
Christine Fiedler, Sylvia Günther, Sarah Hentschel, Jörg Triebel, Ulrich Wenzel

Zum Schülerband erscheint:
Lösungen Best.-Nr. 150342
Arbeitsheft Best.-Nr. 150343
Diagnose und Fördern Best.-Nr. 150344
Kommentare und Kopiervorlagen Best.-Nr. 150345
BiBox – Digitale Unterrichtsmaterialien Lehrer-Einzellizenz Best.-Nr. 150347
BiBox – Digitale Unterrichtsmaterialien Lehrer-Kollegiumslizenz Best.-Nr. 150348

Diagnostizieren. Fördern. Evaluieren.
Die OnlineDiagnose zu diesem Lehrwerk testet die wichtigsten Kompetenzen und erstellt individuelle Fördermaterialien und Arbeitshefte zum Downloaden oder Bestellen. Nähere Informationen unter
www.onlinediagnose.de

westermann GRUPPE

© 2020 Bildungshaus Schulbuchverlage
Westermann Schroedel Diesterweg Schöningh Winklers GmbH, Braunschweig
www.westermann.de

Das Werk und seine Teile sind urheberrechtlich geschützt. Jede Nutzung in anderen als den gesetzlich zugelassenen Fällen bedarf der vorherigen schriftlichen Einwilligung des Verlages. Nähere Informationen zur vertraglich gestatteten Anzahl von Kopien finden Sie auf www.schulbuchkopie.de.
Für Verweise (Links) auf Internet-Adressen gilt folgender Haftungshinweis: Trotz sorgfältiger inhaltlicher Kontrolle wird die Haftung für die Inhalte der externen Seiten ausgeschlossen. Für den Inhalt dieser externen Seiten sind ausschließlich deren Betreiber verantwortlich. Sollten Sie daher auf kostenpflichtige, illegale oder anstößige Inhalte treffen, so bedauern wir dies ausdrücklich und bitten Sie, uns umgehend per E-Mail davon in Kenntnis zu setzen, damit beim Nachdruck der Verweis gelöscht wird.

Druck A[1] / Jahr 2020
Alle Drucke der Serie A sind im Unterricht parallel verwendbar.

Redaktion: Dr. Heike Bütow
Titel- und Innenlayout: LIO DESIGN GmbH, Braunschweig
Illustrationen: Carla Miller; Zeichnungen: Langner & Partner
Druck und Bindung: Westermann Druck GmbH, Braunschweig

ISBN 978-3-14-**150341**-8

INHALTSVERZEICHNIS

	Zum methodischen Aufbau der Lerneinheiten	4
	Bleib fit im Umgang mit Prozenten	6
1	**Prozent- und Zinsrechnung**	**10**
	Prozentuale Veränderung	12
	Promillerechnung	21
	Zinsrechnung	23
	Im Blickpunkt: Mathematik aus der Zeitung	28
	Punkte sammeln	29
	Vermischte und komplexe Übungen	30
	Was du gelernt hast	32
	Bist du fit?	33
2	**Terme, Gleichungen und Formeln**	**34**
	Terme – Grundlagen	36
	Termumformungen	39
	Terme mit Klammern	43
	Lösen von Gleichungen	49
	Lösen von Sachaufgaben mithilfe von Gleichungen	51
	Umstellen von Formeln	53
	Punkte sammeln	55
	Vermischte und komplexe Übungen	56
	Was du gelernt hast	58
	Bist du fit?	59
	Im Blickpunkt: Berechnen von Termen mit dem Computer	60
	Bleib fit im Umgang mit Flächeninhalt und Volumen	62
3	**Prismen**	**64**
	Prismen – Netz und Schrägbild	66
	Ansichten von Prismen – Zweitafelbild	73
	Oberflächeninhalt von Prismen	76
	Volumen von Prismen	78
	Punkte sammeln	81
	Vermischte und komplexe Übungen	82
	Was du gelernt hast	84
	Bist du fit?	85
	Im Blickpunkt: Verpackungsmathematik	86
4	**Quadrat- und Kubikwurzeln**	**88**
	Quadrieren	90
	Quadratwurzelziehen	92
	Kubikwurzeln	98
	Vermischte und komplexe Übungen	100
	Was du gelernt hast	101
	Bist du fit?	101
	Im Blickpunkt: Das Heron-Verfahren – Wurzelberechnung mit dem Computer	102
5	**Kreis und Zylinder**	**104**
	Umfang und Flächeninhalt eines Kreises	106
	Im Blickpunkt: Sinnvolle Genauigkeit beim Rechnen mit π	116

	Eigenschaften und Darstellung eines Zylinders	117
	Oberflächeninhalt und Volumen eines Zylinders	120
	Punkte sammeln	125
	Vermischte und komplexe Übungen	126
	Was du gelernt hast	130
	Bist du fit?	131
	Im Blickpunkt: Blechdosen – Zylinder mit vorgegebenem Volumen	132
6	**Rechtwinklige Dreiecke**	**134**
	Satz des Thales	136
	Satz des Pythagoras	139
	Umkehrung des Satzes des Pythagoras	144
	Berechnen von Längen mithilfe von rechtwinkligen Teildreiecken	146
	Punkte sammeln	149
	Vermischte und komplexe Übungen	150
	Was du gelernt hast	152
	Bist du fit?	153
7	**Pyramide – Kegel – Kugel**	**154**
	Eigenschaften und Darstellung von Pyramiden	156
	Oberflächeninhalt von Pyramiden	159
	Eigenschaften und Darstellung von Kegeln	162
	Oberflächeninhalt von Kegeln	164
	Volumen der Pyramide und des Kegels	168
	Kugel – Volumen und Oberflächeninhalt	172
	Punkte sammeln	178
	Vermischte und komplexe Übungen	179
	Was du gelernt hast	182
	Bist du fit?	183
8	**Zufall und Wahrscheinlichkeit**	**184**
	Zufallsexperimente und Wahrscheinlichkeit	186
	Wahrscheinlichkeit und relative Häufigkeit	191
	Im Blickpunkt: Simulation von Zufallsexperimenten	195
	Wahrscheinlichkeit eines Ereignisses – Summenregel	196
	Im Blickpunkt: Mädchen oder Junge	201
	Punkte sammeln	202
	Vermischte und komplexe Übungen	203
	Was du gelernt hast	206
	Bist du fit?	207

Bist du topfit? 208

Anhang 222
Lösungen zu Bist du fit? 222
Lösungen zu Bist du topfit? 229
Einheiten 233
Mathematische Symbole 234
Stichwortverzeichnis 235
Bildquellennachweis 236

ZUM METHODISCHEN AUFBAU DER LERNEINHEITEN

EINSTIEG bietet einen direkten Zugang zum Thema, eröffnet die Möglichkeit zum Argumentieren und Kommunizieren und führt zum Kern der Lerneinheit.

AUFGABE mit vollständigem Lösungsbeispiel. Diese Aufgaben können alternativ oder ergänzend als Einstiegsaufgaben dienen. Die Lösungsbeispiele eignen sich sowohl zum eigenständigen Nacharbeiten als auch zum Erarbeiten von Lernstrategien.

FESTIGEN UND WEITERARBEITEN Hier werden die neuen Inhalte durch benachbarte Aufgaben, Anschlussaufgaben und Zielumkehraufgaben gefestigt und erweitert. Sie sind für die Behandlung im Unterricht konzipiert und legen die Basis für die erfolgreiche Entwicklung mathematischer Kompetenzen.

INFORMATION Wichtige Begriffe, Verfahren und mathematische Gesetzmäßigkeiten werden hier übersichtlich hervorgehoben und an charakteristischen Beispielen erläutert. Ausschließlich realschulabschlussbezogene Inhalte sind mit einem blauen Punkt ● gekennzeichnet.

ÜBEN In jeder Lerneinheit findet sich reichhaltiges Übungsmaterial. Dabei werden neben grundlegenden Verfahren auch Aktivitäten des Vergleichens, Argumentierens und Begründens gefördert, sowie das Lernen aus Fehlern. Aufgaben mit Lernkontrollen sind an geeigneten Stellen eingefügt.
Grundsätzlich lassen sich fast alle Übungsaufgaben auch im Team bearbeiten. In einigen besonderen Fällen wird zusätzlich Anregung zur Teamarbeit gegeben. Die Fülle an Aufgaben ermöglicht dabei unterschiedliche Wege und innere Differenzierung.

PUNKTE SAMMELN Hier werden Aufgaben auf drei Niveaustufen angeboten. Schülerinnen und Schüler sollen eigenständig Aufgaben auswählen, individuell bearbeiten und dabei mindestens 7 Punkte erreichen.

VERMISCHTE UND KOMPLEXE ÜBUNGEN Hier werden die erworbenen Qualifikationen in vermischter Form angewandt und mit den bereits gelernten Inhalten vernetzt.

BLÜTENAUFGABEN bestehen aus vier Teilaufgaben mit unterschiedlichen Kompetenzanforderungen: Vorwärtsrechnen, Rückwärtsrechnen, komplexe Erweiterungen und offene Aufgabe. Sie beziehen sich auf ein gemeinsames Thema und sind unabhängig voneinander zu lösen. Bei Aufgaben ohne Fragestellungen sollen die Schülerinnen und Schüler geeignete Fragestellungen selbst formulieren und bearbeiten.
Die Teilaufgaben sind nicht nach der Schwierigkeit geordnet, sondern mit unterschiedlichen Farben gekennzeichnet. Auch hier sollen Schülerinnen und Schüler eigenständig Aufgaben auswählen. Dabei hat sich folgende Methode bewährt:
(1) Lesen und Klären von Fragen im Klassenunterricht;
(2) Auswählen und individuelles Bearbeiten von zwei Aufgaben in Einzelarbeit;
(3) Vergleichen und Ergänzen in Gruppenarbeit mit anschließender Präsentation.

WAS DU GELERNT HAST	Hier sind die neuen Inhalte eines Abschnitts kompakt zusammengefasst. Ausschließlich realschulabschlussbezogene Inhalte sind mit einem blauen Punkt ● gekennzeichnet. Durch diesen Überblick wird Strategiewissen gefördert und der Aufbau von kumulativem Basiswissen unterstützt.
BIST DU FIT? / BIST DU TOPFIT?	Auf den Seiten am Ende eines Kapitels können Lernende eigenständig überprüfen, inwieweit sie die neu erworbenen Kompetenzen beherrschen. Auf den Seiten 208–221 werden Basiswissen und allgemeine Kompetenzen überprüft, die sich auf übergreifende Themen der Jahrgangsstufe 8 beziehen. Die Lösungen hierzu sind im Anhang des Buches abgedruckt.
IM BLICKPUNKT / PROJEKT	Hier geht es um komplexere Sachzusammenhänge, die durch mathematisches Denken und Modellieren erschlossen werden. Die Themen gehen dabei häufig über die Mathematik hinaus, sodass fächerübergreifende Zusammenhänge erschlossen werden. Es ergeben sich Möglichkeiten zum Arbeiten in Projekten und zum Einsatz neuer Medien.
PIKTOGRAMME	weisen auf besondere Anforderungen bzw. Aufgabentypen hin:

Teamarbeit · Suche nach Fehlern · Blütenaufgabe · Internet · Tabellenkalkulation · Dynamische Geometrie-Software

Zur Differenzierung

Der Aufbau der Lerneinheiten und die Übungen sind dem Schwierigkeitsgrad nach eingestuft. Sie bilden ein breites Spektrum an Lernmöglichkeiten, die den Bereich mathematischer Kernkompetenzen für mittlere Schulen umfassend abbilden. Neben Basiskompetenzen wird dabei auch das Kompetenzniveau starker Lerngruppen bzw. von Erweiterungskursen solide erfasst.
Eine Hilfe für innere Differenzierung bilden die folgenden Zeichen:
Grundanforderungen für Kurs I und II: schwarze Aufgabennummer, z. B. **7.**
Zusätzliche Anforderungen für Kurs II: blaue Aufgabennummer, ● und z. B. **7.**
Besonders anspruchsvolle Aufgaben: rote Aufgabennummer, z. B. **7.**

Zusätzliche Aufgabenstellungen sind durch Z, Z und Z gekennzeichnet.

BLEIB FIT IM UMGANG MIT...

PROZENTEN

AUFWÄRMEN

1. Schreibe den dargestellten Anteil als Bruch, als Dezimalbruch und in Prozent.

a)  b) 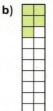 c) d) 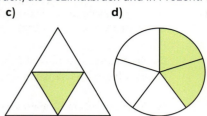 e)

2. Bei verpacktem Aufschnitt ist oft der Fettanteil in Prozent angegeben.
   a) Ein Schinken enthält 20 % Fett. Wie viel Gramm Fett enthält eine Scheibe, die 15 g wiegt?
   b) Eine Salami wird untersucht: In 80 g sind 24 g Fett enthalten. Welchen Fettanteil hat diese Salami?
   c) Eine Käsesorte trägt die nebenstehende Aufschrift. Wie viel wiegt eine Käsescheibe?

ERINNERUNG

(1) Angabe von Anteilen in Prozent
Anteile an einem Ganzen gibt man oft in Prozent an; Prozent bedeutet *Hundertstel*. Das Ganze bezeichnet man als **Grundwert** G, den Teil als **Prozentwert** W, den Anteil als **Prozentsatz** p %.

$$p\,\% = \frac{p}{100}$$

Ganzes — Anteil — Teil

Grundwert $\xrightarrow{\cdot\,\text{Prozentsatz}}$ Prozentwert

(2) Grundaufgaben der Prozentrechnung
Man berechnet den Prozentwert, indem man den Grundwert mit dem Prozentsatz multipliziert.

Wie viel sind 16 % von 300 €?

Ansatz: $300\,€ \xrightarrow{\cdot\,16\,\%} W$

Rechnung: $W = 300\,€ \cdot \frac{16}{100}$
$= 300\,€ \cdot 0{,}16 = 48\,€$

Man berechnet den Grundwert, indem man den Prozentwert durch den Prozentsatz dividiert.

30 % eines Grundwertes sind 18 €.

Ansatz: $G \xrightleftharpoons[:\,30\,\%]{\cdot\,30\,\%} 18\,€$

Rechnung: $G = 18\,€ : \frac{30}{100}$
$= 18\,€ \cdot \frac{100}{30} = 60\,€$

Man berechnet den Prozentsatz, indem man den Prozentwert durch den Grundwert dividiert und das Ergebnis in der Prozentschreibweise notiert.

Wie viel % sind 24 € von 80 €?

Ansatz: $80\,€ \xrightarrow{\cdot\,p\,\%} 24\,€$

Rechnung: $p\,\% = \frac{24\,€}{80\,€}$
$= 0{,}3 = \frac{30}{100} = 30\,\%$

TRAINIEREN

3. a) Schreibe als Bruch mit dem Nenner 100 und als Dezimalbruch:
4 %; 12 %; 100 %; 28 %; 85 %; 3,5 %; 12,5 %; 18,4 %; 92,5 %

b) Schreibe als Dezimalbruch und als Prozentsatz:
$\frac{6}{100}$; $\frac{5}{100}$; $\frac{37}{100}$; $\frac{2,5}{100}$; $\frac{40,5}{100}$; $\frac{7}{10}$; $\frac{3}{5}$; $\frac{2}{50}$; $\frac{3}{4}$; $\frac{13}{20}$; $\frac{7}{25}$; $\frac{6}{8}$

c) Schreibe als Bruch mit dem Nenner 100 und als Prozentsatz:
0,40; 0,37; 0,07; 0,09; 0,125; 0,4; 0,065; 0,095; 0,0175

4. Schreibe als gekürzten Bruch und stelle grafisch wie in Aufgabe 1 (Seite 6) dar.
a) 20 %   b) 10 %   c) 75 %   d) 40 %   e) 90 %   f) 15 %

5. Berechne ohne Taschenrechner.
a) 50 % von 240   c) 25 % von 64   e) 15 % von 160   g) 40 % von 75
b) 10 % von 180   d) 75 % von 36   f) 90 % von 180   h) 1 % von 48

6. Berechne den Prozentwert.
a) 8 % von 660 €
b) 14 % von 130 kg
c) 13,7 % von 5,2 km

Aufgabe:	6,5 % von 1 210 €	
Rechnung:	100 %	1 210 €
	1 %	12,10 €
	6,5 %	12,10 € · 6,5 = 78,65 €

Du kannst auch den Dreisatz verwenden.

7. Berechne den Grundwert G.
a) 32 € sind 4 % von G
b) 540 m sind 24 % von G
c) 21,3 g sind 14,2 % von G

Aufgabe:	21,3 g sind 14,2 % von G	
Rechnung:	14,2 %	21,3 g
	1 %	1,5 g
	100 %	150 g

8. Berechne den Prozentsatz.
a) p % von 700 m sind 56 m
b) p % von 650 kg sind 78 kg
c) p % von 18 € sind 1,08 €

Aufgabe:	p % von 68 m² sind 2,38 m²	
Rechnung:	68 m²	100 %
	1 m²	$\frac{100\,\%}{68}$
	2,38 m²	$\frac{100\,\% \cdot 2,38}{68} = 3,5\,\%$

9. Betrachte die Packung links.
a) Wie viel Fett nimmst du zu dir, wenn du eine Scheibe dieses Schinkens isst?
b) Wie viel Scheiben von dem Schinken darf man noch essen, wenn man damit nur noch 5 g Fett zu sich nehmen möchte?
c) Ein Bratenaufschnitt enthält 6 g Fett in 120 g Braten. Wie viel Prozent Fett muss auf der Verpackung ausgezeichnet werden?

10. In einem kleinen Staat stellen sich vier Parteien zur Wahl:

Berechne den Stimmenanteil jeder Partei und zeichne ein Kreisdiagramm.

11. Die Tabelle enthält die Schülerzahlen einer Schule.

Klassenstufe	Jungen	Mädchen
7	47	35
8	51	39
9	43	52
10	28	24

a) Wie viel Prozent aller Schüler sind in jeder Klassenstufe? Veranschauliche die prozentuale Verteilung in einem Kreisdiagramm.
b) In welcher Klassenstufe ist der prozentuale Anteil der Mädchen am größten?
c) Wie viel Prozent aller Schüler sind Jungen?
d) Wie viel Prozent der Mädchen dieser Schule sind in der 10. Klasse?
e) Stelle selbst geeignete Aufgaben und löse sie.

12.

Nährwertinformation
1 Portion Knusper-Müsli enthält:
Kohlenhydrate: 33,2 g | Vitamin B1: 0,3 mg
Fett: 6,4 g | Eisen: 2,5 mg
Eiweiß: 8,2 g | Magnesium: 98,1 mg

Ein Jugendlicher braucht täglich zur gesunden Ernährung 65 g Eiweiß, 85 g Fett und 320 g Kohlenhydrate.
Wie viel Prozent des Tagesbedarfes werden mit einer Müsli-Portion gedeckt?
Runde sinnvoll.

13. Sieh dir das nebenstehende Säulendiagramm an. Es zeigt für eine Woche die täglichen Besucherzahlen im städtischen Hallenbad.
Wie viel Prozent der Badegäste besuchten am Wochenende das Bad?

14. In einer Feuerwehrzentrale gab es im vergangenen Jahr 78 Fehlalarmierungen, das waren 3 % aller Einsätze.
a) Zu wie vielen Einsätzen wurde die Feuerwehr insgesamt gerufen?
b) Etwa 15 % der Fehlalarmierungen wurden böswillig ausgelöst. Wie viele waren das?

15. Betrachte die beiden Kakao-Packungen rechts. Kontrolliere, ob die Angabe „40 % zuckerreduziert" korrekt ist.

16. Beim Herunterladen einer großen Datei aus dem Internet wird angegeben, dass nach zwei Minuten 34 % der Datei übertragen worden sind. Wie lange dauert der gesamte Vorgang voraussichtlich?

17. Viele Jugendliche lassen sich bei der Wahl des Berufes beraten.
Die Abbildung zeigt das Ergebnis einer Umfrage bei 1 500 Auszubildenden.
  a) Bei 40 % war das Gespräch mit den Eltern ausschlaggebend für die Wahl des Berufes.
  Wie viele Auszubildende sind das?
  b) Berechne auch, wie viele der 1 500 Befragten als ausschlaggebende Berufswahlhelfer die Berufsberater, die Lehrer bzw. die Freunde angaben.

18. Ein Hausbesitzer erhält die Jahresabrechnung über den Gasverbrauch. Er selbst zahlt davon 65 %. Den Rest von 372,75 € zahlt sein Mieter. Wie viel Euro müssen insgesamt gezahlt werden?

19. a) Ein Sportler wiegt 68 kg. Bei einem Marathonlauf verliert er 3 % seines Gewichts. Bereche den Gewichtsverlust des Sportlers.
  b) Im letzten Jahr nahmen 2 350 Läufer am Stadtmarathon teil. Dieses Jahr waren es 4 % mehr. Berechne die Anzahl der Teilnehmer in diesem Jahr.
  c) Während im letzten Jahr 2 150 Teilnehmer die volle Distanz zurücklegten, waren es in diesem Jahr nur 2 017.
  Um wie viel Prozent ist die Zahl der Läufer, die das Ziel erreichten, gesunken?

20. Berechne die fehlenden Angaben. Runde sinnvoll.

	Jugendzeitschrift	Comic-Heft	Jeans	Jugendzimmer	MP3-Player
Alter Preis (in €)	1,40	2,40		1 630	
Preiserhöhung (in %)			5,0	2,5	4,5
Preiserhöhung (in €)	0,10		3,20		2,25
Neuer Preis (in €)		2,55			

21. Bei den Bundesjugendspielen haben von den 95 Schülern der 8. Klassen 52 eine Urkunde erhalten, von den 112 Schülern der 7. Klassen waren es 61.
Vergleiche die prozentualen Anteile. Runde geeignet. Welcher Jahrgang war erfolgreicher?

22. Was meinst du zu der Zeitungsmeldung? Begründe.

> Bei einer Polizeikontrolle waren 300 Fahrräder ohne Mängel, 30 Fahrräder wiesen Mängel auf. Das bedeutet, dass 10 % der kontrollierten Fahrräder mangelhaft waren!

KAPITEL 1
PROZENT- UND ZINSRECHNUNG

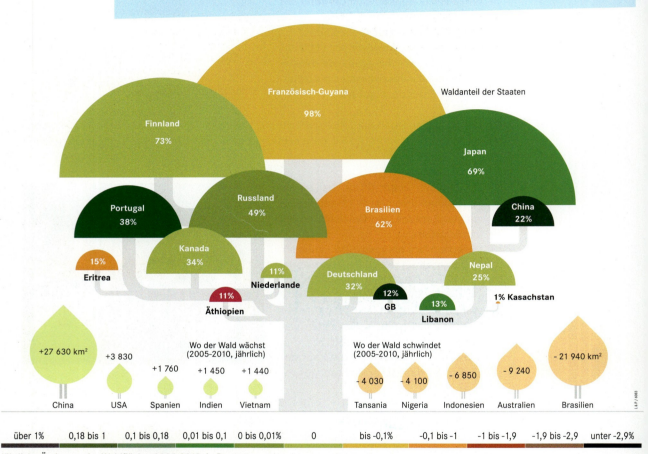

Jährliche Änderung der Waldfläche, 2005–2010, in Prozent

Prozente – Veränderungen

» Was ist in der Grafik mit „Waldanteil" gemeint?
» Deutschland und Kanada haben einen etwa gleich großen Waldanteil. In welchem Land vermutest du die größere Waldfläche? Begründe deine Vermutung.
» Kasachstan hat einen Waldanteil von 1 %. Wie verändert sich dieser Anteil, wenn der Wald in Kasachstan um 1 % wächst oder um 1 % schwindet?
» Welche falsche Information könnte man auf den ersten Blick dieser Grafik entnehmen?
» Informiere dich auf der Internetseite der Schutzgemeinschaft Deutscher Wald über aktuelle Zahlen (www.sdw.de).

Angaben in Promille

Neben der Vergleichsgröße „**von hundert**", genannt „**Prozent**" (**%**), gibt es auch die Vergleichsgröße „**von tausend**", genannt „**Promille**" (**‰**).

» Welche Information kann man der Meldung des Onlinedienstes entnehmen?
» Finde weitere Beispiele, bei denen Promille-Angaben verwendet werden.

Statistisches Bundesamt

Im Jahr 2018 wurden in Deutschland bei 19 von 1000 Geburten Zwillinge geboren.

Berechnen von Kapital, Zinssatz und Zinsen

Top-Sparzins: 2,00% p.a.*

* für Neugeld

» Was bedeutet in der Werbung links die Abkürzung „p. a."?
» Welche Bedeutung haben die Angaben über die Zeitdauer in dem Diagramm?
» Erkundige dich nach aktuellen Zinssätzen für Darlehen und Sparkonten.

IN DIESEM KAPITEL LERNST DU …

… wie man prozentuale Steigerungen und Rückgänge berechnet.
… wie man mit Promille-Angaben rechnet.
… wie man Zinsen für unterschiedliche Zeiträume berechnet.
… wie man Prozent- und Zinsrechnung in Sachaufgaben anwendet.

PROZENTUALE VERÄNDERUNG

Berechnen des veränderten Grundwertes

EINSTIEG

Die Weltbevölkerung hat sich von 1960 bis zum Jahr 2000 verdoppelt, von 1960 bis 2050 wird sie sich verdreifacht haben.

Nach Berechnungen des Statistischen Bundesamtes werden die Einwohnerzahlen der neuen Bundesländer bis 2020 auf vier Fünftel des Wertes von 1990 zurückgehen.

» Wie kann man die angegebenen Veränderungen in Prozent ausdrücken?

AUFGABE

1. Lisas Wunschtraum ist ein eigenes Mountain-Bike. Sie hat sich für ein Modell entschieden und prüft nun verschiedene Preisangebote.
Leider ist der 1. Februar schon verstrichen. Welches Angebot ist günstiger?

Lösung

Wir berechnen für jedes Angebot, wie viel Lisa tatsächlich bezahlen muss.
Wir betrachten zwei unterschiedliche Lösungswege.

Angebot Zweirad-Krüger
(1) Preiserhöhung:
4 % von 970 € = 38,80 €

Alter Preis + Preiserhöhung = Neuer Preis
970 € + 38,80 € = 1 008,80 €

Alter Preis	100 % von 970 €
Preiserhöhung	4 % von 970 €
Neuer Preis	104 % von 970 €

$104\% = \frac{104}{100} = 1{,}04$

(2) An der Zeichnung erkennst du: Der neue Preis ist 104 % des alten Preises.

970 € →·104% / ·1,04→ ■
970 € · 1,04 = 1 008,80 €

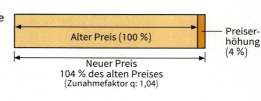

Angebot Firma Schneider
(1) Preisnachlass:
4 % von 1 020 € = 40,80 €

Alter Preis − Preisnachlass = Neuer Preis
1 020 € − 40,80 € = 979,20 €

Alter Preis	100 % von 1 020 €
Preisnachlass	4 % von 1 020 €
Neuer Preis	96 % von 1 020 €

$96\% = \frac{96}{100} = 0{,}96$

(2) An der Zeichnung erkennst du: Der neue Preis beträgt 96 % des alten Preises.

1 020 € →·96% / ·0,96→ ■
1 020 € · 0,96 = 979,20 €

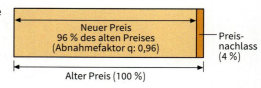

Ergebnis: Das Angebot der Firma Schneider ist günstiger.

Prozent- und Zinsrechnung

INFORMATION

Erhöhter Grundwert
Der ursprüngliche Preis ist der **Grundwert**.
1. Weg: Man addiert den Prozentwert und erhält den neuen Preis, das ist der **erhöhte Grundwert**.
2. Weg: Man bestimmt den erhöhten Prozentsatz, **den Zunahmefaktor q**. Multipliziert man ihn mit dem Grundwert, so erhält man ebenfalls den **erhöhten Grundwert**.

Wächst um 7 % bedeutet wächst auf 107 %

Eine Uhr kostet 200 €.
Der Preis wird um 7 % erhöht.

100 % + 7 % = 107 % = 1,07

Verminderter Grundwert
Der ursprüngliche Preis ist der **Grundwert.**
1. Weg: Man subtrahiert den Prozentwert und erhält den neuen Preis, das ist der **verminderte Grundwert**.
2. Weg: Man bestimmt den verminderten Prozentsatz, den **Abnahmefaktor q**. Multipliziert man ihn mit dem Grundwert, so erhält man ebenfalls den **verminderten Grundwert**.

Fällt um 7 % bedeutet fällt auf 93 %

Eine Uhr kostet 200 €.
Der Preis wird um 7 % gesenkt.

100 % − 7 % = 93 % = 0,93

FESTIGEN UND WEITERARBEITEN

2. Schreibe zunächst den Faktor auf, berechne damit dann den neuen Preis (Preise in €).

a)
Alter Preis	85	175	98,50	60
Erhöhung	8 %	5 %	12 %	5,5 %
Zunahmefaktor q	1,08			

b)
Alter Preis	86	175	83,50	340
Nachlass	15 %	6 %	10 %	7,5 %
Abnahmefaktor q	0,85			

3. Anne möchte sich einen Memory-Stick zulegen. Auf der Internetseite eines Elektronik-Versandhauses werden ein 8-GB-Stick für 12 € und ein 16-GB-Stick für 18 € angeboten. Auf seiner Internetseite bietet das Versandhaus als Tagespreis alle Memory-Sticks mit einem Preisnachlass von 6,5 % an. Welcher Preisvorteil ergibt sich?

4. a) Lisa (siehe Aufgabe 1, Seite 12) hat noch ein drittes Preisangebot bekommen. Erläutere die Rabatte.
b) Lisa berechnet den Endpreis so:

> 5 % von 966 € = 48,30 €
> 966 € − 48,30 € = 917,70 €

Sie muss aber 918,28 € zahlen. Welchen Fehler hat Lisa gemacht?

ÜBEN

5. Ein Vorführwagen kostet 18 000 €. Das Autohaus gewährt dem Kunden 7 % Rabatt. Wie viel Euro beträgt der Rabatt, wie viel Euro der neue Preis? Überschlage zunächst.

6. Darius ist Auszubildender in einem Bekleidungsgeschäft. Er kauft sich hier Kleidung zu 154 € und erhält 12 % Personalrabatt.
Wie viel Euro muss Darius noch für die Kleidungsstücke bezahlen? Überschlage zunächst.

7. Bei Dosenmilch erhöht sich das *Nettogewicht* des Inhalts durch das Gewicht der Dose (Verpackungsgewicht: *Tara*) um 14 %. Berechne das Gesamtgewicht (*Bruttogewicht*) der Milchdose.

Brutto (= Gesamtgewicht)	
Netto (= Gewicht des Inhaltes)	Tara

Mehrwertsteuer 19 %

8. Berechne den Verkaufspreis. Die angegebenen Preise sind Listenpreise ohne Mehrwertsteuer.   (1) Fan-Trikot 63 €   (2) Tablet-PC 461 €   (3) Roller 1 091 €

9. Elektrohändler Neumann gewährt bei Barzahlung 3 % Skonto. Berechne den neuen Preis.
  a) Radio   183 €   c) Fernsehgerät   641 €   e) Spielkonsole   335 €
  b) Stereoanlage 1 108 €   d) DVD-Player   84 €   f) Lautsprecherboxen 574 €

10.

a) Sammelt Beispiele für Preiserhöhungen und Preisermäßigungen in Geschäften eures Wohnortes.
Welche der nebenstehenden Beschreibungen werden verwendet, gibt es noch andere?
b) Denkt euch zu euren Beispielen eigene Berechnungsaufgaben aus und stellt sie eurem Partner.
Kontrolliert die Ergebnisse gemeinsam.
Präsentiert eure Ergebnisse.

11. Ein Staubsauger kostet 215 €. Dieser Preis wird um 5 % erhöht, der erhöhte Preis später nochmals um 5 %.
„Dann ist der Preis um 10 % erhöht worden", sagt Herr Müller. Rechne nach.

12. a) Die Anzahl der Neuzulassungen von Pkw stieg in Thüringen im vergangenen Jahr um 4 %.
Auf das Wievielfache ist die Anzahl der Neuzulassungen gestiegen?
b) In einem Test verringerte sich durch Einbau eines Strahlreglers in einen Wasserhahn der Wasserverbrauch auf das 0,56-Fache.
Um wie viel Prozent sank er?

13. Melanie hat lange für ein Fahrrad gespart. Sie vergleicht unterschiedliche Angebote.

(1) *Fahrrad-Fachhandel:* 625 € zuzüglich 19 % Mehrwertsteuer; kein Rabatt.
(2) *Internet:* 744,50 € einschließlich 19 % Mehrwertsteuer; 20 % Ausverkaufsrabatt; 20 € Versandkosten.
(3) *Kaufhaus:* 645 € zuzüglich 19 % Mehrwertsteuer; 3,5 % Aktionsrabatt.

Wofür würdest du dich entscheiden? Begründe.

Berechnen des Grundwertes bei vermehrtem oder vermindertem Grundwert

EINSTIEG

Herr und Frau Bender haben für ihr Geschäft ein neues Regal für 145 € (einschließlich Mehrwertsteuer) gekauft. Für ihre Buchführung gegenüber dem Finanzamt benötigen sie den Preis ohne Mehrwertsteuer.

» Entscheide, welcher Rechenweg korrekt ist. Begründe deine Entscheidung.

```
Frau Bender:   145  ·  0,19     = 27,55
               145 - 27,55      = 117,45
               Preis ohne MwSt. = 117,45 €
```

```
Herr Bender:   145  :  1,19     = 121,85
               Preis ohne MwSt. = 121,85 €
```

AUFGABE

1. Sarah hat Pech gehabt. Kurz bevor sie sich entschlossen hat, ein Cityrad zu kaufen, wurden die Preise um 5 % erhöht. Sarahs Cityrad kostet jetzt 576,45 €.
Wie teuer war das Cityrad vor der Preiserhöhung?
Wie viel Euro hat Sarah mehr bezahlt?

Lösung

Am Diagramm kannst du erkennen:
Auf den alten Preis (100 %) wurden 5 % aufgeschlagen.
Das bedeutet:
Multipliziert man den gesuchten alten Preis mit 1,05, so erhält man 576,45 €.

Ansatz:  576,45 €

Rechnung: 576,45 € : 1,05 = 549 €
Ergebnis: Der alte Preis für das Rad betrug 549 €.
              Sarah hat also 27,45 € mehr bezahlt.

FESTIGEN UND WEITERARBEITEN

2. Beim Kauf eines Computers erhält Frau Werner bei Barzahlung einen Rabatt von 5 %. Daher zahlt sie nur 1 159 €. Wie teuer ist der Computer ohne den Rabatt?

Erkläre auch den *Ansatz*: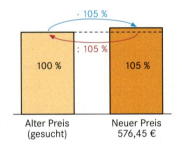

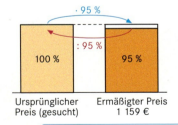

3. Berechne die fehlenden Angaben.

Alter Preis					
Veränderung	+15 %	−10 %	4 %	−7,5 %	
Faktor q	1,15				1,09
Neuer Preis	414 €	765 €	572 €	370 €	4 632,50 €

4. Berechne den ursprünglichen Preis und die Preisänderung in Euro.
  a) Der Preis eines Schrankes wurde um ein Zehntel erhöht. Er kostet jetzt 1 265 €.
  b) Der Benzinpreis ist um 5 % gefallen. Ein Liter Super kostet jetzt 1,50 €.
  c) Der Preis eines Fernsehgerätes wurde auf 75 % des ursprünglichen Preises gesenkt. Es kostet jetzt 645 €.

ÜBEN

5. Damit die Käufer wissen, welcher Rabatt gewährt wurde, hat Firma Müller mit Symbolen gearbeitet. Berechne die Preise, die vorher angebracht waren.

6. Frau Kohfahl hat das Sondermodell zum ermäßigten Preis gekauft. Ihre Töchter möchten den Preis vor der Preissenkung berechnen. Begründe, welcher Rechenweg korrekt ist.

Jasmin: 10 500 · 4 %   = 420
10 500 + 420 = 10 920
Alter Preis → 10 920 €

Sophie: 10 500 : 96 % = 10 937,50
Alter Preis → 10 937,50 €

7. Berechne die fehlenden Angaben. Runde sinnvoll.

	Squashschläger	Tennisschläger	Inline-Skates	Rennski	Mountain-Bike
Ausverkaufspreis (in €)	29	139,20	125,50	214,46	509,55
Preisnachlass (in %)	12		7		14
Preisnachlass (in €)		20,80		32,04	
Ursprünglicher Preis (in €)					

8. a) Durch den Einbau einer modernen Heizungsanlage hat Familie Yilmaz 8,5 % Heizkosten eingespart. Sie hat im Jahr danach nur noch 1 188,19 € bezahlt.
  Wie hoch war die Heizkostenrechnung im Jahr zuvor? Runde sinnvoll.
  b) Familie Hinrichs hat durch Absenken der Raumtemperatur um 1 °C eine Heizkostenersparnis von 6 % erzielt. Sie zahlt jetzt 1 561,09 € im Jahr.
  Wie viel zahlte Familie Hinrichs im Vorjahr? Runde sinnvoll.

9. Stelle geeignete Aufgaben und löse sie.

Berechnen des Prozentsatzes bei vermehrtem oder vermindertem Grundwert

EINSTIEG

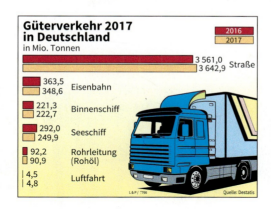

» Welche Informationen kannst du der Grafik auf einen Blick entnehmen?
» Um wie viel Prozent ist der Güterverkehr von 2016 bis 2017 jeweils angestiegen bzw. zurückgegangen?
» Warum fehlen bei der Luftfahrt die Balken? Erkläre.
» 2015 wurden auf Deutschlands Straßen 4555,4 Mio. Tonnen Güter transportiert. Stelle selbst weitere Fragen und beantworte diese.

AUFGABE

1. Jasmin hat im Internet eine Digitalkamera für 200 € entdeckt. Im Fachgeschäft in ihrer Nachbarschaft ist die gleiche Kamera mit 212 € ausgezeichnet.
   a) Um wie viel Prozent ist die Kamera bei dem Händler teurer als im Internet?
   b) Da es sich um ein Auslaufmodell handelt, ist der Händler bereit, Jasmin die Kamera für 185,50 € zu verkaufen. Wie viel Prozent Preisnachlass gewährt der Händler?

Lösung

a) 200 € $\xrightarrow{\cdot p\%}$ 212 €

$\frac{212\,€}{200\,€} = 1{,}06 = 106\,\%$

106 % – 100 %

Ergebnis:
Der Preis ist um 6 % höher.

b) 212 € $\xrightarrow{\cdot p\%}$ 185,50 €

$\frac{185{,}50\,€}{212\,€} = 0{,}875 = 87{,}5\,\%$

100 % – 87,5 %

Ergebnis:
Der Preisnachlass beträgt 12,5 %.

FESTIGEN UND WEITERARBEITEN

2.  Ein neues Elektronik-Fachgeschäft bietet als Eröffnungsangebot einen Blu-ray-Player für 67 € an. Später wird er zum Verkaufspreis von 77 € angeboten.
Berechne die prozentuale Erhöhung.

3. Wie viel Prozent beträgt die Erhöhung bzw. Verminderung des Grundwertes?
   a) Der Preis einer Ware wird verdoppelt.
   b) Der Preis wird auf die Hälfte reduziert.
   c) Der Preis wird um die Hälfte reduziert.
   d) In den letzten zehn Jahren haben sich die Lebenshaltungskosten verdreifacht.
   e) Die Einwohnerzahl der Stadt ist auf das Dreifache gestiegen.
   f) Die Mitgliederzahl des Vereins ist um das Dreifache gestiegen.
   g) Der neue Preis beträgt 180 % des alten Preises.

4. Um wie viel Prozent hat sich der Preis erhöht bzw. vermindert?

	a)	b)	c)	d)
alter Preis	32,00 €	158,00 €	7 372,00 €	3,50 €
neuer Preis	30,40 €	167,48 €	9 215,00 €	3,15 €

5. Aus dem Prospekt eines Sporthauses.

Bei welchem Artikel wurde prozentual am meisten reduziert?

6. Daniel kauft einen PC für 480 €. Er möchte zusätzlich einen größeren Arbeitsspeicher und eine Festplatte mit höherer Kapazität eingebaut haben. Durch diese Veränderung erhöht sich der Preis auf 560 €.
  a) Um wie viel Prozent ist der PC teurer geworden?
  b) Bei Zahlung des Rechnungsbetrages innerhalb von zehn Tagen erhält Daniel 2 % Skonto. Wie viel Euro spart er dadurch?

7. Die Miete von Jans Eltern wird von 445 € auf 570 € erhöht.
Jan meint: „Das ist ja über 25 % mehr!"
Hat Jan recht? Begründe.

8. Der Preis für einen Monitor hat sich von ursprünglich 225 € auf 198 € verringert.
Wie viel Prozent beträgt der Preisnachlass?

9. Ein Schuhgeschäft wirbt: „Beim Kauf von zwei Paar Schuhen kostet das günstigere Paar nur die Hälfte. Beim Kauf von drei Paaren ist das günstigste gratis."
  a) Herr Klausen sieht ein Paar Winterschuhe für 59,90 €, auch die Sneaker für 39,90 € gefallen ihm sehr gut.
    (1) Wie viel Prozent des Gesamtpreises spart er, wenn er beide Paare kauft?
    (2) Seine Frau sagt: „Nimm doch noch die Turnschuhe für 29,90 € dazu, dann sparst du noch mehr."
    Nimm Stellung zu dieser Aussage.
  b) Erfinde ein Beispiel, bei dem du beim Kauf von zwei Paar Schuhen mehr sparst als beim Kauf von drei Paaren.

10. Ein Anbieter für Hundefutter hat die Füllmenge für seine Verpackung von 200 g auf 180 g verringert. Trotzdem wird die Ware zum alten Preis verkauft. Um wie viel Prozent ist das Hundefutter tatsächlich teurer geworden?

Vermischte Übungen

1. Ein Sporthaus wirbt mit kräftigen Preisermäßigungen.
„Alles um mindestens 35 % reduziert."
Überprüfe.

2. Ist der Vorteilspack von Vorteil? Begründe.
a) b) c)

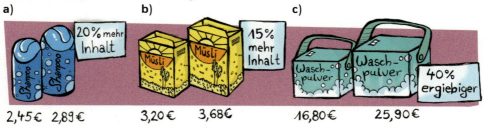

3. Ein Cityrad kostet 485 €. Dieser Betrag wird um die Mehrwertsteuer von 19 % erhöht.
Bei Barzahlung gewährt der Händler einen Preisnachlass von 3 %.
a) Wie teuer ist das Cityrad bei Barzahlung?
b) „Wir müssen auf 485 € also 16 % aufschlagen", sagt der Kunde.
Ist das richtig?
c) Wie viel Euro müsste der Kunde zahlen, wenn der Händler zuerst 3 % Rabatt abziehen und dann die Mehrwertsteuer von dem ermäßigten Preis berechnen würde?

4.
> **Schnellfahrer**
> Fuhr vor einigen Jahren noch jeder zehnte Autofahrer zu schnell, so ist es mittlerweile heute nur noch jeder fünfte. Doch auch fünf Prozent sind zu viel, und so wird weiterhin kontrolliert, und die Schnellfahrer haben zu zahlen.

Was meinst du zu der Zeitungsmeldung? Begründe.

5. In einem Tierpark bekommen die Pflanzenfresser insgesamt 301 kg Heu, 57 kg Äpfel, 16 kg Futterrüben und etwa 4 kg Reis täglich.
a) Wie viel Prozent der täglichen Futtermenge entfallen auf Heu, Äpfel, Futterrüben und Reis?
b) Zeichne dazu ein Kreisdiagramm.
c) Wie viel Kilogramm Futter bekommen die Tiere pro Jahr?

6. Bei einer Verkehrskontrolle wurden 150 Lastwagen überprüft. 40 % der Lastwagen wiesen Mängel auf. 5 % der bemängelten Fahrzeuge wurden sofort aus dem Verkehr gezogen.
  a) Wie viele Lkws hatten keine Mängel?
  b) Wie viele Lkws durften ihre Fahrt nicht fortsetzen? Wie viel Prozent aller kontrollierten Fahrzeuge waren das?

 Was kostete das Smartphone bei Angebot 1 vor der Preissenkung?

 Beim Angebot 2 bietet der Händler Stammkunden einen zusätzlichen Treuerabatt an. Um wie viel Prozent wurde der Preis dann insgesamt gesenkt?

7. René möchte sich ein neues Smartphone kaufen. Er findet mehrere Angebote:

Angebot 1: Preis für ein Smartphone um 15% gesenkt! Jetzt nur noch 238€

Angebot 2: Smartphone-Preise eiskalt kalkuliert: Statt 320 € jetzt nur noch 272 €! Treuerabatt 18 %

Angebot 3: Smartphone unverbindliche Preisempfehlung 315 € 25% Rabatt

 Mache Vorschläge für eine Werbebroschüre. Wähle andere Produkte mit realistischen Schnäppchenpreisen. Gehe dabei ähnlich vor wie bei den Angeboten 1 bis 3. Berechne anschließend die fehlenden Angaben.

 Berechne den Preis des Smartphones bei Angebot 3.

8. Ein Branchenverband teilte 2018 mit:
Der Mobiltelefon-Absatz in Deutschland ist weiter rückläufig. Nach einem Minus von 0,7 Prozent auf 26,9 Mio. Stück im Jahr 2017 sanken die Verkaufszahlen 2018 um 1,0 Prozent auf 26,6 Mio. Stück. Für 2019 wird ein weiterer Rückgang um 1,1 Prozent erwartet.
  a) Stelle die Absatzzahlen für die Jahre 2016 bis 2019 grafisch dar.
  b) Veranschauliche die prozentuale Veränderung geeignet.
  c) Um wie viel Prozent ist der Absatz im Jahr 2019 niedriger als 2016?

PROMILLERECHNUNG

EINSTIEG

Alkohol im Blut	Wirkung
ab 0,2 ‰	enthemmende Wirkung, Steigerung der Redseligkeit
ab 0,3 ‰	erste Beeinträchtigungen wie Einschränkung des Sehfeldes und Probleme bei der Entfernungseinschätzung, die Aufmerksamkeit nimmt ab
ab 0,5 ‰	deutliches Nachlassen der Reaktionsfähigkeit, insbesondere auf rote Signale, deutliche Erhöhung der Risikobereitschaft
ab 0,8 ‰	erste Gleichgewichtsstörungen, das Gesichtsfeld ist eingeengt (Tunnelblick), deutliche Enthemmung
1,0 bis 1,5 ‰	Sprachstörungen, Risikobereitschaft und Aggressivität steigen
2,0 bis 2,5 ‰	starke Koordinations- und Gleichgewichtsstörungen, lallende Aussprache
ab 2,5 ‰	Bewusstseinstrübung, Lähmungserscheinungen, Doppeltsehen und Ausschaltung des Erinnerungsvermögens
ab 3,5 ‰	lebensbedrohliche Zustände; es besteht die Gefahr einer Lähmung des Atmungszentrums, die zu Koma oder Tod führen kann
ab 5 ‰	in den meisten Fällen tödlich

> 3 Promille
> 3 ‰
> $\frac{3}{1\,000}$

Im Alltag wird der Begriff Promille fast immer mit Alkohol im Blut in Verbindung gebracht.

» Welche Bedeutung haben die Zahlenangaben in der Tabelle?
» Erkundige dich über Promillegrenzen für Verkehrsteilnehmer in verschiedenen Ländern.

INFORMATION

Promille sind Tausendstel.
Es gilt: $3‰ = \frac{3}{1\,000} = 0{,}003$, allgemein: $p‰ = \frac{p}{1\,000}$.

In der Promillerechnung geht man wie in der Prozentrechnung vor.

$\underbrace{3‰}_{\text{Promillesatz}}$ von $\underbrace{50\,000\,€}_{\text{Grundwert}}$ = $50\,000\,€ \cdot 0{,}003$ = $\underbrace{150\,€}_{\text{Promillewert}}$

Grundschema der Promillerechnung: Grundwert $\xrightarrow{\cdot\,\text{Promillesatz}}$ Promillewert

AUFGABE

1. Uhrmachermeisterin Lange lässt ihren Warenbestand gegen Diebstahl versichern. Sie schließt eine Versicherung über 1 500 000 € ab. Dafür muss sie jährlich eine Prämie zahlen.
Diese beträgt 3 ‰ der abgeschlossenen Versicherungssumme.
Wie hoch ist die Prämie, die Frau Lange jährlich zahlen muss?

Kapitel 1

Lösung

Gegeben: Grundwert G = 1 500 000 €
Promillesatz p ‰ = 3 ‰
Gesucht: Promillewert W
Ansatz: 3 ‰ von 1 500 000 €
Rechnung: $1\,500\,000\,€ \cdot \frac{3}{1\,000} = 1\,500\,000\,€ \cdot 0{,}003 = 4\,500\,€$
Ergebnis: Die jährliche Prämie beträgt 4 500 €.

```
                    · 3/1000
1 500 000 € ─────────────→ 4 500 €
         :1000  ↘    ↗ ·3
              1 500 €
```

ÜBEN

2. Berechne.
 a) 6 ‰ von 150 000 €
 b) 3,5 ‰ von 420 000 €
 c) 0,8 ‰ von 35 000 €

3. a) Für die Gebäude-Versicherung zahlt Frau Lange jährlich 840 € Prämie.
Das sind 2 ‰ der Versicherungssumme.
Wie hoch ist die Versicherungssumme?

$G \xrightarrow{\cdot \frac{2}{1\,000}} 840\,€$

 b) Für ihre Hausratversicherung mit einer Versicherungssumme von 70 000 € zahlt Frau Lange jährlich 105 € Prämie.
Wie viel Promille der Versicherungssumme sind das?

$70\,000\,€ \xrightarrow{\cdot p\,‰} 105\,€$

4. a) Gib in Promille an: 0,1 %; $\frac{1}{2}$ %; 0,05 %; 2,5 %; 1,3 %; 0,45 %; $\frac{1}{2}$; $\frac{1}{4}$; 1.
 b) Gib in Prozent an: 10 ‰; 2 ‰; 25 ‰; 100 ‰; 175 ‰; 1 000 ‰; 2,5 ‰; 1,3 ‰.

5.

	a)	b)	c)	d)	e)
Grundwert	75 000 €		175 000 €	840 000 €	83 000 €
Promillesatz	4,2 ‰	3 ‰		1,8 ‰	
Promillewert		870 €	437,50 €		256,60 €

6. Gegenstände aus Gold und Silber tragen einen Stempel mit einer Zahl, die angibt, wie viel Promille reines Gold bzw. reines Silber sie enthalten.
 a) Die Teile eines Silberbestecks tragen den Stempel 800.
Der Löffel wiegt 120 g, das Messer 140 g, die Gabel 100 g, der Teelöffel 45 g.
Wie viel Gramm Silber ist jeweils enthalten?
 b) Der abgebildete Ring aus Sterling-Silber wiegt 4,5 g.
Wie viel Gramm Silber enthält er?

7. Der tägliche Eiweißbedarf eines Menschen hängt vom Alter und vom Körpergewicht ab.
 a) Wie viel Gramm Eiweiß benötigt jeder täglich?
Daniela: 11 Jahre, 38 kg
Katrin: 16 Jahre, 54 kg
Janusz: 8 Jahre, 27 kg
Frau Koch: 32 Jahre, 59 kg
 b) Wie viel Gramm Eiweiß benötigst du täglich?

Alter	Eiweißbedarf
7 bis 9 Jahre	2 ‰ des Körpergewichts
10 bis 14 Jahre	1,8 ‰ des Körpergewichts
15 bis 18 Jahre	1,6 ‰ des Körpergewichts
19 bis 65 Jahre	1 ‰ des Körpergewichts

ZINSRECHNUNG

Grundlagen – Zinsen für ein Jahr

AUFGABE

1. a) Sebastian hat 350 € gespart. Er bringt das Geld am Jahresanfang zur Bank. Am Jahresende werden 2 % des Geldes als Zinsen gutgeschrieben.
Wie viel Euro Zinsen sind das?

b) Anne hat einen Sparvertrag abgeschlossen. Sie bekommt am Jahresende 42 € Zinsen. Das sind 3 % des Sparbetrages am Jahresanfang.
Wie hoch war Annes Sparbetrag am Jahresanfang?

c) Emine hat am Jahresanfang 1 500 € auf ihrem Sparkonto. Am Jahresende erhält sie 45 € Zinsen.
Wie hoch war der Zinssatz?

Lösung

a) *Gegeben:* Kapital K = 350 €; Zinssatz p % = 2 % = $\frac{2}{100}$ = 0,02
Gesucht: Zinsen Z
Ansatz: 350 € $\xrightarrow{\cdot 0{,}02}$ Z
Rechnung: Z = 350 € · 0,02 = 7 €
Ergebnis: Sebastian erhält 7 € Zinsen.

b) *Gegeben:* Zinsen Z = 42 €; Zinssatz p % = 3 % = $\frac{3}{100}$ = 0,03
Gesucht: Kapital K
Ansatz: K $\xleftarrow[: 0{,}03]{\cdot 0{,}03}$ 42 €
Rechnung: K = 42 € : 0,03 = 1 400 €
Ergebnis: Annes Spareinlage zu Beginn des Jahres betrug 1 400 €.

c) *Gegeben:* Kapital K = 1 500 €; Zinsen Z = 45 €
Gesucht: Zinssatz p %
Ansatz: 1 500 € $\xrightarrow{\cdot p\,\%}$ 45 €
Rechnung: p % = $\frac{45\,€}{1\,500\,€}$ = 0,03 = 3 %
Ergebnis: Der Zinssatz für Emines Sparkonto beträgt 3 %.

INFORMATION

In der Zinsrechnung geht man wie in der Prozentrechnung vor.
Es entsprechen sich dabei die folgenden Begriffe:
Grundwert – Kapital   Prozentsatz – Zinssatz   Prozentwert – Jahreszinsen

Grundschema der Prozentrechnung

Grundwert $\xrightarrow{\cdot \text{Prozentsatz}}$ Prozentwert

G $\xrightarrow{\cdot p\,\%}$ W

Grundschema der Zinsrechnung

Kapital $\xrightarrow{\cdot \text{Zinssatz}}$ Jahreszinsen

K $\xrightarrow{\cdot p\,\%}$ Z

ÜBEN

2. a) Ein Kapital von 2 000 € wird zu einem Zinssatz von 3 % angelegt.
Berechne die Jahreszinsen. Erkläre deine Vorgehensweise.
b) Ein Kapital bringt bei einem Zinssatz von 4 % in einem Jahr 300 € Zinsen.
Berechne das Kapital. Erkläre deine Vorgehensweise.
c) Ein Kapital von 6 000 € bringt nach Ablauf eines Jahres 240 € Zinsen.
Berechne den Zinssatz. Erkläre, wie du vorgehst.

3. Berechne die Jahreszinsen und den Zinssatz.

	a)	b)	c)	d)	e)
Kapital am Jahresanfang	1 350 €	1 440 €	4 850 €	7 960 €	4 110 €
Kapital am Jahresende	1 440 €	1 512 €	5 141 €	8 238,60 €	4 438,80 €

4. Auf Gorans Sparkonto waren am Jahresanfang 1 900 € Guthaben, am Jahresende 1 976 € Guthaben. Während des Jahres hat Goran nichts eingezahlt und nichts abgehoben.
a) Wie viel Euro Zinsen hat Goran bekommen?
b) Wie hoch war der Zinssatz?
c) Wie viel Euro Zinsen würde Goran im nächsten Jahr erhalten, wenn sich der Zinssatz nicht ändert und wenn er im Laufe des Jahres nichts einzahlt und nichts abhebt?

5. Annikas Großmutter hat für ihre Enkelin einen Sparvertrag abgeschlossen. Bei einem Zinssatz von 3,5 % erhält sie jährlich 175 € Zinsen.
Wie viel Geld hat sie eingezahlt?

6. Für eine Stiftung soll ein bestimmter Geldbetrag langfristig zu einem Zinssatz von 4,8 % angelegt werden. Mit den Jahreszinsen von 12 000 € soll eine Behindertenwerkstatt unterstützt werden.
Welcher Betrag muss der Stiftung zur Verfügung stehen?

7. Familie Zander möchte am Bodensee eine Ferienwohnung kaufen. Im Internet findet sie das folgende Angebot:

Zur Finanzierung des Objekts liegen der Familie zwei Angebote vor.
(1) 70 000 € zu 3,5 % und 25 000 € zu 4,5 %
(2) 60 000 € zu 3,75 % und 35 000 € zu 4 %
Welches Angebot ist für sie günstiger?

8. Informiert euch über die Bedeutung der folgenden Begriffe:

Zinsen für Teile eines Jahres – für Monate und Tage

EINSTIEG

Zur kurzfristigen Finanzierung von Anschaffungen bietet eine Bank ihren Kunden einen Abrufkredit an. Es werden keine Bearbeitungsgebühren berechnet. Frau Balzer leiht sich zum Kauf einer Einbauküche 9 500 €. Der Zinssatz beträgt 8 %. Sie ist sich nicht sicher, ob sie den geliehenen Betrag bereits nach einem Vierteljahr oder erst nach 7 Monaten zurückbezahlen kann.

» Wie viel Zinsen muss sie zahlen?
» Versuche eine Formel zur Berechnung der Zinsen für beliebige Zeiträume zu finden.

AUFGABE

1. Alina hat zu Jahresbeginn 600 € auf ihrem Sparkonto. Dafür erhält sie Zinsen. Der Zinssatz beträgt 3 %.

  a) Alina hebt ihr Geld bereits nach einem $\frac{3}{4}$ Jahr ab.
  Wie viel Euro Zinsen erhält sie?

  b) Angenommen, Alina hebt ihr Geld schon nach 5 Monaten ab.
  Wie viel Euro Zinsen würde sie bekommen?

  c) Angenommen, Alina hebt ihr Geld nach 127 Tagen ab.
  Wie viel Euro Zinsen würde sie erhalten?

> Der Zinssatz bezieht sich immer auf ein Jahr.

Lösung

a) *Überlegung:* Wir berechnen zunächst die Zinsen für 1 Jahr (Jahreszinsen), dann die Zinsen für ein $\frac{3}{4}$ Jahr.

Ansatz:

600 € $\xrightarrow{\cdot 3\%}$ ■ (Jahreszinsen) $\xrightarrow{\cdot \frac{3}{4}}$ ■ (Zinsen für ein $\frac{3}{4}$ Jahr)

Rechnung: Jahreszinsen: $600\,€ \cdot \frac{3}{100} = 18\,€$

Zinsen für ein $\frac{3}{4}$ Jahr: $18\,€ \cdot \frac{3}{4} = 18\,€ : 4 \cdot 3 = 13{,}50\,€$

Ergebnis: Die Zinsen für ein $\frac{3}{4}$ Jahr betragen 13,50 €.

b) Wir berechnen die Zinsen zunächst für 1 Monat, dann für 5 Monate.

Beachte: Die Zinsen für 1 Monat sind $\frac{1}{12}$ der Jahreszinsen, denn 1 Monat = $\frac{1}{12}$ Jahr.

Ansatz:

600 € $\xrightarrow{\cdot 3\%}$ ■ (Jahreszinsen) $\xrightarrow{\cdot \frac{1}{12}}$ ■ (Zinsen für 1 Monat) $\xrightarrow{\cdot 5}$ ■ (Zinsen für 5 Monate)

> mal $\frac{1}{12}$ bedeutet dasselbe wie geteilt durch 12

Rechnung: Jahreszinsen: $600\,€ \cdot 0{,}03 = 18\,€$

Zinsen für 1 Monat: $18\,€ \cdot \frac{1}{12} = 1{,}50\,€$

Zinsen für 5 Monate: $1{,}50\,€ \cdot 5 = 7{,}50\,€$

Verkürzter Rechenweg für die Zinsen für 5 Monate
Es gilt: 5 Monate = $\frac{5}{12}$ Jahr. Man kann verkürzt mit dem Zeitfaktor i = $\frac{5}{12}$ rechnen.

(1) Grundschema der Zinsrechnung
   Ansatz:

600 € $\xrightarrow{\cdot 3\%}$ ■ (Jahreszinsen) $\xrightarrow{\cdot \frac{5}{12}}$ ■ (Zinsen für 5 Monate)

Verkürzte Rechnung:
600 € · 0,03 · $\frac{5}{12}$ = 7,50 €

(2) Zinsformel
Aus dem Grundschema ergibt sich:
Formel: Z = K · i · p %

Einsetzen: Z = 600 € · $\frac{5}{12}$ · 0,03

Rechnung:
600 € · $\frac{5}{12}$ · 0,03 = 7,50 €

Ergebnis: Alina würde nach 5 Monaten 7,50 € erhalten.

c) Der Zeitfaktor für 1 Tag beträgt i = $\frac{1}{360}$, der Zeitfaktor für 127 Tage beträgt i = $\frac{127}{360}$.

(1) Grundschema der Zinsrechnung
   Ansatz:

600 € $\xrightarrow{\cdot 3\%}$ ■ (Zinsen für 1 Jahr) $\xrightarrow{\cdot \frac{1}{360}}$ ■ (Zinsen für 1 Tag) $\xrightarrow{\cdot 127}$ ■ (Zinsen für 127 Tage)

600 € $\xrightarrow{\cdot 3\%}$ ■ $\xrightarrow{\cdot \frac{127}{360}}$ ■

Verkürzte Rechnung:
600 € · 0,03 · $\frac{127}{360}$ = 6,35 €

(2) Zinsformel
Formel: Z = K · i · p %

Einsetzen: Z = 600 € · $\frac{127}{360}$ · 0,03

Rechnung: 600 € · $\frac{127}{360}$ · 0,03 = 6,35 €

Ergebnis: Alina würde nach 127 Tagen 6,35 € Zinsen erhalten.

INFORMATION

Vereinbarungen in der Zinsrechnung
Die Zinsen richten sich nach der Zeitdauer.
Man hat vereinbart:
(1) Zur Hälfte (zum Drittel, …) der Zeitdauer (1 Jahr) gehört auch die Hälfte (ein Drittel, …) der Jahreszinsen.
(2) Ein Jahr wird mit 360 Tagen gerechnet, also gilt:
   1 Zinstag = $\frac{1}{360}$ Jahr.
(3) Jeder volle Monat wird mit 30 Zinstagen gerechnet.

Zinsen für Monate und Tage
(1) *Grundschema der Zinsrechnung:*

Kapital $\xrightarrow{\cdot \text{Zinssatz}}$ Jahreszinsen $\xrightarrow{\cdot \text{Zeitfaktor}}$ Zinsen

K $\xrightarrow{\cdot p\%}$ Z_1 $\xrightarrow{\cdot i}$ Z

(2) *Zinsformel:*

Z = K · i · p %

Der Zeitfaktor i gibt den Anteil der Zeitspanne an 1 Jahr an.
Zum Zeitfaktor i = $\frac{3}{4}$ gehört die Zeitspanne $\frac{3}{4}$ Jahr, zu i = $\frac{7}{12}$ gehört die Zeitspanne 7 Monate, zu i = $\frac{127}{360}$ gehört die Zeitspanne 127 Tage.

Prozent- und Zinsrechnung 27

FESTIGEN UND WEITERARBEITEN

2. Gib die folgenden Zeitspannen als Anteil an einem Jahr (Zeitfaktor) an.
a) 4 Monate; 3 Monate; 6 Monate; 9 Monate; 7 Monate; 11 Monate; 2 Monate
b) 135 Tage; 26 Tage; 87 Tage; 43 Tage; 120 Tage; 284 Tage

3. Berechne die Zinsen.

Kapital	900 €	270 €	480 €	1 200 €	4 200 €	15 000 €
Zinssatz	3 %	4 %	5 %	4 %	3 %	3,25 %
Zeit	$\frac{1}{4}$ Jahr	$\frac{3}{4}$ Jahr	7 Monate	5 Monate	240 Tage	184 Tage

Ein Konto überziehen bedeutet Schulden machen.

4. Ein Konto wird für 10 Tage um 120 € überzogen. Der Zinssatz beträgt 14 %. Berechne die Zinsen. Runde sinnvoll.

ÜBEN

5. Ein Kapital beträgt 320 €, der Zinssatz ist 2,25 %. Berechne die Zinsen
a) für ein $\frac{3}{4}$ Jahr;
b) für 2 Monate;
c) für 7 Monate;
d) für 9 Monate;
e) für 11 Monate;
f) für 1 Monat.

6. Jonathans Tante bekommt von ihrer Reparaturwerkstatt eine Rechnung über 360 €. Sie kann die Rechnung aber erst mit 2 Monaten Verspätung begleichen. Daher werden auf den Rechnungsbetrag Zinsen zu einem Zinssatz von 5,75 % aufgeschlagen. Wie hoch ist der Rechnungsbetrag.

7. Frau Friedrich hat ihr Girokonto für 7 Tage um 1 500 € überzogen, d. h. auf ihrem Konto waren 7 Tage lang 1 500 € Schulden. Dafür werden Frau Friedrich Zinsen zu einem Zinssatz von 12 % berechnet.
Wie viel Euro Zinsen muss sie bezahlen?

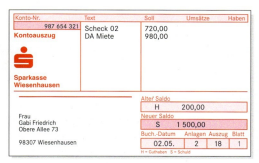

8. Eine Unternehmerin braucht ein Darlehen von 125 000 € für $\frac{1}{4}$ Jahr. Wie viel Euro Zinsen muss sie bei einem Zinssatz von 6,5 % zahlen?

9. Rechne vorteilhaft.
a) Eine Unternehmerin braucht einen Kredit von 25 000 € für $\frac{1}{4}$ Jahr.
Wie viel Euro Zinsen muss sie bei einem Zinssatz von 12 % zahlen?
b) Jemand leiht sich 2 000 € für 1 Monat zu einem Zinssatz von 9 %.
Wie viel Euro Zinsen hat er zu entrichten?
Wie viel Euro muss er insgesamt zurückzahlen?
c) Für einen Autokauf leiht sich Herr Deppe 3 200 €, die er mit 8 % verzinsen muss.
Wie viel Euro Zinsen sind nach 5 Monaten fällig?

10. Jule hat zu ihrem Geburtstag am 2. Mai von ihrer Oma ein Sparbuch mit 300 € Guthaben geschenkt bekommen. Zum Weltspartag am 30. Oktober zahlt Jule ihre Ersparnisse in Höhe von 35 € auf das Sparbuch ein. Der Zinssatz für das Sparbuch beträgt 2 %.
Wie viel Euro Zinsen bekommt Jule am Jahresende gutgeschrieben?

IM BLICKPUNKT

MATHEMATIK AUS DER ZEITUNG

(1) Brillance Intensiv Color Creme
Dunkle Kirsche Nr. 888
langanhaltende Farbe

EUR 6,49

Sonderpreis: **EUR 3,99**

(2) Angebote der Woche:
26. 01. – 31. 01.

geiping's
Kürbiskernbrot
750 g statt 2,60 €

nur **2,25 €**

(3) Der Trend geht zum Alpin Ski

München. Nach Angaben der Wintersport-Branche hat der Snowboard-Boom seinen Höhepunkt offenbar überschritten, der Trend geht in Richtung Alpin Ski. Ein großer Wintersportartikelhersteller hat im letzten Jahr 1,2 Millionen Paar Skier verkauft und will den Absatz um vier Prozent steigern. Der Snowboard-Absatz werde dagegen nur bei etwa 200 000 liegen. Vor zwei Jahren wurden noch 230 000 Bretter verkauft.
Insgesamt rechnet der Wintersportartikelhersteller für das laufende Jahr mit einem Umsatzanstieg von fünf Prozent, das sind 24 Millionen Euro zusätzlich.

(4) Nur bis 29. April, auf diese Preise 20 %

19,90 €
39,50 €
159,59 €

Sweatshirtjacke
Für Card-Inhaber
12 % Preisnachlass

45,50 €

(5) Mero-Wash auf Erfolgskurs

Berlin. Im Jahr 2019 hat der Waschmittelhersteller Mero-Wash seinen bisher höchsten Gewinn erzielt. Der Jahresüberschuss von 432,5 Millionen Euro stieg um rund ein Fünftel, teilte das Unternehmen mit. Zu dem Rekordgewinn trugen alle Geschäftsbereiche des Konzerns sowie das umfassende Sparprogramm bei.
Durch den starken Euro ging der Konzernumsatz erwartungsgemäß um 0,62 Milliarden Euro auf gut 9,4 Milliarden Euro zurück. Für das kommende Geschäftsjahr plant der weltweit tätige Konzern eine Steigerung des Konzernumsatzes von 3 bis 4 Prozent.

» Schau dir die Anzeigen bzw. Zeitungsmeldungen an und kläre unbekannte Begriffe. Welche Informationen kann man den jeweiligen Meldungen entnehmen?
» Stelle Sachfragen zu den Meldungen, die sich rechnerisch beantworten lassen.
» Ergänze die Informationen durch sinnvolle Rechnungen.
» Finde ähnliche Angaben in Zeitungen oder anderen Medien. Ergänze sie durch Rechnungen, die den Informationswert erhöhen.

PUNKTE SAMMELN

Ein Kaufhaus gibt im Schlussverkauf auf seine gesamte Winterware 20 % Rabatt.
In der Abteilung hängt außerdem ein Schild mit der Aufschrift „Ware mit einem grünen Punkt nochmals 25 % billiger. Dies gilt auch für bereits reduzierte Ware."

Sophie gefällt eine Skijacke, die regulär 129 € gekostet hat und auf deren Preisschild kein grüner Punkt klebt. Zusätzlich kauft sie einen Schal mit grünem Punkt, der vorher 28 € gekostet hat.
Wie viel muss sie bezahlen?

★★★
Eine Skimütze ohne grünen Punkt kostet jetzt 14 €, ein Pullover mit grünem Punkt 75 €.
Was haben Skimütze und Pullover vorher gekostet?

★★★★
Um wie viel Prozent wird eine Ware mit Rabatt und grünem Punkt insgesamt herabgesetzt?

Die Geldbeträge wurden zu unterschiedlichen Zinssätzen für verschiedene Zeiträume angelegt.
Berechne die Zinsen.

a) 1 400 € zu 2 % für drei Monate
   3 000 € zu 1,5 % für einen Monat

b) 2 500 € zu 1 % für 40 Tage
   4 000 € zu 2,5 % für 200 Tage

Frau Neumann hat 12 800 € im Lotto gewonnen. Sie legt das Geld zu 5,5 % an und lässt sich die Zinsen jährlich auszahlen.
Wieviel Euro Zinsen bekommt Frau Neumann in 5 Jahren?

Herr Jäger kauft einen rechteckigen Bauplatz, der 12,5 m breit und 23,7 m lang ist.
Die Bank sagt: „Wir beleihen nur 60 % des Kaufpreises zum Zinssatz von 4,5 % den Rest zu einem Zinssatz von 6,2 %."
Nach 10 Monaten zahlt Herr Jäger mit dem Erlös aus dem Verkauf eines alten Hauses seine Schulden an die Bank zurück.
Welchen Betrag muss er überweisen?

VERMISCHTE UND KOMPLEXE ÜBUNGEN

1. Familie Metzler möchte ihre Grundstückseinfahrt erneuern. Sie holen sich drei Angebote ein. Handwerker Schulze legt nebenstehendes Angebot vor:

   (2) Handwerker Müller hat ein Pauschalangebot abgegeben. Er würde die Einfahrt für 4 500 € inklusive Mehrwertsteuer erneuern. Bei Zahlung innerhalb von 5 Tagen gewährt er 2 % Skonto.

   (3) Handwerker Meier würde die Einfahrt für 3 750 € zuzüglich Mehrwertsteuer bauen.

   Für welches Angebot würdest du dich entscheiden? Begründe.

   (1)
   Materialkosten 2 389,00 €
   Lohnkosten 38 € pro Stunde
   voraussichtlicher Zeitumfang 40 Stunden
   (Hinzu kommt noch die Mehrwertsteuer.)

   3 750 €, dazu kommt noch Mehrwertsteuer.

2.
	a)	b)	c)	d)	e)	f)	g)
Kapital	3 900 €		750 €	1 200 €		155 €	
Zinssatz	1,5 %	1,5 %		2,5 %	2 %		2,5 %
Jahreszinsen		81 €	15 €		14 €	2,48 €	54 €

3. Felix hat schon 1 960 € auf seinem Sparbuch. Dafür bekommt er 2,75 % Zinsen. „Dann habe ich in 10 Monaten schon über 2 000 €", sagt Felix. Stimmt das? Begründe.

4. Familie Schröder hat ein monatliches Nettoeinkommen von 2 190 € und Lebenshaltungskosten in Höhe von 1 943 €. Den Restbetrag spart die Familie regelmäßig.
   Durch eine Lohnerhöhung steigt das Einkommen um 3,4 %. Die Lebenshaltungskosten erhöhen sich insgesamt um 2,4 %.
   Um wie viel Prozent erhöht sich dadurch der monatliche Sparbetrag?

5. Nach der 107 %-Regel in der Formel 1 durften bis 2003 Fahrer, die 7 % über der Trainingsbestzeit liegen, nicht am Rennen teilnehmen.
   a) Beim Großen Preis von San Marino 2001 fuhr der Trainingsschnellste eine Rundenzeit von 1 Minute und 23,054 Sekunden. Der Langsamste benötigte 1 Minute und 28,281 Sekunden. Durfte er am Rennen teilnehmen?
   b) Der Sieger des Rennens benötigte für 62 Runden eine Zeit von 1 Stunde 30 Minuten und 44,817 Sekunden. Berechne die durchschnittliche Rundenzeit.

6.
Unternehmen an der Börse	Aktueller Tageskurs der Aktie	Gewinn/Verlust gegenüber Vortag
Chemie-Konzern	37,75 €	+4,86 %
Software AG	83,46 €	−3,76 %

   a) Berechne den Tagesgewinn bzw. Tagesverlust jeder Aktie in Euro.
   b) Frau Müller besitzt 27 Software-AG-Aktien und 39 Chemie-Konzern-Aktien. Wie ändert sich der Wert ihres Depots?

Prozent- und Zinsrechnung

7. Im Kabarett „Zum Abgrund" gibt es regelmäßig Vorstellungen. Der kleine Saal, in dem die Veranstaltungen stattfinden, bietet 120 Zuschauern Platz. In seltenen Fällen werden noch 30 Zusatzstühle hineingestellt.

In der abgelaufenen Saison kostete eine Karte 18 €, wenn man auf einem normalen Platz saß, hingegen nur 15 €, wenn man auf einem der Zusatzstühle Platz nahm.

a) Eine Vorstellung ohne zusätzliche Bestuhlung ist zu 83 % ausgelastet. Wie hoch sind die Einnahmen aus dieser Vorstellung?

b) Die Geschäftsführung des Kabaretts sieht sich steigenden Kosten gegenüber. Daher überlegt sie, im neuen Jahr den normalen Kartenpreis auf 20 € zu erhöhen. Der Preis für die Zusatzstühle soll um 1 € erhöht werden.
Berechne, um wie viel Prozent die Kartenpreise steigen würden.

c) Im letzten Spieljahr gab es 16 Vorstellungen, bei denen Zusatzstühle aufgestellt wurden. Dabei waren die normalen Plätze zu 95 % belegt und die Zusatzstühle zu 80 %. Übersteigen die Einnahmen aus diesen Vorstellungen die 35 000 €-Grenze?

 Zu dem Angebotspreis muss noch die Mehrwertsteuer von 19 % hinzugerechnet werden.

 Bei seinem Angebot hat der Händler bereits einen Schulrabatt von 15 % berücksichtigt. Wie hoch war der Katalogpreis für die Anlage?

8. Die Schülervertretung will die Anschaffung einer Street-Basketball-Anlage beantragen. Dazu wird von einem Fachhändler ein Kostenvoranschlag eingeholt. Der Angebotspreis des Händlers beträgt 807,50 €.

 Die Schulleitung entschließt sich, drei dieser Anlagen zu kaufen und sich die Kosten mit dem Sportverein zu teilen. Der Händler gewährt auf sein Angebot einen Preisnachlass von 5 % und bei sofortiger Zahlung 3 % Skonto. Welche Kosten kommen auf die Schule zu?

Ein zweiter Händler bietet die Anlage zu einem Preis von 1 350 € an. In diesem Preis wäre ein Garantievertrag über 5 Jahre enthalten. Für welches Angebot würdest du dich entscheiden? Begründe.

WAS DU GELERNT HAST

Prozentuale Veränderung

Veränderten Grundwert berechnen

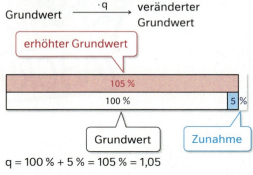

$q = 100\,\% + 5\,\% = 105\,\% = 1{,}05$

$q = 100\,\% - 15\,\% = 85\,\% = 0{,}85$

Prozentuale Zunahme
Eine 40 m² große Auffahrt soll gepflastert werden. Es wird mit 5 % Verschnitt gerechnet. Wie viel Quadratmeter Pflastersteine werden benötigt?

Zunahmefaktor: $q = 1{,}05$
Grundwert: 40 m²
Rechnung: 40 m² · 1,05 = 42 m²
erhöhter Grundwert: 42 m²

Prozentuale Abnahme
Ein Sportschuh wird mit 15 % Preisnachlass angeboten. Der bisherige Preis beträgt 70 €. Berechne den neuen Preis.

Abnahmefaktor: $q = 0{,}85$
Grundwert: 70 €
Rechnung: 70 € · 0,85 = 59,50 €
verminderter Grundwert: 59,50 €

Grundwert berechnen

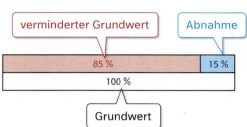

Prozentsatz berechnen

$$\frac{\text{veränderter Grundwert}}{\text{Grundwert}} = q$$

> Die Auffahrt ist 40 m² groß.

42 m² : 1,05 = 40 m²

> Preissenkung

59,50 € : 70 € = 0,85
0,85 = 85 %   100 % − 85 % = 15 %

Zinsrechnung

Bei der Zinsrechnung geht man genauso vor wie bei der Prozentrechnung:
Grundwert = Kapital (K)
Prozentsatz = Zinssatz (p %)
Prozentwert = Jahreszinsen (Z)

Kapital $\xrightleftharpoons[:q]{\cdot q}$ Jahreszinsen

Pascal hat auf seinem Konto 300 €. Er bekommt 4 % Jahreszinsen. Das sind 12 €.

$K = 300\,€;\ p\,\% = 4\,\%;\ Z = 12\,€$

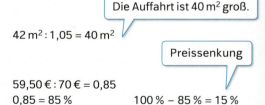

(1) $Z = 300\,€ \cdot 0{,}04 = 12\,€$
(2) $p\,\% = 12\,€ : 300\,€ = 0{,}04 = 4\,\%$
(3) $K = 12\,€ : 0{,}04 = 300\,€$

Zinsen für Teile eines Jahres

Kapital $\xrightarrow{\cdot \text{Zinssatz}}$ Jahreszinsen $\xrightarrow{\cdot \text{Zeitfaktor}}$ Zinsen

$K \xrightarrow{\cdot p\,\%} Z_1 \xrightarrow{\cdot i} Z$

Zinsformel: $Z = K \cdot i \cdot p\,\%$

Gegeben: $K = 2500\,€;\ p\,\% = 2\,\%;$
          Zeit = 126 Tage

Zeitfaktor: $\frac{126}{360} = 0{,}35$

Rechnung: 2500 € · 0,02 · 0,35 = 17,50 €

BIST DU FIT?

1. In einem Modehaus werden die Preise verschiedener Kleidungsstücke angepasst. Berechne die neuen Preise.
(1) Anzug 300 €: Verminderung um 20 %
(2) Kleid 79,00 €: Erhöhung um 10 %
(3) Sweater 49,90 €: Erhöhung um 4 %
(4) Jeans 89,90 €: Verminderung um 7,5 %

2.
a) In einer Autofabrik werden 12 Mechatronikerinnen ausgebildet; das sind 20 % mehr als im letzten Jahr. Wie viel waren es im letzten Jahr?
b) Der Betrieb hat insgesamt 660 Beschäftigte. Das sind 12 % weniger als im Vorjahr. Wie viel Beschäftigte waren es im Vorjahr?
c) Die Ausbildungsvergütung stieg von 720 € auf 756 € pro Monat. Wie viel Prozent betrug die Steigerung?

3. a) Die Schülerzahl einer Schule ist im letzten Schuljahr von 640 auf 691 Schüler angestiegen. Um wie viel Prozent ist die Anzahl der Schüler gestiegen?
b) Die Anzahl der Geburten einer Gemeinde ist im letzten Jahr von 376 auf 354 zurückgegangen. Um wie viel Prozent ist die Anzahl der Geburten zurückgegangen?

4. a) Frau Böhmen hat 3 500 € gespart. Sie bringt das Geld am Jahresanfang zur Bank. Am Jahresende werden 1,5 % des Geldes als Zinsen gutgeschrieben.
Wie viel Euro Zinsen sind das?
b) Frau Nolte hat einen Sparvertrag abgeschlossen. Sie bekommt am Jahresende 48 € Zinsen. Das sind 1,2 % des Sparbetrages am Jahresanfang.
Wie hoch war Frau Noltes Sparbetrag am Jahresanfang?
c) Emine hat am Jahresanfang 3 000 € auf ihrem Sparkonto. Am Jahresende erhält sie 33 € Zinsen. Wie hoch war der Zinssatz?

5. a) Frau Köhler überzieht ihr Konto für 9 Tage um 240 €. Die Bank berechnet dafür Zinsen zu einem Zinssatz von 11,5 %. Wie viel Euro sind das?
b) Herr Franz hat 15 000 € für zwei Monate auf einem Konto mit einem Zinssatz von 3,25 % festgelegt. Wie viel Zinsen bekommt er?

6. Herr Recklies möchte sich ein neues Carport bauen. Um sich das nötige Material kaufen zu können, nimmt er einen Kredit über 3 000 € auf. Dafür muss er 5,5 % Zinsen zahlen.
Herr Recklies möchte den Kredit in zwölf Monatsraten zurückzahlen. Berechne die Höhe der Raten.

7. Jona hat am Jahresanfang 240 € auf seinem Sparkonto (Zinssatz 2 %). Am 17. April löst er das Sparbuch auf. Er bekommt das Geld zusammen mit den Zinsen ausgezahlt.
Wie viel Euro bekommt er ausgezahlt?

KAPITEL 2
TERME, GLEICHUNGEN UND FORMELN

Das Bild stammt von dem Künstler Wendel Ertel, der in seinem Berufsleben als Lehrer tätig war und seine Bilder unter das Motto „Geometrie ist bildgewordene Mathematik" gestellt hat.

» Beschreibe den Aufbau des Bildes. Welche Flächen kannst du erkennen?
» Gib den Flächeninhalt der Figur durch einen Term an.
   Findest du noch weitere Terme?

Hellseherische Mathematik

Jana behauptet, Zahlen erraten zu können. Zum Beweis muss ihr Freund Timon sich eine Zahl denken und dann rechnen. Als Timon das Ergebnis seiner Rechnung nennt, kann Jana sofort die gedachte Zahl nennen.
Timon ist verblüfft. Wie macht Jana das?

„Du denkst dir eine Zahl, verrätst mir diese aber nicht. Verdopple die Zahl und rechne 7 hinzu. Das Ergebnis musst du mit 5 multiplizieren und anschließend 35 wegnehmen."

Terme mit Tabellenkalkulation

>> Finde Werte für a und b, sodass der Term $2 \cdot (a + 3 \cdot b)$ den Wert 16 hat. Welche Werte kannst du für a und b einsetzen, sodass der Term den Wert -17 erhält?
>> Suche eine geometrische Figur, deren Umfang mit dem Term $2 \cdot (a + 3 \cdot b)$ berechnet werden kann. Zeichne die Figur.

	A	B	C	D
1	Berechnungen von Termen			
2				
3	a	b	2*(a+3*b)	
4	1	1	8	
5	1	2	14	
6	3	4	30	
7	-2	4	20	
8	-15	5	0	

C4   fx   =2*(A4+3*B4)

IN DIESEM KAPITEL LERNST DU ...

... wie man Terme aufstellt, berechnet und umformt.
... wie man Terme mit Klammern umformt.
... wie man Gleichungen aufstellt und löst.
... wie man Gleichungen zum Lösen von Sachaufgaben nutzt.
... wie man mit Formeln rechnet.

TERME – GRUNDLAGEN

Terme aufstellen – Termwerte berechnen

EINSTIEG

Heute im Angebot
Croissants   0,55 €
Vollkornbrötchen   0,40 €

» Notiere einen Term, mit dem der Preis für x Croissants und y Vollkornbrötchen berechnet werden kann.
» Berechne mit dem Term, wie viel drei Croissants und fünf Vollkornbrötchen kosten.

INFORMATION

(1) Terme, Variablen, Variablengrundbereich
Terme sind Rechenausdrücke. Sie können Variablen enthalten.
Variablen sind Platzhalter für Zahlen. Man verwendet dafür in der Regel Buchstaben.
Der Zahlenbereich, aus dem Einsetzungen für die Variablen vorgenommen werden sollen, heißt **Variablengrundbereich**.

Terme
mit Variablen   ohne Variablen
Beispiel: *Beispiel:*
$6 \cdot x + 8$ $2 \cdot 7 + 4 - 6$

(2) Termwerte berechnen
Terme mit Variablen kann man erst berechnen, wenn man für die Variablen Zahlen einsetzt. Man erhält den **Wert des Terms (Termwert)**.

Term: $4 \cdot x + 5$
Berechnen des Terms für $x = 8$
$4 \cdot 8 + 5$
$= 32 + 5 = 37$ ← Wert des Terms

ÜBEN

1. Stelle einen Term für den Umfang der Fläche auf.

a) 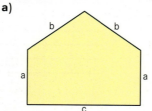   b) 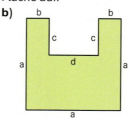   c)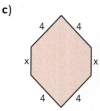

2. Setze für die Variable die angegebene Zahl ein, berechne den Termwert. Fülle die Tabelle aus.

a)
x	2x + 6
3	
7	
−6	
−4,5	

b)
x	x² − 3
4	
0	
−2	
2,5	

c)
a	2a² + a
3	
5	
−1	
−7	

3. Stelle den Term auf. Setze die angegebenen Zahlen ein und berechne den Wert des Terms.
a) Das 5-Fache von x vermindert um 3;   Zahlen: 6; −4
b) Das 7-Fache von y vermehrt um 2;   Zahlen: 2; −3
c) Die Hälfte von a vermehrt um 17;   Zahlen: 6; −7

Terme, Gleichungen und Formeln

4. Stelle eine Formel für die Größe A_O der Oberfläche des Quaders mit quadratischer Grundfläche auf und berechne den Oberflächeninhalt für:
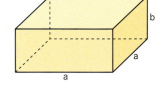
- **a)** a = 2 cm; b = 5 cm
- **b)** a = 12,0 cm; b = 4,5 cm
- **c)** a = 5,5 cm; b = 6,5 cm
- **d)** a = 1,6 dm; b = 10 cm
- **e)** a = 8 cm; b = 0,5 · a

5. Korrigiere die Fehler, die beim Einsetzen passiert sind.

(1) Term: 3 · x + 4	(2) Term: x² − 4 · x	(3) Term: 5 − 2 · a
−3 eingesetzt:	−2 eingesetzt:	4 eingesetzt:
3 · −3 + 4	−2² − 4 · (−2)	3 · 4

6. Übertrage die Tabelle in dein Heft und fülle sie aus.

a	b	2 · a + 3	3 · a − 2 · b	2 · (a + b)	3 · a − (b + 2)
2	3				
1	−1				
−3	4				
−5	2,5				

7. Es soll das Kantenmodell einer quadratischen Pyramide hergestellt werden.
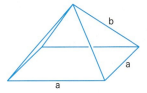
- **a)** Stelle einen Term für die gesamte Drahtlänge auf.
- **b)** Berechne mithilfe des Terms die Drahtlänge für:
    - (1) a = 6 cm; b = 8 cm
    - (2) a = 4,5 cm; b = 12,0 cm
- **c)** Die gesamte Drahtlänge beträgt 100 cm. Gib zwei Möglichkeiten für die Kantenlängen a und b an.

8. Ein Händler bietet verschiedene Sorten Äpfel an.
- **a)** Es werden x kg Ontario und y kg Golden Delicious gekauft.
  Notiere einen Term, mit dem man den Preis P in Euro berechnen kann.
  Bestimme den Preis P mithilfe des Terms für
    - (1) 3 kg Ontario und 5 kg Golden Delicious;
    - (2) 2,4 kg Ontario und 4,3 kg Golden Delicious.
- **b)** Es wurden x kg Ontario und y kg Golden Delicious und z kg Cox-Orange gekauft.
  Stelle einen Term auf, mit dem man den Preis P in Euro berechnen kann.
  Bestimme mithilfe des Terms den Preis P für
    - (1) 2 kg Ontario, 4 kg Golden Delicious und 3 kg Cox-Orange;
    - (2) 1,8 kg Ontario, 3,6 kg Golden Delicious und 2,7 kg Cox-Orange.

Termstrukturen – Name eines Terms

INFORMATION

Die letzte Rechenart, die bei der Berechnung eines Terms an die Reihe kommt, entscheidet über die Struktur (den Namen) des Terms.

(a) $7 \cdot a + 8 \cdot b$

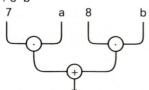

Der Term ist eine *Summe*, weil das Addieren zuletzt an die Reihe kommt.

(b) $6 \cdot z^2 - 9 \cdot z$

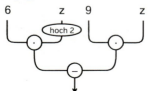

Der Term ist eine *Differenz*, weil das Subtrahieren zuletzt an die Reihe kommt.

(c) $(6 + s) \cdot t$

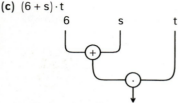

Der Term ist ein *Produkt*, weil das Multiplizieren zuletzt an die Reihe kommt.

(d) $(8 - y) : 4$

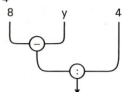

Der Term ist ein *Quotient*, weil das Dividieren zuletzt an die Reihe kommt.

(e) $6 : (3 \cdot x + 4)$

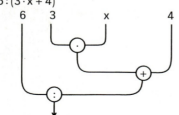

Der Term ist ein *Quotient*, weil das Dividieren zuletzt an die Reihe kommt.

(f) $(5 \cdot y - x)^3$

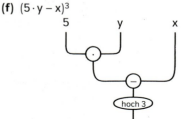

Der Term ist eine *Potenz*, weil das Potenzieren zuletzt an die Reihe kommt.

Rechenbäume verdeutlichen den Rechenweg.

ÜBEN

> Zahlklammern beim Einsetzen negativer Zahlen

1. a) Schreibe die Tabelle ab und fülle sie aus. Ergänze sie für:

(1) $x = 12;\ y = 5$
(2) $x = 9;\ y = 11$
(3) $x = 0;\ y = 20$
(4) $x = -4;\ y = 9$
(5) $x = -3;\ y = -5$
(6) $x = 3{,}7;\ y = 2{,}6$
(7) $x = -3{,}5;\ y = -2{,}5$
(8) $x = \frac{7}{4};\ y = \frac{8}{9}$
(9) $x = -\frac{1}{2};\ y = -\frac{2}{3}$

x	y	x · y + 5	x · (y − 5)	y · (x − 5)	x² + 5
1	2				

b) Gib die Namen der Terme in Teilaufgabe a) an.

TERMUMFORMUNGEN

Wertgleiche Terme

EINSTIEG

Julian und Louisa schauen in unterschiedlichen Formelsammlungen nach dem Umfang eines Rechtecks.

» Was meinst du? Begründe deine Antwort.

AUFGABE

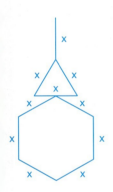

1. Verena und Laura möchten den links abgebildeten Ohrschmuck aus Silberdraht herstellen. Jede der Freundinnen stellt zunächst eine Formel auf.
   Verenas Formel: $x + 3 \cdot x + 6 \cdot x$
   Lauras Formel: $10 \cdot x$
   a) Erkläre, wie die Freundinnen ihre Formeln gefunden haben.
   b) Betrachte für beliebige Zahlen x die beiden Terme
   $x + 3 \cdot x + 6 \cdot x$ und $10 \cdot x$.
   Sind sie *wertgleich,* das heißt, liefern sie bei gleicher Einsetzung stets denselben Wert? Überprüfe das an Zahlenbeispielen, wähle auch negative Zahlen.

Lösung

a) *Verenas Überlegung:*
Drahtverbrauch für den Aufhänger: x
Drahtverbrauch für das Dreieck: $3 \cdot x$
Drahtverbrauch für das Sechseck: $6 \cdot x$
Gesamte Drahtlänge: $x + 3 \cdot x + 6 \cdot x$
Lauras Überlegung:
Laura zählt die gleich langen Stücke ab und erhält für die Drahtlänge: $10 \cdot x$.

b)

x	$x + 3 \cdot x + 6 \cdot x$	$10 \cdot x$
4	40	40
7,5	75	75
−2	−20	−20

$4 + 3 \cdot 4 + 6 \cdot 4 = 40$
$10 \cdot 4 = 40$

Bei gleicher Einsetzung für x liefern beide Terme jeweils denselben Wert.
Sie sind *wertgleich*.

Kapitel 2

FESTIGEN UND WEITERARBEITEN

2. Die Terme $4 \cdot (3 \cdot x) + x$, $12 \cdot x + x$ und $13x$ ergeben für alle rationalen Zahlen, die wir für x einsetzen, denselben Wert. Überprüfe das an folgenden Beispielen:
(1) $x = 5$ (2) $x = -2$ (3) $x = -100$ (4) $x = -2{,}2$ (5) $x = \frac{1}{2}$

3. a) Zeige an vier Beispielen, dass die beiden Terme bei gleicher Einsetzung denselben Wert ergeben.
(1) $x \cdot (1 - x) - (x - 1)$ und $1 - x^2$ (2) $(1 + x) \cdot (1 + y)$ und $1 + x + y + x \cdot y$
b) Gib drei Einsetzungen für x an, bei denen die Terme $3 \cdot x + 2$ und $3 \cdot (x + 2)$ nicht denselben Wert ergeben.

INFORMATION

Hinweis: Tritt die Variable mehrfach auf, so muss dafür immer dieselbe Zahl eingesetzt werden.

Zwei Terme heißen **wertgleich**, wenn sich bei *jeder* beliebigen Einsetzung übereinstimmende Werte ergeben.

Beispiel: (aus Aufgabe 2)
Es gilt $4 \cdot (3 \cdot x) + x$
$= 12x + x$
$= 13 \cdot x$

ÜBEN

4. Gegeben sind die Terme $3 \cdot x + 6$ und $3 \cdot (2 + x)$.
Setze für x ein: 5; 12; $2\,000$; -7; -1; 9; $\frac{1}{3}$; $-\frac{3}{4}$
Berechne jeweils die Werte der Terme.
Was fällt dir auf?

5. Sind die Terme $a^2 - b^2$ und $a \cdot 2 - b \cdot 2$ wertgleich? Prüfe durch Einsetzen.
(1) $a = 2$; $b = 0$ (2) $a = 5$; $b = -3$;   (3) $a = 1{,}3$; $b = 1{,}3$;   (4) $a = -2$; $b = 8$.

6. Aus Draht soll ein Kantenmodell eines Quaders mit den Kantenlängen r, s, t hergestellt werden. Serdan und Corinna geben für die gesamte Drahtlänge k verschiedene Terme an.
Serdan: $k = 4 \cdot r + 4 \cdot s + 4 \cdot t$
Corinna: $k = (r + s + t) \cdot 4$
a) Beschreibe die Überlegungen von Serdan und Corinna.
b) Überprüfe die Wertgleichheit der beiden Terme mit drei selbst gewählten Beispielen.

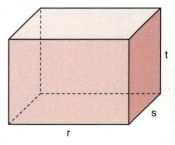

 7. Setze für x und für y die angegebenen Zahlen in die Terme (1) bis (4) ein, berechne jeweils den Wert des Terms und vergleiche.
Hinweis: Du kannst auch ein Tabellenkalkulationsprogramm benutzen.
a) $x = 5$; $y = 3$ **b)** $x = 7$; $y = 7$ **c)** $x = 1{,}5$; $y = -8$ **d)** $x = \frac{3}{4}$; $y = \frac{1}{2}$

(1) $4 \cdot x - 6 + 6 \cdot (1 - y)$
(2) $2 \cdot (2 \cdot x - 3 \cdot y)$
(3) $3 \cdot (1 - 2 \cdot y) - (3 - 4 \cdot x)$
(4) $4 \cdot x - 6 \cdot y$

Terme, Gleichungen und Formeln **41**

Vereinfachen von Termen

EINSTIEG

Welche Terme sind wertgleich?
$5 \cdot x - 3 \cdot y - 3 \cdot x$ $2 \cdot x + 2 \cdot y$
$3 \cdot x \cdot 2$ $x + x + 2 \cdot x$
$4 \cdot x$ $6 \cdot x$

Einige der Terme links sind wertgleich.

» Finde heraus, welche Terme das sind.
» Versuche auch, eine Begründung dafür anzugeben.
» Stelle deine Überlegungen vor.

AUFGABE

1. Vereinfache den Term.
$3 \cdot a \cdot b + 4 \cdot z - a b + 7 - z$

Lösung
Wir stellen um und fassen dann zusammen
$3 \cdot a \cdot b + 4 \cdot z - a b + 7 - z$
$= 3 \cdot a \cdot b - a b + 4 \cdot z - z + 7$ Umstellen
$= 3 a b - a b + 4 z - z + 7$ Weglassen von Multiplikationszeichen
$= 2 a b + 3 z + 7$ Zusammenfassen

INFORMATION

(1) Weglassen von Malpunkten
Malpunkte können zur Vereinfachung weggelassen werden.
Beispiele: Schreibe $4a$ statt $4 \cdot a$ ab statt $a \cdot b$ $2(x+y)$ statt $2 \cdot (x+y)$
Statt $1 \cdot a$ schreibt man a.

Beachte:
$zy = yz$

(2) Gleichartige Glieder
$4c$ und $2c$ unterscheiden sich nur in den Zahlfaktoren. Man nennt sie **gleichartig**.
Gleichartig sind auch $3a^2$ und $4a^2$ sowie $8yz$ und $-12zy$
Nicht gleichartig sind z. B. $3a$ und $4b$ sowie $2x$ und x^2.

(3) Zusammenfassen gleichartiger Glieder
Man addiert oder subtrahiert gleichartige Glieder, indem man die Zahlfaktoren addiert oder subtrahiert.

Beispiele: $x = 1 \cdot x$

(1) $6z + 3z$ (2) $5x - x$ (3) $-3ab + 2ab$ (4) $3x^2 + 9x^2 + 12x$

= $9z$ = $4x$ = $-ab$ = $12x^2 + 12x$

FESTIGEN UND WEITERARBEITEN

2. Vereinfache den Term.
a) $7 \cdot 9z$
b) $18a : 3$
c) $24xy : 8$
d) $9rp \cdot (-4)$
e) $12ab \cdot 0{,}5$
f) $\frac{3}{4} \cdot 24pq$
g) $-24xy : \frac{1}{2}$
h) $32xy : (-0{,}8)$

(1) $3 \cdot 4z$ (2) $21x : 7$
= $3 \cdot 4 \cdot z$ = $\frac{\overset{3}{\cancel{21}} \cdot x}{\underset{1}{\cancel{7}}}$
= $12z$ = $3x$

3. Vereinfache den Term.
b) $3 \cdot (7y) + 4 \cdot (2y)$ d) $(9ab) \cdot 2 + 7 \cdot (8ab)$ f) $12 \cdot (-4x) - (2x) \cdot 3$

4. Rechne wie im Beispiel.
  a) $3x \cdot 4y$
  b) $(-2a) \cdot (-3b)$
  c) $-x \cdot 8y$
  d) $\frac{3}{4}s \cdot \left(-\frac{4}{9}t\right)$

$$5x \cdot 3y = 5 \cdot x \cdot 3 \cdot y$$
$$= 5 \cdot 3 \cdot x \cdot y$$
$$= 15xy$$

INFORMATION

Multiplizieren eines Produkts mit einer Zahl
Man multipliziert ein Produkt mit einer Zahl, indem man *nur einen* Faktor mit der Zahl multipliziert.

Beispiel: $4 \cdot (3 \cdot x) = (4 \cdot 3) \cdot x = 12x$

Dividieren eines Produkts durch eine Zahl
Man dividiert ein Produkt durch eine Zahl, indem man *nur einen* Faktor durch die Zahl dividiert.

Beispiel: $(14x) : 7 = (14 : 7) \cdot x = 2x$

ÜBEN

5. Vereinfache.
  a) $6a + a$
     $-7b + 6b + b$
  b) $3st - 2st$
     $6r^2 - r^2$
  c) $-12ab + ab \cdot 14$
     $6xy - 4yx$

6. Welche Umformungen sind falsch? Korrigiere.

Anna	Ben	Christine	Daniel
$5a - 4 = a$	$7x - x = 6x$	$2x^2 + 3x = 5x^2$	$4 + x^2 = 4x^2$

7. Welcher Term lässt sich durch Zusammenfassen vereinfachen, welcher nicht?
  (1) $3ab + 2a$ (2) $15x - x$ (3) $5x - 5$ (4) $b + 3b$

8. Vereinfache den Term.
  a) $3 \cdot 2a$
  b) $4 \cdot 3x \cdot 5$
  c) $\frac{1}{5}a \cdot b \cdot \frac{2}{4}$
  d) $0{,}5x \cdot 0{,}3y \cdot 2$

9. Vereinfache den Term.
  a) $(-a) \cdot (8b)$
  b) $(5r) \cdot (-2s)$
  c) $(-2x) \cdot (-y)$
  d) $(4a) \cdot \left(-\frac{1}{2}b\right)$
  e) $\frac{3}{4}x \cdot \left(-\frac{2}{5}y\right)$
  f) $\left(-\frac{1}{6}a\right) \cdot \left(-\frac{2}{3}b\right) \cdot \frac{1}{2}c$

$(-x) = (-1) \cdot x$

$$(-x) \cdot (-3y) = (-1) \cdot x \cdot (-3) \cdot y$$
$$= (-1) \cdot (-3) \cdot x \cdot y$$
$$= 3xy$$

10. a) $48x : 12$
         $-105y : 7$
     b) $2{,}4u : (-6)$
         $6{,}9x : 3$
     c) $(-4a) : \frac{1}{2}$
         $(-4a) : (-2)$
     d) $10r \cdot 8s : 4$
         $(-5t) \cdot (-8u) : 2$

11. Maren hat umgeformt. Welche Fehler hat sie gemacht? Berichtige.

  (1) $5 \cdot 7a = 35 \cdot 5a$
  (2) $7a \cdot 7b = 7 \cdot (ab)$
  (3) $(18a \cdot 21b) : 3 = 6a \cdot 7b$
  (4) $2a^2 \cdot 5 - 3 = 4a^2$

12. Vereinfache. Fasse geeignet zusammen.
  a) $3 \cdot (4a) + 7 \cdot (5a)$
  b) $8 \cdot (9c) + 7 \cdot (8c)$
  c) $24x : 6 - 49x : 7$
  d) $(-48y) : (-4) + 35y : (-5)$

TERME MIT KLAMMERN

Auflösen einer Klammer – Ausmultiplizieren

EINSTIEG

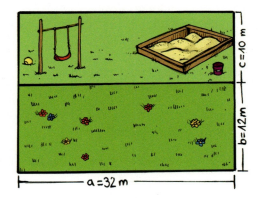

Der Garten der Familie Müller hat die Form eines Rechtecks. Er besteht aus zwei Teilrechtecken.
Beschreibe zwei Wege, wie man die Größe des Gartens berechnen kann.

» Gib für jeden Rechenweg einen Term mit den Variablen a, b, c an.
» Berechne die Gesamtfläche durch Einsetzen der Werte in beide Terme.
» Welches Rechengesetz wird angewendet?

AUFGABE

1. Forme die Terme auf der Tafel so um, dass keine Klammern mehr vorkommen. Wende dazu folgende Distributivgesetze (Verteilungsgesetze) der Addition und Subtraktion an:

$$a \cdot (b + c) = a \cdot b + a \cdot c$$
$$a \cdot (b - c) = a \cdot b - a \cdot c$$

(1) $3 \cdot (4x + 2y)$
(2) $(-4) \cdot (3 + 2a)$
(3) $(-2) \cdot (2x - 3)$
(4) $3x \cdot (2y - 4z)$

Anwenden des Distributivgesetzes liefert wertgleichen Term.

Lösung

(1) $a \cdot (b + c) = a \cdot b + a \cdot c$
$3 \cdot (4x + 2y) = 3 \cdot 4x + 3 \cdot 2y$
$ = 12x + 6y$

(2) $(-4) \cdot (3 + 2a) = (-4) \cdot 3 + (-4) \cdot 2a$
$ = -12 + (-8a)$
$ = -12 - 8a$

(3) $a \cdot (b - c) = a \cdot b - a \cdot c$
$(-2) \cdot (2x - 3) = (-2) \cdot 2x - (-2) \cdot 3$
$ = -4x + 6$

(4) $3x \cdot (2y - 4z) = 3x \cdot 2y - 3x \cdot 4z$
$ = 6xy - 12xz$

INFORMATION

Beachte die Vorzeichenregeln beim Ausmultiplizieren.

Ausmultiplizieren
Wird eine Summe oder Differenz mit einem Faktor multipliziert, so multipliziert man jedes Glied der Summe oder Differenz mit diesem Faktor.

Jedes Glied der Differenz mit dem Faktor multiplizieren

Beispiele:
(1) $7 \cdot (x + 3)$
$= 7 \cdot x + 7 \cdot 3$
$= 7x + 21$

(2) $(-7) \cdot (4x + 3y)$
$= (-7) \cdot 4x + (-7) \cdot 3y$
$= -28x - 21y$

(3) $(3x - 6) \cdot 2y$
$= 3x \cdot 2y - 6 \cdot 2y$
$= 6xy - 12y$

Kapitel 2

FESTIGEN UND WEITERARBEITEN

2. Multipliziere aus. Beschreibe und begründe dein Vorgehen.
- a) $7 \cdot (x + 5)$
- b) $(x + 2) \cdot 9$
- c) $5 \cdot (3x - 2)$
- d) $(3 - 2a) \cdot (-4)$
- e) $-\frac{1}{2} \cdot (6x - 5)$
- f) $(2{,}5 - 3a) \cdot 0{,}1$
- g) $(1 - y) \cdot x$
- h) $(-3x) \cdot (x + 9)$

3. Löse durch Ausmultiplizieren die Klammer auf.
- a) $8(x + y + 7)$
- b) $(x - y - z) \cdot (-5)$
- c) $4(3x + 2y + 5z)$
- d) $(2a - 4b - 3c) \cdot \left(-\frac{1}{2}\right)$
- e) $-2{,}5(4x - 7y + 9z)$
- f) $(0{,}1a + 2b - 2z) \cdot 7{,}2$

4. Löse die Klammer auf.
Wende, wie im Beispiel, das Distributivgesetz für die Division an.
- a) $(x + 4) : 2$
- b) $(8 + y) : 5$
- c) $(4x - 3) : 2$
- d) $(-9x + 6y) : 3$
- e) $(14a - b) : (-2)$
- f) $(21s - 24t) : (-3)$

$(a + 6) : 3$
$= a : 3 + 6 : 3$
$= \frac{1}{3}a + 2$

5. Beschreibe, wie gerechnet wurde, und berichtige die Fehler.

(1) $7 \cdot (2x - 4y)$
$= 14x - 4y$

(2) $(-2) \cdot (3x - y)$
$= -6x - 2y$

(3) $(10 + a) : 5$
$= 2 + 5a$

ÜBEN

6. Löse jeweils die Klammer auf.
- a) $9(x + y)$
  $(x + y) \cdot (-5)$
- b) $(x - y) \cdot 7$
  $(-3) \cdot (a - b)$
- c) $\frac{1}{2}(b - 1)$
  $(1 + u^2) \cdot 4$
- d) $x(1 + y)$
  $(x - y) \cdot y$
- e) $r(r + 0)$
  $(0 - t) \cdot (-s)$

7.
- a) $y(8x + 5)$
  $(3 + 5r) \cdot s$
- b) $(3x - 2y) \cdot a$
  $c(7a - 4b)$
- c) $(-3a)(4x - y)$
  $\left(-\frac{1}{2}r\right)(2s - 4t)$
- d) $(v - w - 7) \cdot (-u)$
  $-6x \left(\frac{1}{3}y - \frac{1}{4}z - 11\right)$

8.
- a) $(12a + 16) : 4$
  $(-18 - 24x) : 6$
- b) $(18y - 15) : (-3)$
  $(-36 + 27x) : (-9)$
- c) $(-3{,}6x + 1{,}2) : \left(-\frac{1}{2}\right)$
  $(1{,}4 + 7{,}2y) : (-0{,}2)$

9. Bilde alle Produkte, bei denen ein Faktor aus dem oberen Korb und einer aus dem unteren Korb stammt. Löse die Klammern auf.

10. Löse die Klammer auf und fasse zusammen.
- a) $7x - 8 + 3(4x + 5)$
- b) $8 - 4a + 9(3a - 4)$
- c) $8z + 3(4 - 2z) + 5$
- d) $7p - 2(3p - 8) + 15$
- e) $8x + (4x - 8) : 2 + 4$
- f) $9x - 2\left(\frac{1}{2}x + 5\right) - 8$
- g) $40 - \frac{1}{3}(9y - 12) + 3y$
- h) $\frac{3}{4}(8p - 12) - 7p + 5$

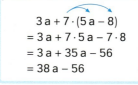

$3a + 7 \cdot (5a - 8)$
$= 3a + 7 \cdot 5a - 7 \cdot 8$
$= 3a + 35a - 56$
$= 38a - 56$

11. Links siehst du einen Karton mit quadratischer Grundfläche und rechts das zugehörige Netz (Maße in cm).
- a) Stelle einen Term für die benötigte Papiermenge auf. Vernachlässige dabei die kleinen Abschrägungen an den Laschen, d. h. betrachte die Laschen als Rechtecke.
- b) Berechne den Papierbedarf für $h = 8$ cm und $a = 5$ cm.
- c) Wie verändert sich der Papierbedarf, wenn man die Seitenlängen und auch die Laschenbreite verdoppelt?

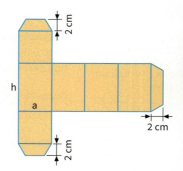

Setzen einer Klammer – Ausklammern

EINSTIEG

Hannah hat Klammern aufgelöst. Sie hat die Aufgaben aber nicht notiert.

» Wie könnten die Aufgaben gelautet haben? Beschreibe deine Überlegungen.

a) 3x + 12
b) 7a − 28
c) 4 + 4y
d) −15x + 18y
e) 12s + 20st
f) −39ab + 26a

AUFGABE

1. a) In dem Term 3x + 15 steckt sowohl in 3x als auch in 15 der Faktor 3. Klammere diesen Faktor aus und kontrolliere das Ergebnis.
   b) Verfahre ebenso bei 3xy − 4xz.

Lösung

a) 3x + 15 = 3 · x + 3 · 5
         = 3 · (x + 5)

3 · x = 3x   3 · (+5) = +15

Wir sagen:
Der Faktor 3 wird *ausgeklammert*.
Die Summe wird in ein Produkt umgeformt.
Man spricht daher auch von *Faktorisieren*.

b) 3xy − 4xz = x · 3y − x · 4z
            = x · (3y − 4z)

Auch bei Differenzen kann man faktorisieren.

INFORMATION

Ausklammern

Man sucht einen gemeinsamen Faktor in den einzelnen Summanden.
Dann verwandelt man die Summe oder Differenz in ein Produkt.
Beispiele:

(1) 8x − 12 = 4 · 2x + 4 · 3
           = 4 · (2x + 3)

(2) 8xy − 2x = 2x · 4y − 2x · 1
            = 2x · (4y − 1)

FESTIGEN UND WEITERARBEITEN

2. Übertrage ins Heft und fülle die Lücken aus.
   a) 12 + 3x = 3 · ■ + 3 · ■ = 3 · (■ + ■)
   b) 22a − 77 = 11 · ■ − 11 · ■ = 11 · (■ + ■)
   c) 9a − 12ab = ■ · 3 − ■ · 4b = ■ · (■ + ■)
   d) 25x² + 35xy = ■ · (5x + ■)
   e) x − xy = x · (■ − ■)
   f) 7a + 21ab = ■ · (■ + 3b)

3. Klammere den angegebenen Faktor aus. Beschreibe, wie du vorgehst. Kontrolliere durch Ausmultiplizieren.
   a) 6x + 8y; 2
   b) 63a − 49b; 7
   c) 18xy + 6xz; 6x
   d) 56ab − 7b; 7b
   e) 15a² − 10a; 5a
   f) 48y² + 6xy; 6y

Strategie: Suche den größten gemeinsamen Teiler.

4. Klammere so weit wie möglich aus.
   a) 24x + 60y
   b) 11y − 33z
   c) 27xy + 18x
   d) 39a² − 26ab
   e) 12uv − 18ut + 9u
   f) 16x² + 28xy − 44xy²

5. Klammere wie im Beispiel den angegebenen negativen Faktor aus. Kontrolliere durch Ausmultiplizieren.
   a) −9a + 6b; −3
   b) 12x − 4y; −4
   c) 27u + 9w; −9
   d) −14 − 28x; −14
   e) −45x + 30; −15
   f) x + y; −1

−8x + 4y; −4
−8x + 4y = −4 · (2x − y)

−8x : (−4)   +4y : (−4)

ÜBEN

6. Klammere einen gemeinsamen Faktor aus. Kontrolliere durch Ausmultiplizieren.
a) $5a + 5b$
   $13r + 13s$
   $11x - 11y$
b) $7x + 7yz$
   $2rs + 2t^2$
   $4a + 4$
c) $25a - 15b$
   $39r^2 + 18s^2$
   $72x - 96xy$
d) $xy - xz$
   $t + t^2$
   $x^2 - 2xy$
e) $4ab - 9bc$
   $a^2b + 7b^2$
   $\frac{1}{2}ab + \frac{1}{2}a^2$

7. Übertrage in dein Heft und fülle die Lücken aus.
a) $3x + \blacksquare \cdot y = 3 \cdot (\blacksquare + 2y)$
b) $12 \cdot \blacksquare - 8b = \blacksquare \cdot (3x - \blacksquare)$
c) $\blacksquare + 15x = \blacksquare \cdot (1 + x)$
d) $-20x + \blacksquare = \blacksquare \cdot (4x - 2)$

8. Kontrolliere, ob richtig gerechnet wurde. Korrigiere, falls nötig.

a) Anne
$4x - 32$
$= 4(x - 32)$

Benny
$-14 - 49y$
$= -7(2 - 7y)$

Christian
$56a + 70b$
$= 7(8a + 10)$

b) Dario
$\frac{1}{2}x - 6$
$= \frac{1}{2}(x - 3)$

Elisa
$0{,}4 + 1{,}6a^2$
$= 0{,}4(0{,}4a^2)$

Fabian
$2{,}4uv - 0{,}8v$
$= 0{,}8v(0{,}3u - 0)$

9. Klammere so aus, dass der Term in der Klammer möglichst einfach wird.
a) $9ab + 9ac$
   $8uv - vw$
b) $ab + abc$
   $15uv - 5ut - 45uv$
c) $5r^2 - 5rs$
   $12rs - 18st - 30s^2$

10. Wurde richtig ausgeklammert? Korrigiere gegebenenfalls die rechte Seite.

a) $3ab + 3c = 3(ab + 3c)$
b) $5xyz + 5x = 5x(yz)$
c) $10rs + 12rt = 10r(s + 2t)$
d) $7a \cdot 4a - 14ab = 14a(2 - b)$

11. Klammere möglichst viele gemeinsame Faktoren aus.
a) $5a^2 + 5ab$
   $13r^2 + 13r^2y$
b) $11x^2y - 11xy^2$
   $19uv - 19u^2v^2$
c) $7p^2q - 21pq^2$
   $12r^2s - 18rs^2$

12. a) Welche Terme sind wertgleich? Begründe.

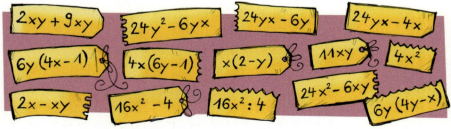

b) Zwei Terme bleiben übrig. Forme sie in wertgleiche Terme um.

13. Setze im Heft für ■ eine passende Zahl oder Variable ein, sodass du ausklammern kannst.
a) $3x + \blacksquare \cdot y$
   $7a + \blacksquare b$
b) $8a + 7\blacksquare$
   $9x^2 + 2\blacksquare y$
c) $4\blacksquare z^2 - \blacksquare y^2$
   $5a^2\blacksquare + \blacksquare \cdot \blacksquare \cdot b$

> Es gibt mehrere Möglichkeiten.

Auflösen von Klammern – Plus- und Minusklammern

EINSTIEG

Herr Zehnbach hat 500 € im Portemonnaie. Er möchte einen Kunstdruck mit Rahmen kaufen, hat sich aber noch nicht entschieden: Nimm an, der Kunstdruck kostet x Euro.

» Schreibe einen Term für sein Restgeld.
» Versuche, mehrere Möglichkeiten zu finden und vergleiche.

AUFGABE

1. Vor der Klammer steht jeweils ein Pluszeichen oder ein Minuszeichen. Wir sprechen kurz von *Plusklammern* oder *Minusklammern*.
Löse die Klammern auf. Fasse – wenn möglich – zusammen.

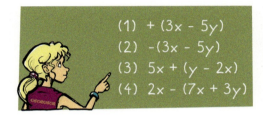

(1) + (3x − 5y)
(2) − (3x − 5y)
(3) 5x + (y − 2x)
(4) 2x − (7x + 3y)

Lösung

(1) Bei einem Pluszeichen vor der Klammer können wir die Klammer weglassen:
$+(3x - 5y) = +3x - 5y$
$ = 3x - 5y$

Plusklammer — *Zeichen bleiben*

(2) Das Minuszeichen vor der Klammer bedeutet Multiplizieren mit (−1):
$-(3x - 5y) = (-1) \cdot (3x - 5y)$
$ = (-1) \cdot 3x - (-1) \cdot 5y$
$ = -3x + 5y$

Minusklammer auflösen — *Zeichen wechseln*

(3) $5x + (y - 2x) = 5x + y - 2x$ | Klammer auflösen
$ = 5x - 2x + y$ | zusammenfassen
$ = 3x + y$

(4) $2x - (7x + 3y) = 2x - 7x - 3y$ | Klammer auflösen
$ = -5x - 3y$ | zusammenfassen

INFORMATION

Plus- und Minusklammern auflösen

(1) Bei einem Pluszeichen vor der Klammer können wir die Klammer weglassen. Die Zeichen in der Klammer werden nicht geändert.

Beispiele:
$+(7 - 5x) = 7 - 5x$
$+(-3a + 2b) = -3a + 2b$

(2) Bei einem Minuszeichen vor der Klammer werden die Zeichen in der Klammer gewechselt. Das heißt, aus plus wird minus und aus minus wird plus.

Beispiele:
$-(a + 4b) = -a - 4b$
$-(7x - 5y) = -7x + 5y$
$3t - (-12s + t) = 3t + 12s - t$
$ = 2t + 12s$

FESTIGEN UND WEITERARBEITEN

2. Löse die Klammer auf.
a) $-(a + b)$
   $+(x - y)$
   $-(-3 + r)$
b) $-(a - b)$
   $+(4x + y)$
   $-(-u - 7v)$
c) $+(3 + x^2)$
   $-(x + y^3)$
   $-(a^2 - b^2)$
d) $+(3x - y + z)$
   $-(-2a + 8b - c)$
   $-(-1 - r - 0{,}5s)$

3. Löse die Klammer auf und fasse – wenn möglich – zusammen.
a) $x - (y + z)$
   $x + (y - z)$
   $a - (5 + b)$
b) $3x - (x - y)$
   $8a - (-a + 2b)$
   $5r - (-r - s)$
c) $6a + (-3b + 4a)$
   $4x - (-5x - 7z)$
   $5u - (2u - 4v)$
d) $8 + (2 - a + b)$
   $x - (3x + y - 2z)$
   $7r - (-s + 2r + 5)$

4. a) Erkläre die Rechnung im Beispiel.
b) Rechne ebenso.
(1) $2x - 3(x + y)$
(2) $-5a - 2(a - 3b)$
(3) $1{,}2y - 0{,}5(3y - 7x)$
(4) $2{,}3x + (5x + 2{,}1y) \cdot 2 - 1{,}9$

$$\begin{aligned} 5x - 4(2x - y) &= 5x - (8x - 4y) \\ &= 5x - 8x + 4y \\ &= -3x + 4y \end{aligned}$$

ÜBEN

5. Löse die Klammern auf und fasse – soweit wie möglich – zusammen.
a) $6a - (5 + 4a)$
   $5x - (2x + 3)$
b) $6u - (3w + 2u)$
   $-9y - (6x - 10y)$
c) $5x - 3(2x + 7)$
   $5x + 3(2x + 7)$
d) $3a - 2(-a - 4b)$
   $2u - 5(w + 3a) + 6w$
e) $8x - 7xy + 2x(6 - 3y)$
   $7a - 9(-a - 4) - 50$
f) $-7x(3 + 5x) + 5(2x - 3x^2) - 12x$
   $-2(13 + 7a) - a(-3u - a) - (2 + au)$

6. Überprüfe, ob richtig gerechnet wurde. Korrigiere gegebenenfalls.

a) $7x - (2x - 5)$
   $= 7x - 2x - 5$
   $= 5x - 5$
b) $(a + 9u) + (-3u - 7a)$
   $= a + 9u - 3u + 7a$
   $= 8a + 6u$
   $= 14au$
c) $5y - 4 \cdot (-y - z)$
   $= 5y - 4y + z$
   $= y + z$

7. a) Anna hat 100 € zum Geburtstag bekommen. Sie möchte davon eine Hose und einen Pullover kaufen.
Da sie noch nicht genau ausgesucht hat, bezeichnet sie den Hosenpreis mit h und den Pulloverpreis mit p.
Schreibe den Term für das Restgeld mit Variablen – einmal mit und einmal ohne Klammern.
b) Herr Pingel hat ebenfalls 100 € und möchte eine Lederjacke kaufen. Er entdeckt stets kleine Mängel an den Waren und versucht, einen Preisnachlass herauszuhandeln.
Schreibe auch für sein Restgeld einen Term mit Variablen – einmal mit und einmal ohne Klammern.
Bezeichne den Preis der Lederjacke mit l und den Preisnachlass mit n.

8. Ergänze den Term in deinem Heft.
a) $7a + (5b - \blacksquare) = 7a + 5b - 3c$
b) $(8u + \blacksquare) + (\blacksquare + v) = 5u - 6v$
c) $(5x + \blacksquare) - (\blacksquare + y) = 3x + 3y$
d) $3x - (\blacksquare - 5y) = -x + 5y$
e) $-3a - (\blacksquare - 8b) - (\blacksquare - \blacksquare) = -4a + c$
f) $-8r - (2s - \blacksquare \cdot r) - (\blacksquare - t) = t$

Terme, Gleichungen und Formeln   **49**

LÖSEN VON GLEICHUNGEN

Gleichungen – Grundlagen

EINSTIEG

Jede Kugel hat eine Masse von 1 kg.
Wie schwer ist eine der vier gleich schweren Kisten?

» Löse die Aufgabe mit einer Gleichung.

AUFGABE

1. Markus sagt:

> Ich denke mir eine natürliche Zahl, multipliziere sie mit 5 und subtrahiere davon 18. Ich erhalte 77. Wie heißt die Zahl?

Lösung

(1) *Aufstellen der Gleichung für die gedachte Zahl*
   Die gedachte Zahl: $\quad x$
   Die gedachte Zahl wird mit 5 multipliziert: $\quad 5 \cdot x$
   Vom Ergebnis wird 18 subtrahiert: $\quad 5 \cdot x - 18$
   Gleichung: $\quad 5x - 18 = 77$

Strategie: Variable isolieren

(2) *Bestimmen der Lösung der Gleichung*
$$5x - 18 = 77 \quad | +18$$
$$5x = 95 \quad | :5$$
$$x = 19$$

(3) *Probe am Text:*
   19 mit 5 multipliziert ergibt 95, davon 18 subtrahiert ergibt 77.
   19 ist eine natürliche Zahl, sie gehört also zum Variablengrundbereich der Aufgabe.

(4) *Ergebnis:* Markus hat sich die Zahl 19 gedacht.

INFORMATION

Umformungsregeln für Gleichungen

Additions- und Subtraktionsregel
Addiert oder subtrahiert man auf beiden Seiten einer Gleichung dieselbe Zahl, so ändert sich die Lösung nicht.

$$-3 \begin{cases} x + 3 = 12 \\ x + 3 - 3 = 12 - 3 \\ x = 9 \end{cases} -3$$

Multiplikations- und Divisionsregel
Multipliziert (dividiert) man beide Seiten einer Gleichung mit derselben Zahl (durch dieselbe Zahl) ungleich 0, so ändert sich die Lösung nicht.

$$:2 \begin{cases} 2x = 8 \\ 2x : 2 = 8 : 2 \\ 1x = 4 \\ x = 4 \end{cases} :2$$

Kapitel 2

FESTIGEN UND WEITERARBEITEN

2. Löse zunächst die Klammern auf. Bestimme die Lösung.
- a) $3 \cdot (x + 2) = 27$
- b) $(x + 4) \cdot 6 = 36$
- c) $15 + 2 \cdot (x - 1) = 39$
- d) $13 - (x + 3) = 6$
- e) $29 - (2x - 1) = 16$
- f) $(6x - 9) : 3 = 15$

ÜBEN

3. Welche der angegebenen Zahlen ist Lösung der Gleichung?
- a) $5x + 9 = 2x + 15$
  Zahlen: 5; 8; 3; 2
- b) $7y + 4 = 8y - 6$
  Zahlen: −2; 0; 10; 15
- c) $3z + 5 = 2z + 3$
  Zahlen: −4; −2; 1; 4

> Die Variable muss nicht immer x heißen.

4. Löse die Gleichung. Denke an die Probe.
- a) $8x = -72$
- b) $14 + x = 23$
- c) $17 = y - 83$
- d) $8x + 23 = 33$
- e) $210 - 20x = 230$
- f) $44 = 17a - 7$
- g) $8x + 8 = 9x$
- h) $7x = 96 - x$
- i) $120 - 21x = 9x$
- j) $-7x + 4 = x$
- k) $-22 + 4y = 15y$
- l) $1 - 14a = -16a$

5.
- a) $5x + 11 = 2x + 20$
- b) $13x - 7 = 11 + 4x$
- c) $3x - 5 = -3x + 31$
- d) $17 - 4x = x + 27$
- e) $\frac{1}{2}x + 6 = -\frac{1}{2}x + 10$
- f) $\frac{4}{5}x - 5 = -12 + \frac{3}{5}x$

6. Gib jeweils drei Gleichungen an, die die angegebene Lösung haben.
- a) $x = 3$
- b) $a = -4$
- c) $x = 0$
- d) $k = -\frac{1}{2}$

7. Fasse zuerst gleichartige Glieder zusammen. Löse dann die Gleichung.
- a) $7x - 4 + 2x = 52 - 5x$
- b) $z + 3z - 15 = 27 + 2z$
- c) $35 - s + 4s = s + 65$
- d) $40 - 2a + 5a = 68 + a$
- e) $14r + 3r - r = 4r + 48$
- f) $20x - 36 + 2x = 3x - 17$

8. Suche die Fehler und korrigiere.

(1) $7 - 6x = 31 \quad |-7$
    $6x = 24 \quad |:6$
    $x = 4$

(2) $4x - 19 = 16 + 5x \quad |-4x$
    $19 = 16 + x \quad |-16$
    $3 = x$

(3) $3a + 4 + 2a = 2a + 19 \quad |-2a$
    $a + 4 = 19 \quad |-4$
    $a = 15$

9. Löse das Zahlenrätsel mit einer passenden Gleichung. Überprüfe die Lösung am Text.
- a) Wenn ich das 5-Fache meiner Zahl um 18 verkleinere, dann erhalte ich 97.
- b) Wenn ich meine Zahl um 14 vergrößere, dann erhalte ich das 3-Fache meiner Zahl.
- c) Wenn ich das 10-Fache meiner Zahl um 60 vergrößere, dann erhalte ich das 12-Fache der Zahl.
- d) Verringert man das 7-Fache einer Zahl um 12, so erhält man dasselbe, wie wenn man das Doppelte der gesuchten Zahl um 8 vergrößert.

10. Löse zunächst die Klammern auf. Bestimme die Lösung.
- a) $48 + 2 \cdot (2x + 2) = 60$
- b) $39 - (8 - x) = 35$
- c) $2(3x - 6) - 4x = 8x - 15$
- d) $17 - (-x - 4) = 3(2x - 3)$
- e) $23x - 4(5 - x) = 3(3 - x) + 1$
- f) $19 - (4 + 8x) : 4 = 9$

11. Gib zu der Gleichung ein Zahlenrätsel an. Bestimme dann die gesuchte Zahl.
- a) $2x + 5 = 19$
- b) $\frac{x}{2} - 3 = 7$
- c) $50 - 3r = 17$
- d) $5t + 7 = 6t - 2$

12.
- a) Der Umfang der abgebildeten Figur (alle Maße in cm) soll 20 cm betragen. Stelle eine Gleichung auf und berechne die Länge b.
- b) Zeichne die Figur mit deinen berechneten Maßen. Beurteile deine Lösung.

LÖSEN VON SACHAUFGABEN MITHILFE VON GLEICHUNGEN

EINSTIEG

In einem Viereck ist der Winkel γ dreimal so groß wie der Winkel α. Der Winkel β ist doppelt so groß wie α und der Winkel δ ist 10° größer als der Winkel α.

» Zeichne ein Viereck, bei dem die Winkel die gewünschten Bedingungen erfüllen.

AUFGABE

1. Aus einem 120 cm langen Stück Draht soll ein Rechteck hergestellt werden.
Die längere Seite soll 14 cm länger als die kürzere sein.
Wie lang sind die kürzeren Seiten? Berechne auch die längeren Seiten.

Lösung

(1) *Fertige eine Skizze an und lege die gesuchte Größe fest. Stelle die Gleichung auf.*
Wir rechnen nur mit den Maßzahlen.
Länge der kürzeren Seite (in cm): x
Länge der längeren Seite (in cm): $x + 14$
Umfang des Rechtecks: $2x + 2(x + 14) = 120$

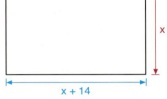

(2) *Bestimme die Lösung der Gleichung.*
$2x + 2(x + 14) = 120$
$2x + 2x + 28 = 120 \quad | -28$
$4x = 92 \quad | :4$
$x = 23$

(3) *Führe die Probe am Aufgabentext durch.*
Ein Rechteck mit den Seitenlängen 23 cm und 23 cm + 14 cm, also 37 cm, hat den Umfang:
$u = 2 \cdot (23\,\text{cm} + 37\,\text{cm}) = 2 \cdot 60\,\text{cm} = 120\,\text{cm}$

(4) *Formuliere einen Antwortsatz.*
Die kürzeren Seiten des Rechtecks sind jeweils 23 cm, die längeren jeweils 37 cm lang.

FESTIGEN UND WEITERARBEITEN

2. *Prüfen, ob eine Lösung der Gleichung auch eine sinnvolle Lösung der Aufgabe ist.*
In einem Dreieck soll die kleinste Seite 6 cm kürzer sein als die mittlere und diese wieder 6 cm kürzer als die längste. Der Umfang des Dreiecks soll 30 cm betragen.
Zeichne das Dreieck.

INFORMATION

Strategie bei der Lösung einer Sachaufgabe
(1) Fertige, wenn möglich, eine Zeichnung (Skizze) an und trage die gegebenen Größen ein. Lege die Bedeutung von x (bzw. y, z, ...) fest.
(2) Stelle eine Gleichung auf.
(3) Bestimme die Lösung der Gleichung.
(4) Prüfe am Aufgabentext, ob die Lösung der Gleichung auch eine sinnvolle Lösung der Aufgabe ist.
(5) Notiere einen Antwortsatz.

ÜBEN

3. Ein Rechteck hat einen Umfang von 68 cm. Die längere Seite ist 4 cm länger als die kürzere Seite.
Berechne die Seitenlängen des Rechtecks.

4. Drücke mithilfe einer Gleichung aus.
a) Die Seite a ist doppelt so lang wie die Seite b.
b) Der Winkel α ist 17° größer als der Winkel β.
c) Die Seiten a und b sind zusammen 11 cm länger als die Seite c.

5. Berechne die Seitenlängen und zeichne das Dreieck.
a) In einem gleichschenkligen Dreieck ist jeder Schenkel dreimal so lang wie die Basis. Der Umfang des Dreiecks beträgt 28 cm.
b) In einem Dreieck ist die mittlere Seite 2,2 cm länger als die kürzeste und 3,5 cm kürzer als die längste Seite. Der Umfang des Dreiecks ist 23,8 cm.

6.

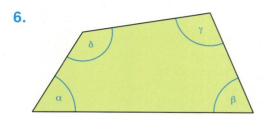

In einem Viereck ist der größte Winkel dreimal so groß wie der kleinste Winkel. Der dritte Winkel ist 15° kleiner als der größte Winkel und der vierte Winkel ist halb so groß wie der dritte Winkel.
Zeichne ein Viereck, bei dem die Winkel die gewünschten Bedingungen erfüllen.

7. Paul möchte für sein Meerschweinchen einen rechteckigen Freilauf bauen. Er hat eine Rolle Maschendraht gefunden. Auf ihr sind noch 18 m Draht von 40 cm Breite aufgerollt.
a) Welche Abmessungen könnte der Freilauf haben?
b) Sind alle möglichen Lösungen sinnvoll? Begründe.
c) Nenne mögliche Maße für den Freilauf, wenn er auch oben mit Draht verschlossen sein soll.

8. Ein Quader hat drei verschiedene Kantenlängen. Die Summe der Längen aller 12 Kanten beträgt 144 cm. Die längste Kante ist dreimal so lang wie die kürzeste. Die dritte Kantenlänge ist doppelt so groß wie die kleinste Kantenlänge.
Berechne das Volumen und den Oberflächeninhalt des Quaders.

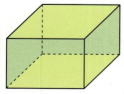

9. Bei einem Quader kann man Grundflächen und Mantelfläche unterscheiden. Im nebenstehenden Bild sind die Grundflächen gelb gefärbt. Die anderen Flächen bilden die Mantelfläche. Die gesamte Oberfläche eines Quaders ist 270 cm² groß. Die Mantelfläche eines Quaders sei genau so groß wie jede der beiden Grundflächen.
Wie groß ist eine Grundfläche?

10. In einem Quader ist eine kleinste Seitenfläche um 30 cm² kleiner, eine größte um 120 cm² größer als eine mittlere Seitenfläche. Die Größe der Oberfläche beträgt insgesamt 900 cm².
Wie groß ist jede Seitenfläche?

UMSTELLEN VON FORMELN

EINSTIEG

In einem gleichschenkligen Dreieck mit der Basis c ist die Winkelgröße γ gegeben.

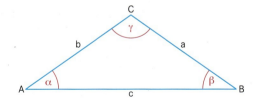

» Berechne die Winkelgröße α für:
(1) γ = 50°; (2) γ = 60°; (3) γ = 86°.
» Stelle eine Formel für die Winkelgröße α auf.

AUFGABE

1. Von einem Dreieck sind bekannt
(1) der Flächeninhalt A = 9 cm² und die Höhe h = 3 cm;
(2) der Flächeninhalt A = 4,9 cm² und die Höhe h = 2,8 cm.
a) Berechne jeweils die Seitenlängen g.
b) Wie könnte man die Seitenlängen g schneller berechnen?

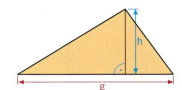

Lösung

a) Wir setzen die gegebenen Werte in die Formel für den Flächeninhalt des Dreiecks
$A = \frac{g \cdot h}{2}$ ein und berechnen dann die fehlende Seitenlänge g:

(1) $9 \text{ cm}^2 = \frac{g \cdot 3 \text{ cm}}{2}$ $| \cdot 2$
$18 \text{ cm}^2 = g \cdot 3 \text{ cm}$ $|:3 \text{ cm}$
$g = 6 \text{ cm}$

(2) $4,9 \text{ cm}^2 = \frac{g \cdot 2,8 \text{ cm}}{2}$ $| \cdot 2$
$9,8 \text{ cm}^2 = g \cdot 2,8 \text{ cm}$ $|:2,8 \text{ cm}$
$g = 3,5 \text{ cm}$

Ergebnis: Die Seitenlänge g beträgt 6 cm. *Ergebnis:* Die Seitenlänge g beträgt 3,5 cm.

b) Statt die Werte einzusetzen und dann zweimal umzuformen, ist es günstiger, die Formel umzustellen und dann einzusetzen.

Umstellen der Formel:
$A = \frac{g \cdot h}{2}$ $| \cdot 2$
$2 \cdot A = g \cdot h$ $|:h$
$g = \frac{2 \cdot A}{h}$

Einsetzen:
(1) $g = \frac{2 \cdot 9 \text{ cm}^2}{3 \text{ cm}} = 6 \text{ cm}$
(2) $f = \frac{2 \cdot 4,9 \text{ cm}^2}{2,8 \text{ cm}} = 3,5 \text{ cm}$

FESTIGEN UND WEITERARBEITEN

2. Die Formel für den Flächeninhalt des Trapezes lautet: $A = \frac{(a+c) \cdot h}{2}$

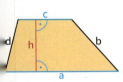

$\frac{(a+c) \cdot h}{2} = A$ $| \cdot 2$
$(a+c) \cdot h = 2 \cdot A$ $|:(a+c)$
$h = \frac{2 \cdot A}{a+c}$

a) Erkläre die Umformungen im blauen Rahmen.
Welche Größen sind gegeben?
Welche Größe ist gesucht?
b) Stelle die Formel (1) nach a, (2) nach c um.
c) Gegeben sind A = 10 cm², h = 2,5 cm und a = 5 cm.
Berechne mit der Formel aus Teilaufgabe b) die Länge der Seite c.

Kapitel 2

3. Für den Flächeninhalt A eines Dreiecks gilt: $A = \frac{g \cdot h}{2}$.
  a) Stelle die Formel nach g und nach h um.
  b) Ein Dreieck hat den Flächeninhalt 33 cm². Eine Seite ist 7,5 cm lang.
     Berechne die zugehörige Höhe.

4. a) Für den Umfang eines Parallelogramms gilt: $u = 2a + 2b$.
     Stelle nach b um.
  b) Für den Flächeninhalt des Parallelogramms gilt:
     $A = a \cdot h$.
     Stelle nach h um.
  c) Rechts wurde falsch umgeformt. Berichtige.

ÜBEN

5. Für das Volumen eines Quaders gilt: $V = a \cdot b \cdot c$.
  Berechne die fehlende Größe für:
  (1) $V = 300 \text{ m}^3$; $b = 3 \text{ m}$; $c = 8 \text{ m}$;
  (2) $V = 770 \text{ cm}^3$; $a = 3,5 \text{ cm}$; $c = 5,5 \text{ cm}$.

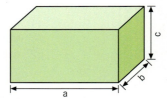

6. Die Formel für die gesamte Kantenlänge eines Quaders lautet: $k = 4 \cdot a + 4 \cdot b + 4 \cdot c$.
  a) Begründe die Formel.
  b) Stelle nach a, b und c um. Bilde selbst Zahlenbeispiele.

7. Max hat einige Formeln umgeformt. Berichtige seine Fehler.

a) $v = \frac{s}{t}$ $\quad |:s$ $\qquad$ b) $u = 2a + b$ $\qquad$ c) $V = a \cdot b \cdot c$
   $t = \frac{v}{s}$ $\qquad\qquad\qquad\quad\;\; a = \frac{u}{2} - b \qquad\qquad\; c = \frac{V}{a:b}$

Dichte von
Stahl: $7,8 \frac{g}{cm^3}$
Aluminium: $2,7 \frac{g}{cm^3}$

8. Für die Dichte ρ gilt: $\rho = \frac{m}{V}$.
  a) Ein Holzwürfel mit der Kantenlänge 6 cm hat eine Masse von 86,4 g. Berechne seine Dichte.
  b) Stelle die Formel für die Dichte nach m um. Bestimme die Masse einer 4,5 cm³ großen Stahlkugel.
  c) Stelle die Formel für die Dichte nach V um. Bestimme das Volumen einer 67,5 g schweren Aluminiumkugel.

9. Stelle Formeln für den Umfang und den Flächeninhalt der Parallelogramme auf. Benutze die angegebenen Variablen.
  Forme anschließend nach jeder Variablen in den Formeln um.
  a)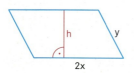
  b)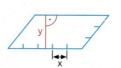
  c)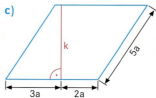

PUNKTE SAMMELN

★★
Jede Seite eines Blumenbeetes soll um 3 m verlängert werden.
Der Flächeninhalt ändert sich um 57 m².
Wie lang sind die ursprünglichen Seiten des Beetes?

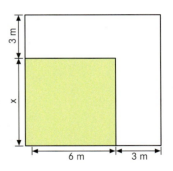

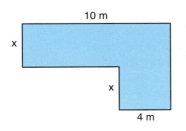

★★★
Der Boden eines L-förmigen Schwimmbeckens ist 70 m² groß.
Bestimme den Umfang des Beckens.

★★★★
Im Stadtpark soll ein U-förmiger Gehweg gebaut werden, der dann mit Randsteinen eingefasst wird.
Die Kosten belaufen sich auf 18,50 € pro Meter.

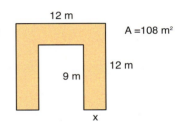

★★
Wenn man zu einer Zahl 4 addiert, erhält man das Doppelte der Zahl vermindert um 3.

★★★
Wenn man zum 8-Fachen einer Zahl 8 addiert, erhält man das 12-Fache der Zahl vermindert um 8.

★★★★
Wenn man vom 3-Fachen einer Zahl 4 subtrahiert und das Ergebnis mit 3 multipliziert, erhält man dasselbe, wie wenn man vom 5-Fachen der Zahl 4 subtrahiert.

VERMISCHTE UND KOMPLEXE ÜBUNGEN

1. Stelle einen Term für den Umfang der Fläche auf. Berechne ihn für a = 7 cm.

a)  b) c)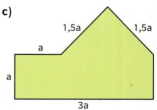

2. Bestimme die Lösungsmenge. Denke auch an die Probe.
- a) $2x - 6 = 26$
- b) $15a - 165 = 15$
- c) $96 - 6z = 6$
- d) $4x - 35 + 3x = 0$
- e) $0{,}2a = 7{,}2a + 14$
- f) $2{,}9a + 1{,}8 = 2a$
- g) $18x - 25 - 11x + 49 = 3$
- h) $3{,}7x + 0{,}8 = 6{,}1 - 5{,}3x + 0{,}7$
- i) $8x + 1 = 52$

3. a) Vereinfache den Term.
  (1) $6x - 7 - 3x + 8 - x$ (2) $7{,}3z - 6{,}1 - 2{,}8z + 5{,}5 + \frac{1}{2}z + 2{,}6$
  b) Für welche Zahlen für x nimmt der Term die Werte −3; −9; 8; 0 an?

4. Löse zunächst die Klammern auf. Bestimme die Lösung.
- a) $4(x + 3) = 32 - x$
- b) $3(5 - 2x) = 4x - 15$
- c) $3(x + 7) = -3(x - 1)$
- d) $1{,}5(3x - 6) = 4(x - 2{,}5)$

5. Gib jeweils eine Gleichung an, die die angegebene Lösung hat. Benutze auch Klammern.
- a) $x = 5$
- b) $x = -7$
- c) $x = 2{,}5$
- d) $x = \frac{1}{4}$
- e) $x = -0{,}9$

6. a) Wenn man 5 zu einer Zahl addiert, erhält man das 3-Fache der Zahl vermindert um 7.
  b) Vom 4-Fachen einer Zahl wird 6 subtrahiert. Man erhält das Gleiche, wenn man das Doppelte der Zahl um 1 vermindert.
  c) Subtrahiert man 12 vom Doppelten einer Zahl, so erhält man dasselbe, wie wenn man die Zahl vervierfacht.
  d) Wenn man 5 zu einer Zahl addiert und das Ergebnis mit 6 multipliziert, erhält man dasselbe, wie wenn man 2 vom Doppelten der Zahl subtrahiert und das Ergebnis halbiert.

7. Verlängert man die beiden Seiten eines Quadrates um 2 cm, so vergrößert sich der Flächeninhalt um 40 cm². Wie lang sind die Seiten des vergrößerten Quadrates?

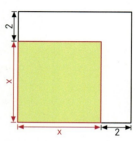

8. Löse die Klammern auf und fasse zusammen.
- a) $(x + 2) \cdot 4 + 3x$
- b) $(7 - 2a^2) \cdot 3 - (a - 4) + 7a^2$
- c) $5(3r + s) - (2s + 3r)$
- d) $(3x + 4y) : 2 + 3(x - 2y)$

9. Verdoppelt man die eine Seitenlänge eines Quadrates und verkürzt die andere um 2 cm, so ist der Flächeninhalt 12 cm² kleiner als das Doppelte des ursprünglichen Quadrates. Wie lang sind die Seiten des Quadrates?

10. Stelle eine Formel für den Flächeninhalt A auf und vereinfache sie.

a)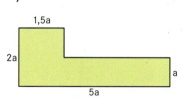
b)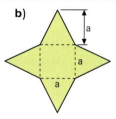
c)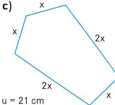

11. Bestimme den Wert der Variablen aus dem Umfang u der Figur (Maße in cm).

a)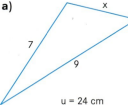
u = 24 cm

b)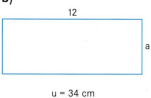
u = 34 cm

c)
u = 21 cm

12.

Die Oberfläche des Quaders beträgt 128 cm². Versuche durch systematisches Probieren die Kantenlänge zu ermitteln. Du kannst auch ein Tabellenkalkulationsprogramm benutzen.

Florian hat zusammen mit Tim eine Formel für das Volumen des Körpers hergeleitet: $V = x^3 + 2x^2$
Prüfe, ob die Formel richtig ist. Begründe.

Stelle eine Formel zur Berechnung des Oberflächeninhaltes des Quaders auf. Vereinfache diese soweit wie möglich.

Berechne die Größe der Oberfläche für x = 3.

13. In einem Dreieck ist der größte Winkel sechsmal so groß wie der kleinste Winkel. Der dritte Winkel ist halb so groß wie der größte Winkel.
Wie groß sind die drei Winkel?

14. Bei dem rechteckigen Firmenlogo beträgt der Flächeninhalt der gelben Fläche gerade ein Drittel der Gesamtfläche. Berechne a.

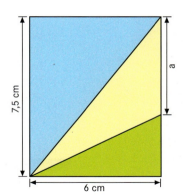

WAS DU GELERNT HAST

Multiplizieren und Dividieren von Produkten
Man multipliziert ein Produkt mit einer Zahl, indem man nur einen Faktor mit der Zahl multipliziert.
Man dividiert ein Produkt durch eine Zahl, indem man nur einen Faktor durch die Zahl dividiert.

(1) $7 \cdot 3x = (7 \cdot 3) \cdot x = 21x$

(2) $56a^2 : 8 = (56 : 8) \cdot a^2 = 7a^2$

Plus- und Minusklammern
Bei einem Pluszeichen vor der Klammer können wir die Klammer weglassen.
Beim Auflösen einer Minusklammer werden die Vorzeichen in der Klammer gewechselt.

$+(7x - 5y) = 7x - 5y$

$-(7x - 5y) = -7x + 5y$

Ausmultiplizieren
Jedes Glied der Summe oder Differenz wird mit dem Faktor multipliziert *(Distributivgesetz)*. Beachte dabei die Minusklammern.

(1) $a \cdot (x + b) = ax + ab$

(2) $(3x - 6) \cdot (-2y) = 3x \cdot (-2y) - 6 \cdot (-2y)$
$= -6xy + 12y$

- **Ausklammern**
Das Ausklammern ist die Umkehrung des Ausmultiplizierens.

(1) $5xy + 7xz = x \cdot 5y + x \cdot 7z$
$= x \cdot (5y + 7z)$

(2) $-8x^2 - 2x^2b = -2x^2 \cdot 4 + (-2x^2) \cdot b$
$= -2x^2 \cdot (4 + b)$

Gleichungen mit Klammern
Lösen durch Umformen
Bei Gleichungen mit Klammern werden zunächst die Klammern aufgelöst und anschließend wird die Gleichung umgeformt, bis die Variable auf einer Seite alleine steht.

$48,5 - (5 - 2x) = 4,5$ ⟵ Klammer auflösen

$48,5 - 5 + 2x = 4,5$ ⟵ Zusammenfassen

$43,5 + 2x = 4,5 \quad | -43,5$ ⟵ Sortieren

$2x = -39 \quad |:2$ ⟵ Isolieren

$x = -19,5$

Arbeiten mit Formeln
(1) Einsetzen und Umformen
Setze die gegebenen Werte ein und berechne die gesuchte Größe.

Dreieck: $A = 10\,cm^2$, $g = 5\,cm$
Einsetzen und Umformen:
$10\,cm^2 = \frac{5\,cm \cdot h}{2} \quad | \cdot 2$
$20\,cm^2 = 5\,cm \cdot h \quad |:5\,cm$
$h = \frac{20\,cm^2}{5\,cm} = 4\,cm$

(2) Umstellen und Einsetzen
Stelle die Formel um und setze die gegebenen Werte ein.

Umstellen der Formel:
$A = \frac{g \cdot h}{2} \quad | \cdot 2$
$2 \cdot A = g \cdot h \quad |:g$
$h = \frac{2 \cdot A}{g}$
$h = \frac{2 \cdot 10\,cm^2}{5\,cm} = 4\,cm$

BIST DU FIT?

1. Für den Lampionumzug des Kindergartens „Zwergenland" wollen die Schüler der Klasse 8 b Laternen basteln. Für das Gerüst jeder Laterne (siehe Abbildung links auf dem Rand) stehen ihnen 200 cm Draht zur Verfügung.
Berechne die Länge der Kante x.

2. Löse die Klammer auf.
a) $3a(7b + 5c)$
b) $8x(9y - 12z)$
c) $34(2x^2 + 12y^2)$

3. Löse die Klammern auf. Fasse dann zusammen.
a) $a(b - c) + b(c - a)$
b) $14(x^2 + y^2) + 6(x^2 - y^2)$
c) $x - (y - 2x)$
d) $7x - 2(-4y + 3x)$
e) $(6x^2 - 5) \cdot 12 - (10 - 2x^2) \cdot 6y$
f) $7x(8 - 5y^2) - 3x(4y^2 + 6)$

4. Klammere so aus, dass der Term in der Klammer möglichst einfach wird.
a) $24xy + 7xz$
b) $80ab - 50bc$
c) $27xy + 72x^2$
d) $48ac - 36ab$

5. Klammere einen negativen Faktor aus.
a) $-2a - 2b$
b) $-7p - 7q$
c) $-24ab - 24ac - 24bc$

6. Bestimme die Lösungsmenge. Mache auch die Probe.
a) $3x + 7 = -2x - 18$
b) $4x + 7 = -3x - 28$
c) $6 - 4y = -6y - 2$
d) $\frac{1}{2}a + 4 = \frac{1}{4}a + 10$

7. Löse die Klammern auf. Bestimme dann die Lösung.
a) $8x - (x - 3) = 4$
b) $2(x - 3) - 7 = x + 1$
c) $-2(x + 3) = 3x - 4(x + 1)$
d) $18 - 3(2x - 4) = -3(-x - 4)$

8. Wie heißt die Zahl?
a) Wenn ich zum Doppelten der Zahl 5 addiere, so erhalte ich dasselbe, wie wenn ich zu der Zahl 16 addiere.
b) Wenn ich 7 vom Fünffachen der Zahl subtrahiere, so erhalte ich dasselbe, wie wenn ich 14 zum Doppelten der Zahl addiere.

9. a) Suche in deinem Tafelwerk die Formel zur Berechnung des Flächeninhalts von Parallelogrammen.
b) Stelle die Formel nach allen darin vorkommenden Variablen um.

10. Annika hat im Supermarkt für einen Tetrapak Saft und 3 Tafeln ihrer Lieblingsschokolade 2,26 € bezahlt. Sie weiß noch, dass der Saft 49 Cent gekostet hat und fragt sich, wie teuer eine Tafel Schokolade war.

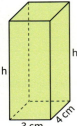

11. a) Stelle einen Term für die Gesamtkantenlänge des Quaders links auf und vereinfache den Term.
Berechne die Gesamtkantenlänge für die Höhe $h = 7,5$ cm.
b) Stelle für den Oberflächeninhalt des Quaders einen Term auf und vereinfache ihn.
c) Die Oberfläche des Quaders ist 101 cm² groß.
Berechne mithilfe einer Gleichung die Höhe h.

IM BLICKPUNKT

BERECHNEN VON TERMEN MIT DEM COMPUTER

 Mit einem Tabellenkalkulationsprogramm kannst du am Computer Terme schnell berechnen und die Ergebnisse übersichtlich in Tabellen darstellen.

1. Anke möchte den Term $2 \cdot a + 3 \cdot b$ mithilfe ihres Kalkulationsprogramms untersuchen. Sie hat die abgebildete Tabelle erstellt. Für die Variablen a und b hat sie in den Spalten A und B jeweils die Zahlen von 1 bis 5 notiert.

   In der Eingabezeile erkennst du: Der Wert des Terms wird in der Zelle C4 mithilfe der Formel **=2*A4+3*B4** berechnet.

   Anke hat diese Formel bis in die Zelle C8 nach unten kopiert.

   Immer wenn sie einen Wert für die Variablen a oder b ändert, wird der Wert des Terms vom Programm neu berechnet.

   Erstelle die Tabelle mit deinem Tabellenkalkulationsprogramm.

   a) Setze für b überall den Wert 2 ein. Beschreibe, wie sich die Werte des Terms ändern, wenn sich nur der Wert der Variable a um 1 erhöht.
   Setze danach für b auch andere Werte ein.
   b) Beschreibe die Veränderungen, wenn sich nur der Wert für die Variable b um 1 erhöht.
   c) Der Term soll den Wert 36 erhalten. Finde durch Probieren verschiedene Einsetzungen für a und b.
   Wie viele Möglichkeiten gibt es?

2. Fällt eine Kugel in einen Brunnen, kann man die Tiefe des Brunnens aus der Fallzeit bestimmen: Man misst die Fallzeit t (in s) und berechnet mit dem Term $5 \cdot t^2$ annähernd die Tiefe (in m).
   Erstelle ein Tabellenblatt, aus dem du die Brunnentiefe für Fallzeiten von 0,5 s; 0,75 s; 1,0 s; 1,25 s; …; 3 s ablesen kannst.

3. Kevin möchte zwei Angebote für Prepaid-Tarife vergleichen.
   Anbieter A verlangt 9 Cent pro Minute für ein Telefonat und 10 Cent für das Versenden einer SMS.
   Anbieter B berechnet für eine Minute 8 Cent und pro SMS 12 Cent.
   a) Erstelle eine Tabelle, in der die Kosten für beide Tarife berechnet werden. Überprüfe deine Berechnungen anhand der abgebildeten Tabelle.
   b) Kevin hat auf seiner Prepaid-Karte ein Guthaben von 10 €. Gib verschiedene Möglichkeiten an, wie viele Minuten Kevin dafür telefonieren und wie viele SMS er versenden kann.
   c) Finde durch Probieren verschiedene Möglichkeiten, bei denen beide Anbieter denselben Preis verlangen.

4. Entwickle eine Kalkulationstabelle. Nach Eingabe der Seitenlängen a und b eines Rechtecks werden der Flächeninhalt und der Umfang berechnet.

	A	B	C	D
1	Flächeninhalt und Umfang vom Rechteck			
2				
3	Länge der Seite a	Länge der Seite b	Umfang u	Flächeninhalt A
4	2	3	10	6
5	3	3	12	9
6	4	3	14	12

   a) Wie ändert sich der Umfang des Rechtecks, wenn
      (1) die Seitenlänge a um 1 vergrößert wird;
      (2) die Seitenlänge b um 1 vergrößert wird?
   b) Wie ändert sich der Flächeninhalt des Rechtecks, wenn
      (1) die Seitenlänge a um 1 vergrößert wird;
      (2) die Seitenlänge a verdoppelt wird;
      (3) beide Seitenlängen verdoppelt werden?

5. Franziska möchte im Garten einen rechteckigen Auslauf für ihren Hasen bauen. Sie hat 16 m Zaun zur Verfügung.
   a) Fertige eine Skizze an. Gib verschiedene Seitenlängen des Auslaufs an, wenn der gesamte Zaun genutzt werden soll.
   b) Erstelle eine Tabelle wie abgebildet. Berechne auch den Flächeninhalt des Auslaufs.

In der Eingabezeile erkennst du: Die Seitenlänge b wird in der Zelle B4 mithilfe der Formel =(16−2*A4)/2 berechnet.

Erkläre diese Formel.

In der Zelle C4 gibst du die Formel =A4*B4 ein. Das Programm multipliziert die Werte für die Seitenlängen a und b aus den Zellen A4 und B4.

Veränderst du den Wert für die Seitenlänge a, werden die Seitenlänge b und der Flächeninhalt A sofort neu berechnet.
   c) Erweitere die Tabelle und untersuche, wie Franziska den Zaun aufbauen muss, damit ihr Hase einen möglichst großen Auslauf bekommt.
   d) Berechne die Maße für den größten Flächeninhalt auch für andere Zaunlängen.

6. Julia möchte aus einem 96 cm langen Draht das Kantenmodell eines Quaders herstellen.

	A	B
1	Kantenmodell eines Quaders	
2		
3	Kantenlänge a	6
4	Kantenlänge b	5
5	Kantenlänge c	13
6	Drahtlänge für das Modell	96

   a) Erstelle das abgebildete Tabellenblatt. In der Zelle B6 gibst du die Formel =4*B3+4*B4+4*B5 ein, um die Drahtlänge für das Kantenmodell zu berechnen.
   b) Verändere zunächst die Länge der Kante a. Untersuche, wie du anschließend die Kantenlängen b und c verändern kannst, damit die Drahtlänge für das Modell wieder 96 cm beträgt.
   c) Suche verschiedene Möglichkeiten für Quader mit quadratischer Grundfläche.
   d) Ergänze das Tabellenblatt.
      Berechne in der Zeile 7 das Volumen des entstandenen Quaders.
      Welche Seitenlängen muss Julia wählen, damit ihr Quader ein möglichst großes Volumen erhält?

BLEIB FIT IM UMGANG MIT...

FLÄCHENINHALT UND VOLUMEN

AUFWÄRMEN

1. Berechne für die im Schrägbild dargestellten Körper das Volumen und den Oberflächeninhalt.

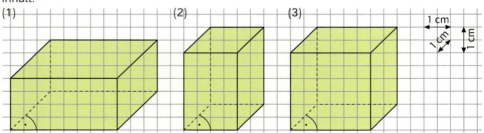

2. a) Erläutere am Quadrat rechts den Zusammenhang zwischen den Flächeneinheiten mm^2 und cm^2.
   b) Erläutere ebenso am Würfel rechts den Zusammenhang zwischen den Volumeneinheiten mm^3 und cm^3.

3. Im Flächennutzungsplan einer Gemeinde ist eine Fläche für die Aufforstung vorgesehen. Zur Bestimmung des Baumbedarfs muss die Größe der Fläche ermittelt werden.
   a) Übertrage die Fläche in dein Heft und zerlege die Fläche in berechenbare Teilflächen.
   b) Berechne den Inhalt der Gesamtfläche.

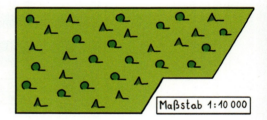

ERINNERUNG

(1) **Flächeninhalt und Umfang von Drei- und Vierecken**

Rechteck	Parallelogramm	Dreieck	Trapez
$A = a \cdot b$	$A = g \cdot h$	$A = \frac{1}{2} g \cdot h$	$A = \frac{1}{2}(a + c) \cdot h$

Der Umfang u eines Vielecks ist die Summe der Seitenlängen.

(2) **Oberflächeninhalt und Volumen von Quadern**

Für das Volumen V und den Oberflächeninhalt A_O eines Quaders gilt:
$V = a \cdot b \cdot c$
$A_O = 2 \cdot a\,b + 2 \cdot a\,c + 2 \cdot b\,c$ bzw.
$A_O = 2 \cdot (a\,b + a\,c + b\,c)$

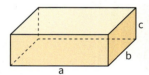

Flächeninhalt und Volumen   63

(3) Umwandeln von Flächeneinheiten   — Umwandlungszahl 100

1 km² $\xrightarrow[\cdot 100]{:100}$ 1 ha $\xrightarrow[\cdot 100]{:100}$ 1 a $\xrightarrow[\cdot 100]{:100}$ 1 m² $\xrightarrow[\cdot 100]{:100}$ 1 dm² $\xrightarrow[\cdot 100]{:100}$ 1 cm² $\xrightarrow[\cdot 100]{:100}$ 1 mm²

1 ℓ = 1 dm³
1 mℓ = 1 cm³

(4) Umwandeln von Volumeneinheiten   — Umwandlungszahl 1 000

1 m³ $\xrightarrow[\cdot 1000]{:1000}$ 1 dm³ $\xrightarrow[\cdot 1000]{:1000}$ 1 cm³ $\xrightarrow[\cdot 1000]{:1000}$ 1 mm³

TRAINIEREN

4. Rechts sind Grundstücke eines Neubaugebietes skizziert. 1 m² kostet 180 €. Berechne die Preise der vier Grundstücke.

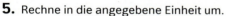

5. Rechne in die angegebene Einheit um.
a) 7 cm²   (mm²)
890 dm²   (m²)
5 m²   (cm²)
3,2 m²   (dm²)
b) 5 m³   (dm³)
750 cm³   (dm³)
3 ℓ   (cm³)
2,9 cm³   (mm³)

6. Rechne in die angegebene Einheit um.
a) 25 025 m²   (ha)
3 145 km²   (ha)
630 ha   (km²)
b) $\frac{3}{4}$ ha   (m²)
$\frac{1}{2}$ km²   (ha)
0,4 m²   (dm²)
c) 2 ℓ   (dm³)
7 m³   (ℓ)
5 125 cm³   (ℓ)
d) 7,5 m³   (ℓ)
2 $\frac{1}{2}$ ℓ   (mℓ)
625 cm³   (ℓ)

7. Berechne Umfang und Flächeninhalt der Figur.
a)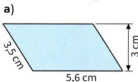
b)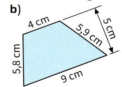
c)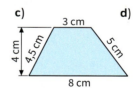
d)

8. Berechne Oberflächeninhalt und Volumen.
a) Quader: a = 3,8 cm; b = 6,0 cm, c = 7,5 cm
b) Würfel: a = 1,2 dm

9. Ein 2,55 m langer Balken aus Fichtenholz $\left(\text{Dichte } \varrho = 0{,}5 \frac{g}{cm^3}\right)$ besitzt einen quadratischen Querschnitt mit der Seitenlänge 15 cm. Berechne die Masse des Balkens.

10. Ein Tetrapak für 1 ℓ Milch ist 9 cm lang und 6 cm breit. Wie viel Pappe wird zu seiner Herstellung mindestens benötigt?

11. Ein Quader mit einer 249 cm² großen Oberfläche ist 8 cm lang und 5 cm breit. Welches Volumen hat er?

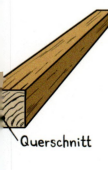
Querschnitt

KAPITEL 3
PRISMEN

Heinz Mack: „Zwei Licht-Prismen", 2002, Centrum Bank Vaduz

Prismen aus Glas

Die „Licht-Prismen" stehen vor einer Bank in Vaduz (Liechtenstein). In der Tag- und Nachtwirkung ergeben sich unterschiedliche Lichteffekte.

» Beschreibe die Kunstwerke. Welche Eigenschaften haben sie? Was kann man über Formen und Flächen sagen?

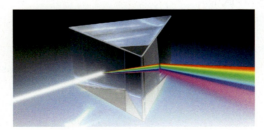

Besonders gut kann man Lichteffekte bei kleinen dreiseitigen Prismen untersuchen.

» Beschreibe, was du im Bild links beobachten kannst.

Prismen als geometrische Form

Prismen müssen nicht immer aus Glas sein. Mit „Prisma" bezeichnet man ganz allgemein bestimmte Körper.

» Alle Körper im Bild oben sind Prismen. Welche Eigenschaften haben sie gemeinsam?
» Worin unterscheiden sie sich?

Prismen in der Umwelt

Emporio-Hochhaus, Hamburg

» Beschreibe den Aufbau des Hochhauses und des Nebengebäudes. Kannst du Prismen erkennen?
» Suche weitere Beispiele für Prismen in der Umwelt?

> **IN DIESEM KAPITEL LERNST DU ...**
>
> ... *wie man Netze, Schrägbilder und Zweitafelbilder von Prismen zeichnen kann.*
> ... *was die Oberfläche eines Prismas ist und wie man ihre Größe berechnet.*
> ... *wie man das Volumen von Prismen berechnen kann.*
> ... *wo Prismen in der Umwelt vorkommen und wie man Sachaufgaben mit Prismen lösen kann.*

PRISMEN – NETZ UND SCHRÄGBILD

Eigenschaften und Netze von Prismen

EINSTIEG

Hier seht ihr zwei verschiedene Verpackungen. Jede Gruppe wählt eine aus und baut sie aus Zeichenkarton nach. Beachtet dabei die Zeichenhilfe.

AUFGABE

1. (1) (2) (3)

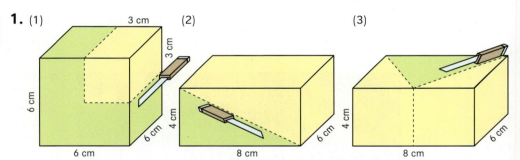

a) Wählt einen der obigen Körper aus. Stellt den Würfel bzw. Quader aus geeignetem Material (Knetmasse, Blumensteckmasse, Styropor) her. Zerschneidet ihn dann wie im Bild und zeichnet ein Netz des Körpers.
b) Was haben alle Teilkörper gemeinsam?

Lösung
a) (1)   (1)   (verkleinert)

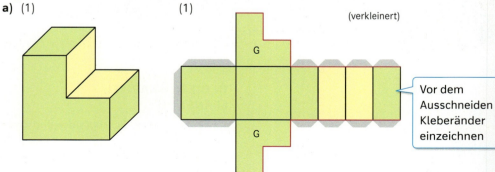

Vor dem Ausschneiden Kleberänder einzeichnen

Hinweis: Die roten Kanten sind gleich lang.

Prismen 67

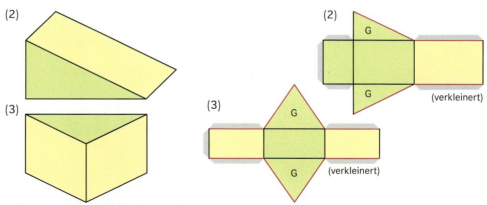

b) Die im Netz mit G gekennzeichneten Flächen heißen Grundflächen. Sie sind in jedem Körper parallel zueinander, haben jeweils die gleiche Form und die gleichen Maße. Alle anderen Flächen der Körper – sie heißen Seitenflächen – sind Rechtecke.

INFORMATION

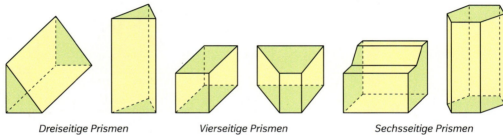

Dreiseitige Prismen   *Vierseitige Prismen*   *Sechsseitige Prismen*

Das Prisma muss nicht immer auf einer Grundfläche stehen.

Ein (gerades) **Prisma** ist ein Körper, dessen **Grundflächen** (grün) zueinander parallele und zueinander kongruente (deckungsgleiche) Vielecke sind. Die **Seitenflächen** sind Rechtecke; sie bilden zusammen die **Mantelfläche**.

Man unterscheidet Grundkanten (die Kanten einer Grundfläche) und Seitenkanten des Prismas. Die Länge der Seitenkanten ist die **Höhe** des Prismas. Die Höhe gibt den Abstand zwischen den beiden zueinander parallelen Grundflächen an.

Ist die Grundfläche ein Dreieck (Viereck, …), so heißt das Prisma dreiseitiges (vierseitiges, …) Prisma.

Beachte:
- Jeder Quader ist auch ein Prisma.
- Ein Prisma kann auf einer Grundfläche „stehen" oder auf einer Seitenfläche „liegen".

FESTIGEN UND WEITERARBEITEN

2. Entscheide, ob der Körper ein Prisma ist. Begründe deine Antwort.

(1) 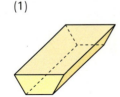 (2)   (3)   (4)   (5)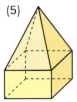

3. a) *Erkundet eure Umwelt:* Nennt Gegenstände aus dem Alltag, die die Form eines Prismas haben. Ihr könnt auch fotografieren und Bilder in der Klasse präsentieren.
  b) Lina: „Manche Häuser sind Prismen, manche aber nicht."
  Was meint ihr dazu? Begründet auch.
  c) Skizziert einen Turm, der die Form eines Prismas hat.

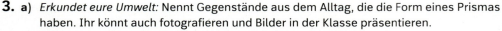

4. Wie viele Ecken, Kanten, Flächen hat das Prisma?
  a) 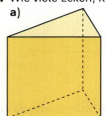   **b)** 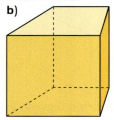   **c)**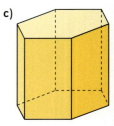

5. Zeichne ein Netz des farbigen Prismas (Maße im Bild). Beschreibe dein Vorgehen.
  Färbe im Netz die Grundflächen blau und die Körperhöhen rot.
  a) 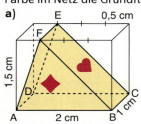   **b)** 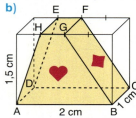   **c)**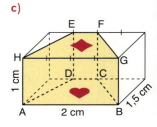

6. Welches Netz gehört zu einem Prisma? Begründe und erkläre deinem Nachbarn.

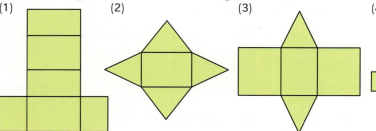

ÜBEN

7. Zeichne das Netz in doppelter Größe ab und stelle ein Papiermodell her.

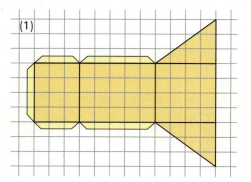 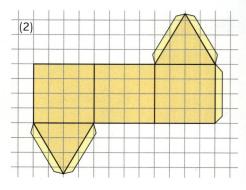

8. Entscheide, ob der Körper ein Prisma ist. Begründe deine Antwort.

(1) (2) (3) 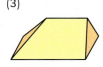 (4)

(5) (6) 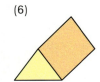 (7) (8)

9. Zeichne jeweils ein Netz des grünen Prismas. Färbe die Mantelfläche.

(1) 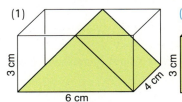 (2) 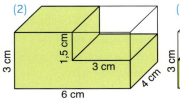 (3)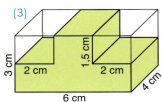

10. a) Wie viele Ecken, Kanten und Flächen hat ein vier-, fünf-, sechs- oder siebenseitiges Prisma? Übertrage die Tabelle in dein Heft und fülle sie aus.

Prisma	Anzahl der Ecken	Anzahl der Kanten	Anzahl der Flächen
vierseitig			
fünfseitig			
sechsseitig			
siebenseitig			

b) Gib jeweils einen Rechenausdruck an, mit dem man berechnen kann, wie viele Ecken, Kanten und Flächen ein Prisma mit n Seitenflächen hat.

11. Der Quader wird entlang der roten Linie zerschnitten. Es entstehen zwei Prismen. Wähle eines aus und zeichne ein Netz dieses Prismas. Färbe die Mantelfläche.

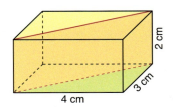

12. Das Netz ist unvollständig. Zeichne es ab und ergänze es zu einem Netz eines Prismas. Versuche, mehrere Möglichkeiten zu finden.

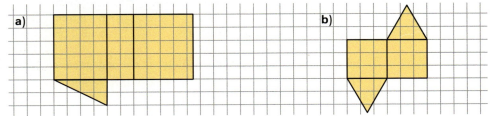

Schrägbilder von Quadern – Wiederholung

AUFGABE

1. Im Bild rechts siehst du das Schrägbild eines quaderförmigen Geschenkpakets. Bei einem Schrägbild eines Quaders werden die schräg nach hinten laufenden Kanten unter einem Winkel von 45° gezeichnet und um die Hälfte gekürzt. Die anderen Kanten werden nicht gekürzt.
Das Geschenkpaket rechts ist im Maßstab 1 : 10 gezeichnet.
Entnimm der Zeichnung die Maße des Geschenkpakets.

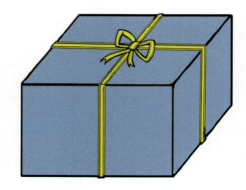

1 : 10 bedeutet 1 cm in der Zeichnung sind 10 cm in der Wirklichkeit.

Lösung

Wir entnehmen der Zeichnung folgende Maße:

Breite a: gemessen 4,0 cm;
Länge b (schräg nach hinten gezeichnete Kante): gemessen 2,5 cm;
Höhe c: gemessen 2,5 cm.

Unter Berücksichtigung des Maßstabes und der Verkürzung beim Zeichnen sind die wirklichen Abmessungen dann

Breite: $a = 40$ cm,   Länge: $b = 2 \cdot 25$ cm $= 50$ cm,   Höhe: $c = 25$ cm

---

INFORMATION

Anleitung zum Zeichnen eines Schrägbildes

(1) Zeichne die vordere Fläche.

(2) Zeichne die Kanten nach hinten (45°; halbe Länge). Nicht sichtbare Kanten werden gestrichelt gezeichnet.

(3) Zeichne die hintere Fläche.

natürliche Größe

ÜBEN

2. Zeichne ein Schrägbild des Quaders mit den angegebenen Kantenlängen.

a) $a = 8$ cm
$b = 6$ cm
$c = 4$ cm

b) $a = 7$ cm
$b = 5$ cm
$c = 10$ cm

c) $a = 4,0$ cm
$b = 8,5$ cm
$c = 6,0$ cm

d) $a = 4,4$ cm
$b = 2,8$ cm
$c = 7,7$ cm

3. Zeichne das Schrägbild eines Würfels mit der angegebenen Kantenlänge.

a) 5 cm   b) 10 cm   c) 6,2 cm   d) 7,5 cm

Prismen **71**

Schrägbilder von Prismen

EINSTIEG

Ein Quader wird entlang der blauen Fläche in zwei Prismen zerschnitten.

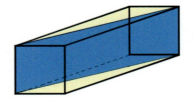

» Was kannst du über die Grundflächen beider Prismen aussagen? Begründe.
» Zeichne ein Schrägbild des Prismas. Beschreibe dein Vorgehen.

AUFGABE

1. (1) (2) (3)

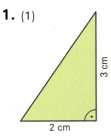

Im Bild siehst du die Grundflächen von drei Prismen.
Jedes Prisma ist 3 cm hoch.
Zeichne ohne Benutzung von Karopapier ein Schrägbild jedes Prismas.

Lösung

1. Schritt: Wir stellen uns das Prisma jeweils liegend vor, sodass wir die Grundfläche von vorne sehen, und zeichnen diese Grundfläche.

(1) (2) (3)

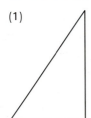 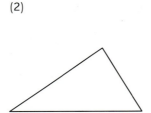 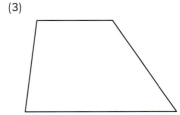

2. Schritt: Die schräg nach hinten verlaufenden Kanten haben die Länge der Höhe der Prismen (3 cm). Sie werden – wie beim Quader – unter einem Winkel von 45° gezeichnet und auf die Hälfte verkürzt (1,5 cm).

(1) (2) (3)

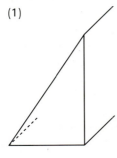 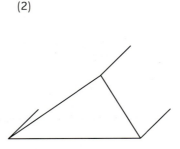 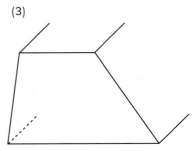

Nicht sichtbare Kanten werden gestrichelt gezeichnet.

3. Schritt: Wir zeichnen die Grundfläche auf der Rückseite des Prismas, indem wir die Endpunkte der nach hinten verlaufenden Kanten verbinden.

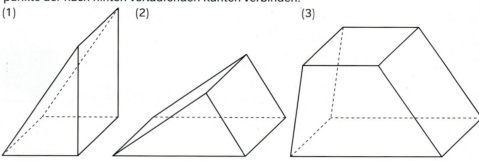

FESTIGEN UND WEITERARBEITEN

2. Zeichne ein Schrägbild des Prismas mit der gegebenen Grundfläche (Maße in mm).

a)   b)   c)

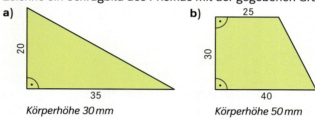 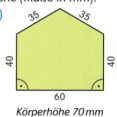

ÜBEN

3. Zeichne ein Schrägbild des Prismas (Maße in mm).

a) Körperhöhe 24 mm   b) Körperhöhe 80 mm   c) Körperhöhe 48 mm   d) Körperhöhe 44 mm

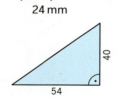 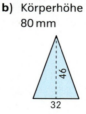 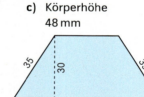 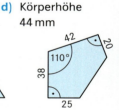

4. a) Zeichne von den stehenden Prismen jeweils ein Schrägbild des liegenden Prismas. Zeichne auch die nicht sichtbaren Kanten ein.

(1)   (2)   (3)

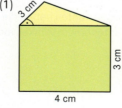 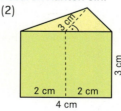 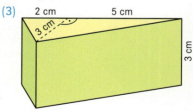

b) Ergänze die Schrägbilder zu einem Quader.

5. Häufig zeichnet man auch Schrägbilder von Prismen, die auf der Grundfläche stehen.
    a) Skizziere das abgebildete Prisma.
    b) Skizziere ein Prisma, das auf einer fünfeckigen Grundfläche steht.

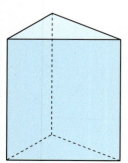

Prismen **73**

ANSICHTEN VON PRISMEN – ZWEITAFELBILD

EINSTIEG

Franziska hat aus Würfeln mit der Kantenlänge 2 cm ein Prisma zusammengesetzt.

» Zeichne die Draufsicht (Grundriss) und die Vorderansicht.
» Zeichne ein Schrägbild des Körpers. Gibt es verschiedene Möglichkeiten?

AUFGABE

1. Zeichne die Draufsicht und die Vorderansicht der abgebildeten Prismen. Vergleiche.

(1) 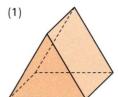   (2)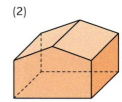

Lösung

Draufsicht (Grundriss)

(1)   (2)

Vorderansicht (Aufriss)

(1)    (2)

Beide Prismen haben die gleiche Draufsicht. Erst mithilfe der Vorderansicht erkennt man die Gestalt der Körper.

INFORMATION

Ansichten von Prismen – Zweitafelbild

Man kann sich die Gestalt eines Prismas besser vorstellen, wenn außer dem *Grundriss* auch die *Vorderansicht* des Prismas gezeichnet wird. Die Vorderansicht des Prismas nennt man *Aufriss*. Grundriss und Aufriss nennt man zusammen das **Zweitafelbild** eines Körpers.
Damit Grundriss und Aufriss in einer Ebene dargestellt werden können, denkt man sich die Aufrissebene in die Grundrissebene geklappt.
Die Schnittachse der beiden Ebenen heißt **Rissachse**.
Den Eckpunkten des dargestellten Körpers sind in den Ebenen entsprechende Bildpunkte zugeordnet.

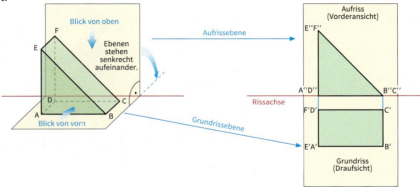

Kapitel 3

FESTIGEN UND WEITERARBEITEN

2. Übertrage das begonnene Zweitafelbild in dein Heft und vervollständige es. Entnimm die Maße (in mm) dem Schrägbild.

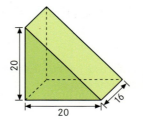

3. Der Körper rechts ist aus acht Würfeln mit der Kantenlänge 2 cm zusammengesetzt.
Zeichne die Vorderansicht und den Grundriss.

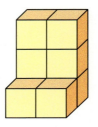

4. Verschiedene Körper können den gleichen Aufriss oder den gleichen Grundriss haben.
Skizziere zu der angegebenen Ansicht das Schrägbild von zwei passenden Körpern.

a) Aufriss
b) Grundriss
c) Grundriss

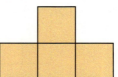

5. Zeichne ein Zweitafelbild des Körpers (Maße in cm).

a)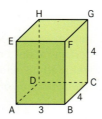
b)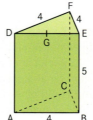
c)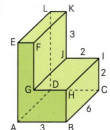

6. Skizziert das Schrägbild eines Körpers, der aus acht Würfeln zusammengesetzt ist (Beispiel im Bild).
Tauscht dann die Blätter aus und skizziert den Grundriss und den Aufriss des Körpers.

Prismen **75**

ÜBEN

7. Zeichne von dem Haus rechts ein Zweitafelbild.

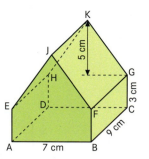

8. Zeichne ein Zweitafelbild.

(1) 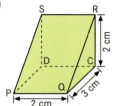 (2) 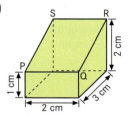 (3)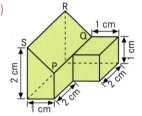

9. Hier sind Aufriss und Grundriss eines Körpers gegeben (Maße in cm). Zeichne ein Schrägbild des Körpers.

a)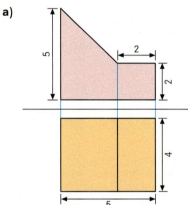

c)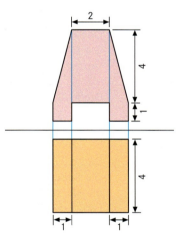

b)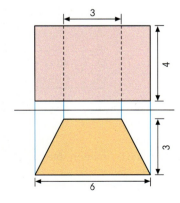

d)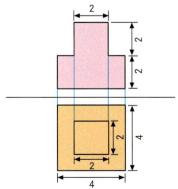

OBERFLÄCHENINHALT VON PRISMEN

EINSTIEG

 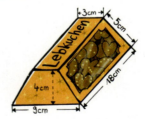 

Für die Verpackungen benutzt eine Firma prismenförmige Pappkartons.

» Berechne den Mindestbedarf an Pappe für jede Verpackung.
» Beschreibe, wie du vorgehst.

AUFGABE

1. Ein Künstler benötigt für ein Kunstwerk mehrere Körper aus Blech, die die Form eines dreiseitigen Prismas haben (Maße rechts).
Wie viel Blech benötigt man mindestens für ein Prisma?

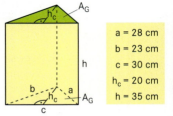

$a = 28$ cm
$b = 23$ cm
$c = 30$ cm
$h_c = 20$ cm
$h = 35$ cm

(verkleinert)

Lösung

Zur Berechnung des Blechbedarfs bestimmst du den Oberflächeninhalt des Prismas.
Die Oberfläche des Prismas setzt sich aus den beiden Grundflächen und allen Seitenflächen zusammen.

Größe A_G einer Grundfläche:
$A_G = \frac{1}{2} \cdot c \cdot h_c$
$A_G = \frac{1}{2} \cdot 30$ cm $\cdot 20$ cm
$\underline{A_G = 300 \text{ cm}^2}$

Die Seitenflächen bilden zusammen *ein* Rechteck, es ist die *Mantelfläche* des Prismas (im Netz gelb gefärbt). Die Länge dieses Rechtecks ist $a + b + c$. Dies ist gleich dem Umfang u einer Grundfläche des Prismas. Die Breite des Rechtecks ist gleich der Körperhöhe h des Prismas.

Mantelflächeninhalt A_M:
$A_M = u \cdot h$
$A_M = (a + b + c) \cdot h$
$A_M = (28$ cm $+ 23$ cm $+ 30$ cm$) \cdot 35$ cm
$\underline{A_M = 2835 \text{ cm}^2}$

Oberflächeninhalt A_O:
$A_O = 2 \cdot A_G + A_M$
$A_O = 2 \cdot 300 \text{ cm}^2 + 2835 \text{ cm}^2$
$A_O = 3435 \text{ cm}^2$
$\underline{A_O = 34,35 \text{ dm}^2}$

Ergebnis: Der Künstler benötigt für jedes Prisma mindestens 34,35 dm² Blech.

FESTIGEN UND WEITERARBEITEN

2. Der Künstler (in Aufgabe 1) benötigt auch Prismen, die bei gleich großer Grundfläche nur halb so hoch sind.
Wie groß ist der Blechbedarf für ein solches Prisma? Rechne möglichst einfach.

Prismen   **77**

3. Der Umfang u der Grundfläche eines Prismas ist 50 cm lang. Das Prisma ist 12 cm hoch. Der Oberflächeninhalt beträgt 900 cm².
  a) Wie groß ist die Mantelfläche des Prismas?
  b) Wie groß ist die Grundfläche des Prismas?
  c) Die Grundfläche ist ein Rechteck. Wie groß sind die Seitenlängen des Rechtecks?

4. Ein Prisma ist 15 cm hoch; seine Grundfläche (Maße im Bild in mm) ist
  a) ein Parallelogramm;
  b) ein Trapez.
  Berechne den Oberflächeninhalt.

zu **a)**   zu **b)**

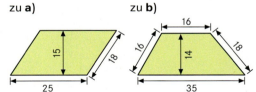

INFORMATION

(1) Für den **Oberflächeninhalt A_O eines Prismas** gilt: $A_O = 2 \cdot A_G + A_M$.
  Dabei ist A_M die Größe der Mantelfläche und A_G die Größe der Grundfläche.

(2) Für den **Mantelflächeninhalt A_M eines Prismas** gilt: $A_M = u \cdot h$
  Dabei ist u der Umfang der Grundfläche und h die Körperhöhe des Prismas.

ÜBEN

5.

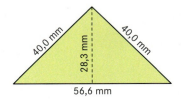

a) Wie viel Karton braucht man für die abgebildete Verpackung von Schokolade (ohne Abfall)?
b) Stelle ein Papiermodell der Verpackung her.

6. Ein dreiseitiges Prisma (Grundfläche im Bild) hat die Körperhöhe h = 65 mm.
Wie groß ist die Oberfläche des Prismas?

7. Berechne den Oberflächeninhalt des Prismas.

	a)	b)	c)	d)
Grundfläche (Maße in cm)	30, 54, 45	57°, 24, 29, 28	21, 18, 44, 10, 40	20, 23, 12, 20, 12
Körperhöhe	32 mm	35 mm	25 mm	36 mm

8. Berechne von den Größen u, A_G, h, A_M und A_O die beiden fehlenden Größen.
  a) h = 9 cm
     A_G = 94 dm²
     u = 56 dm
  b) h = 20 cm
     A_M = 518 cm²
     A_G = 63 cm²
  c) u = 42 cm
     h = 23 cm
     A_O = 1 225 cm²
  d) u = 6,0 cm
     A_M = 36,6 cm²
     A_O = 54,6 cm²

VOLUMEN VON PRISMEN

EINSTIEG

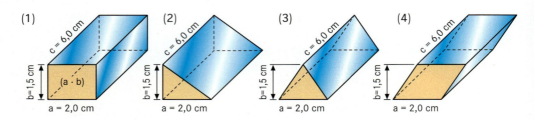

» Die prismenförmigen Werkstücke sollen aus Metall gegossen werden.
  Vergleiche ihr Volumen.
  Wie viel Kubikzentimeter Metall braucht man für jedes Werkstück?
» Beschreibe, wie man das Volumen möglichst einfach berechnen kann.
» Versuche eine Formel für die Berechnung des Volumens der Prismen anzugeben.

AUFGABE

1. Die 3 m tiefe Baugrube einer Ausstellungshalle hat die Form eines dreiseitigen Prismas P. Die Grundfläche hat die Maße $c = 30$ m und $h_c = 40$ m.
  a) Wie viel Kubikmeter Erde müssen ausgebaggert werden?
  b) Gib eine Formel für die Berechnung des Volumens V eines dreiseitigen Prismas an.

Prisma P

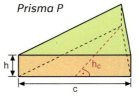

Lösung

a) Zu dem Prisma P kannst du einen Quader Q mit gleichem Volumen angeben.
Der Quader hat die Kantenlängen c, $\frac{h_c}{2}$ und h. Für sein Volumen gilt somit:

$V = c \cdot \frac{h_c}{2} \cdot h$

$V = 30 \text{ m} \cdot \frac{40 \text{ m}}{2} \cdot 6 \text{ m}$

$\underline{\underline{V = 3600 \text{ m}^3}}$

Quader Q

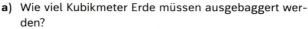
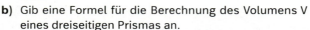

Ergebnis: Es müssen 3 600 m³ Erde ausgebaggert werden.

b) In Teilaufgabe a) haben wir für das Volumen des dreiseitigen Prismas folgende Formel aufgestellt:

$V = c \cdot \frac{h_c}{2} \cdot h$

In dieser Formel ist $c \cdot \frac{h_c}{2}$ die Größe der Grundfläche A_G des Prismas.
Somit erhalten wir für das Volumen V des Prismas die Formel:

$V = A_G \cdot h$

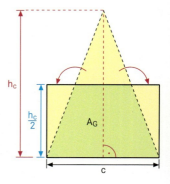

FESTIGEN UND WEITERARBEITEN	**2.** Begründe: Die Formel $V = A_G \cdot h$ gilt auch für Prismen, die ein beliebiges Vieleck als Grundfläche haben.	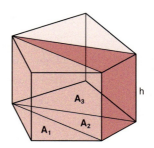

3. Ein quaderförmiger Behälter Q ist mit Wasser gefüllt. Sein Inhalt soll in einen Behälter P umgefüllt werden, der die gleiche Höhe hat wie der Quader Q.
Passt der Inhalt von Behälter Q in Behälter P?
(Maße in cm)

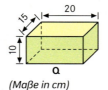 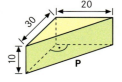

4. Im Bild siehst du die Grundflächen von Prismen P_1 bis P_7. Alle Prismen haben die gleiche Höhe.
Welche Prismen haben dasselbe Volumen? Begründe.

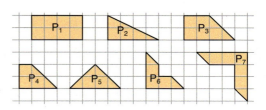

5. Die Grundfläche eines Prismas ist (1) ein Parallelogramm; (2) ein Trapez.
Die Prismen sind jeweils 6,3 cm hoch. Berechne ihr Volumen.

(1) 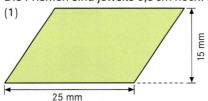 (2)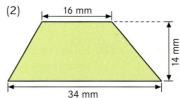

INFORMATION

Für das Volumen eines Prismas mit der Größe A_G der Grundfläche und der Körperhöhe h gilt:

$V = A_G \cdot h$ — Grundfläche mal Körperhöhe

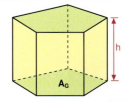

6.

	a)	b)	c)	d)	e)
Grundfläche des Prismas	50 cm²		48 dm²	30 cm²	
Körperhöhe des Prismas	12 cm	5 cm			18 dm
Volumen		125 cm³	240 dm³	660 ml	4500 ℓ

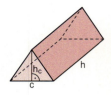

7. Berechne das Volumen des dreiseitigen Prismas.

	a)	b)	c)	d)	e)
Länge c der Grundseite	6 cm	12,4 dm	27,3 m	8,7 dm	0,45 m
Höhe h_c der Grundfläche	4 cm	8,6 dm	15,8 m	83 cm	3,8 dm
Körperhöhe h des Prismas	5 cm	5,3 dm	8,5 m	4,5 dm	47 cm

8. Entscheide, welche Prismen zueinander volumengleich sind. Begründe.

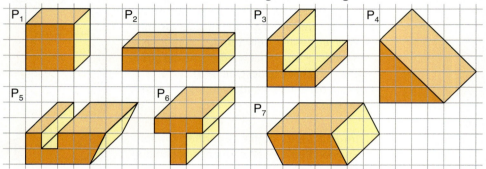

9. Die neue Lagerhalle einer Agrargenossenschaft hat von der Bodenplatte bis zum Dachfirst eine Höhe von 9 m.
  a) Berechne die Größe der Bodenplatte.
  b) Ermittle die Größe der Giebelseite.
  c) Zeige, dass der umbaute Raum der Halle 4 500 m³ beträgt.

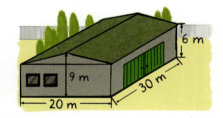

10. Für ein Wohnhaus muss eine 3 m tiefe, trapezförmige Baugrube ausgehoben werden. Der Aushub soll mit einem Lkw, der 18 m³ laden kann, abtransportiert werden. Wie viele Lkw-Fahrten sind erforderlich?

11.

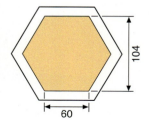

In einer verkehrsberuhigten Straße sollen acht gleich große Pflanzkübel mit Blumenerde gefüllt werden. Ihre Grundfläche ist ein regelmäßiges Sechseck (Maße im Bild in cm). Die Erde soll innen 60 cm hoch sein.
Wie viel Kubikmeter Erde müssen gekauft werden?

12. Konstruiere ein Schrägbild eines Prismas mit trapezförmiger Grundfläche mit einer dynamischen Geometrie-Software. Lasse dir die für die Volumenberechnung nötigen Strecken anzeigen und berechne das Volumen V mit dem Programm.
Verändere die Größen und ermittle so mehrere Werte, für die gilt:
  a) V = 159 cm³;   b) V = 97 cm³.

7 PUNKTE SAMMELN ☆☆☆☆☆☆☆

Auf dem Bild rechts siehst du einen annähernd prismenförmigen, 4,9 cm dicken *Goldbarren* als Geschenkverpackung.

★★
Wie viel Kubikzentimeter fasst die Geschenkverpackung?

★★★
Wie viel Goldpappe braucht man mindestens, um die Geschenkverpackung herzustellen?

★★★★
Auf dem Bild siehst du echte Goldbarren. Sie sind jeweils 16,6 cm lang, 4,5 cm dick, unten 7,6 cm und oben 5,6 cm breit. Wie groß ist die Masse aller Goldbarren auf dem ganzen Stapel?
(Dichte von Gold: $\rho = 19{,}32\ \frac{g}{cm^3}$)

Lilly und Paul wollen ein Hochbeet bauen. Damit man von allen Seiten gut an die Pflanzen kommt, soll es als Grundfläche ein regelmäßiges Achteck haben. Sie haben sich einen Bausatz mit acht Seitenelementen aus Holz ausgesucht. Eine Seite hat die Länge 1,20 m. Das Hochbeet hat eine Höhe von 85 cm.

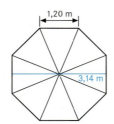

★★
Um das Hochbeet vor Wühlmäusen zu schützen, soll der Boden mit einem Mausgitter ausgelegt werden. Außerdem sollen die Seiten mit Folie abgedichtet werden.
Wie viel Mausgitter und wie viel Folie ist erforderlich?

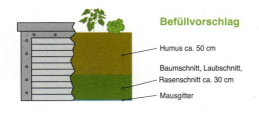

★★★
Als unterste Schicht werden 30 cm Baumschnitt, Laub- und Rasenschnitt aufgefüllt.
Die nächste Schicht soll aus 50 cm Humus bestehen.
Wie viel Liter Humuserde brauchen sie?

★★★★
Lilly meint: „Wir könnten aus dem Bausatz eigentlich auch zwei Hochbeete mit quadratischer Grundfläche bauen".
Ist das eine gute Idee?
Vergleiche die jeweilige Anbaufläche und die Kosten.

VERMISCHTE UND KOMPLEXE ÜBUNGEN

1. (1) (2) (3) (4)

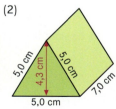
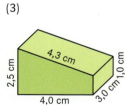
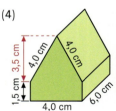

a) Zeichne zu jedem Prisma ein Netz und berechne den Oberflächeninhalt.
b) Berechne das Volumen der Prismen.
c) Zeichne ein Zweitafelbild der Prismen.
d) Zeichne die Seitenansicht von rechts.

2. Welche Masse haben die Stahlbleche (Maße in mm)? Jedes Blech ist 2 mm dick.

a) b) c) d)

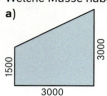

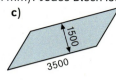
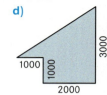

> Dichte von Stahl
> $\rho = 7{,}8\ \frac{g}{cm^3}$

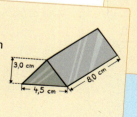

> Valentin hat ein Prisma mit den eingezeichneten Abmessungen. Es ist aus Stahl. Welche Masse hat der Körper?

> Pauls Prisma ist 5,5 cm hoch und wiegt 257 g. Die Grundfläche ist ein Dreieck mit den Seitenlängen 3 cm, 4 cm und 5 cm. Bestimme die Dichte. Aus welchem Material kann sein Prisma bestehen?

3. Die Schülerinnen und Schüler einer Klasse 8 untersuchen im Physikunterricht Dichte, Volumen und Masse von verschiedenen prismenförmigen Körpern.

> Jakob hat von seinem Prisma aus Glas folgende Daten aufgeschrieben:
> Dichte $\rho = 2{,}5\ \frac{g}{cm^3}$,
> Grundfläche $A_G = 4\ cm^2$,
> Masse $m = 60\ g$.
> Eva meint, sie könne mit diesen Angaben die Höhe und den Oberflächeninhalt des Prismas berechnen.

> Dorothee hat ein Prisma aus Aluminium ($\rho = 2{,}7\ \frac{g}{cm^3}$) mit der Masse 40,5 g. Wie groß ist das Volumen des Körpers?

4.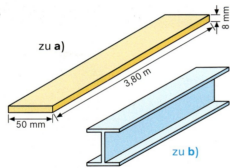
a) Berechne das Volumen eines 3,80 m langen Flachstahls mit rechteckigem Querschnitt.
b) Die Querschnittsfläche eines Doppel-T-Trägers aus Stahl ist 60 cm² groß. Der Träger ist 3 m lang.
1 dm³ Stahl wiegt 7,8 kg.
Berechne die Masse des Trägers.

5. Berechne die Größe des umbauten Raums.
a) b) c) d)

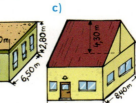
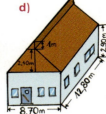

Umbauter Raum:
Volumen des Gebäudes

6. Das letzte Hochwasser hat einen Damm durchbrochen und ihn auf 57 m Länge vollständig fortgespült. Der Damm (Höhe 2 m, Krone 3 m, Sohle 7 m) muss nun baldigst repariert werden. Das zum Auffüllen verwendete Schüttgut wird eine Dichte von 1,6 t je Kubikmeter haben.
Wie viel Tonnen Schüttgut müssen zum Auffüllen des Damms herangeschafft werden?

7. Erstelle ein Tabellenblatt und berechne das Volumen eines dreiseitigen Prismas.
Verändere nacheinander jede der drei gegebenen Größen. Beschreibe die Auswirkungen auf das Volumen des Prismas.

8. Untersucht, wie sich das Volumen eines Prismas verändert, wenn man die Höhe
(1) verdoppelt, (2) verdreifacht, (3) halbiert
und die Grundfläche nicht verändert?

9. Im Bild ist ein 12 m breites Schwimmbecken gegeben.
a) Wie viel Wasser wird zum Füllen bis zum Rand benötigt?
b) Eine Fliesenlegerfirma berechnet für das Fliesen des Bodens und der Seitenwände 76,60 € pro Quadratmeter.
Wo Kanten entstehen, müssen die Fugen aus Silikon bestehen. 1 m Silikonfuge kostet 5,30 €. Dazu kommt noch die Mehrwertsteuer. Wie hoch ist die Rechnung?

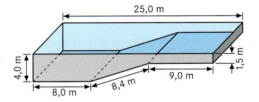

WAS DU GELERNT HAST

Prismen
- Die Grundflächen sind zwei zueinander parallele und kongruente Vielecke.
- Die Seitenflächen sind Rechtecke.

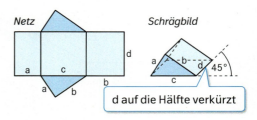

Zweitafelbild
Bei dem Zweitafelbild eines Körpers werden Grundriss (Draufsicht) und Aufriss (Vorderansicht) in einer Ebene dargestellt. Dabei denkt man sich die Aufrissebene nach hinten in die Grundrissebene geklappt.

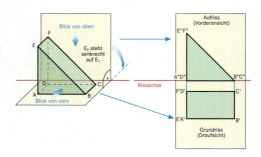

Berechnungen beim Prisma

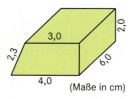

(Maße in cm)

Bezeichnungen:

h: Höhe des Prismas

$h = 6\,\text{cm}$

A_G: Größe der Grundfläche

$A_G = \frac{4\,\text{cm} + 3\,\text{cm}}{2} \cdot 2\,\text{cm}$

$\underline{A_G = 7\,\text{cm}^2}$

u: Umfang der Grundfläche

$u = 4\,\text{cm} + 2\,\text{cm} + 3\,\text{cm} + 2{,}3\,\text{cm}$

$\underline{u = 11{,}3\,\text{cm}}$

Volumen:
$V = A_G \cdot h$

$V = 7\,\text{cm}^2 \cdot 6\,\text{cm}$

$\underline{V = 42\,\text{cm}^3}$

Mantelflächeninhalt:
$A_M = u \cdot h$

$A_M = 11{,}3\,\text{cm} \cdot 6\,\text{cm}$

$\underline{A_M = 67{,}8\,\text{cm}^2}$

Oberflächeninhalt:
$A_O = 2 \cdot A_G + A_M$

$A_O = 2 \cdot 7\,\text{cm}^2 + 67{,}8\,\text{cm}^2$

$\underline{A_O = 81{,}8\,\text{cm}^2}$

Prismen

BIST DU FIT?

1. Berechne das Volumen, den Mantel- und den Oberflächeninhalt des 50 mm hohen Prismas mit der angegebenen Grundfläche (Maße in mm).
a) b) c)

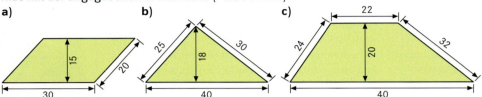

2. Berechne die fehlenden Werte.

	a)	b)	c)	d)
Grundfläche des Prismas	32 cm²	31 dm²		70 mm²
Körperhöhe des Prismas	12 cm		180 dm	
Volumen des Prismas		1 240 ℓ	4 320 m³	4,1 cm³

3. a) Zeichne drei verschiedene Ansichten des Prismas.
b) Zeichne ein Netz.
c) Berechne den Oberflächeninhalt.
d) Zeichne ein Schrägbild mit der Grundfläche nach vorne.
e) Wie groß ist das Volumen?

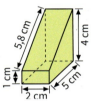

4. Bei einem Prisma ist u der Umfang der Grundfläche, A_G die Größe der Grundfläche, h die Höhe des Prismas, V das Volumen, A_M die Größe der Mantelfläche und A_O der Oberflächeninhalt. Berechne die fehlenden Größen.
a) $A_G = 52$ cm²
 h = 17 cm
 u = 45 cm
b) V = 84 cm³
 $A_G = 12$ cm²
 u = 14 cm
c) $A_M = 2666$ cm²
 $A_G = 240$ cm²
 h = 43 cm
d) u = 120 m
 $A_M = 4300$ m²
 $A_O = 5500$ m²

5. Übertrage die Figur in dein Heft. Bestimme die notwendigen Längen und berechne das Volumen, die Größe der Mantelfläche und die Größe der Oberfläche des Prismas. Zeichne auch ein Zweitafelbild des Prismas.
a) b)

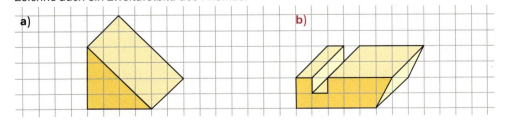

6. Der Körper ist aus Stahl (Maße in dm).
a) Berechne das Volumen.
b) Berechne die Masse ($\rho = 7{,}8 \frac{g}{cm^3}$).
c) Berechne den Oberflächeninhalt.

IM BLICKPUNKT

VERPACKUNGSMATHEMATIK

Mogelpackungen

Auszug aus dem Eichgesetz:
§ 7 Anforderungen an Fertigpackungen
(1) ...
(2) Fertigpackungen müssen so gestaltet und befüllt sein, dass sie keine größere Füllmenge vortäuschen, als in ihnen enthalten ist.

Beim Einkaufen bekommen wir Butter, Mehl und Zucker bereits fertig verpackt. Bei diesen Lebensmitteln schmiegt sich die Verpackung eng an den Inhalt an. Oft fallen uns Verpackungen durch ihre schöne Form und eine attraktive Gestaltung auf. Beim Öffnen stellen wir dann aber fest, dass weniger in der Verpackung drin ist als erwartet.

Das Eichgesetz macht keine konkreten Angaben für das Verhältnis von der Größe der Verpackung zur Größe des Inhaltes. Jedoch gibt es dazu die rechts formulierte Richtlinie:

Die Maßzahl des Volumens der Verpackung (in cm^3) darf z. B. bei Pralinen und Gebäck höchstens sechsmal so groß sein wie die Maßzahl des Inhaltes (in g).

1.

a) Gib den Inhalt der Verpackungen in Gramm an.
b) Welches Volumen dürfen die Verpackungen bei Einhaltung der Richtlinie höchstens haben?
c) Handelt es sich hier um Mogelpackungen?

2. a) Welches Volumen darf eine Verpackung von 125 g Pralinen, bzw. 500 g Gebäck höchstens haben?
b) Gib für die Länge, Breite und Höhe solch einer quaderförmigen Verpackung jeweils zwei Beispiele an.

3. Wie viel Inhalt (in Gramm) muss der Hersteller mindestens in die Verpackung geben?

  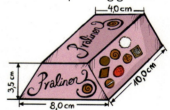

 4. Sammelt Verpackungen für Pralinen und Gebäck. Überprüft, ob es Mogelpackungen sind.

Rechnen können lohnt sich

1. Verpackungsinhalte wie 1 kg, 500 g und 250 g sind sehr übersichtlich. Ihre Preise lassen sich gut miteinander vergleichen. Aber seit April 2009 können Lebensmittelhersteller ihre Ware in beliebig großen Verpackungen in den Handel geben. So ersetzte ein Hersteller das bisherige Stück Butter zu 250 g für 1,20 € durch nebenstehendes Angebot. Beurteile dieses Angebot.

2. Ein Hersteller von Milchprodukten bietet Käse jetzt nicht mehr in 200-g-Verpackungen an, sondern in Verpackungen zu 175 g. Der Preis bleibt aber unverändert bei 2,40 €.
  a) Um wie viel Prozent hätte der Preis gesenkt werden müssen?
  b) Welche prozentuale Preiserhöhung versteckt sich in dem gleich gebliebenen Preis?

INFORMATION

Einige Hersteller verkaufen ihre Lebensmittel in Verpackungen zu 75 g, 135 g oder 145 g. Somit ist es für den Kunden nicht einfach, die Preise gleicher Produkte zu vergleichen. Preisvergleiche werden erst durch die Angabe des Grundpreises möglich. Der Grundpreis bezieht sich auf 100 g oder 1 kg der jeweiligen Ware und ist am Regal kleingedruckt zu sehen.

3. a) Berechne im Kopf den Grundpreis je 100 g.
  (1) 150 g Lachs zu 2,70 €   (2) 250 g Heilbutt zu 4,50 €   (3) 75 g Aal zu 3 €
  b) Berechne im Kopf den Grundpreis je 1 kg.
  (1) $\frac{1}{4}$ kg Wurst zu 2,70 €   (2) 125 g Salat zu 1,50 €   (3) 0,3 kg Steak zu 3,60 €

4. Berechne den Grundpreis der Schokohasen.
  (1)    (2)

5. Konfitüre wird in Gläsern mit 240 g bis 450 g Inhalt verkauft.
  a) Welche Erdbeerkonfitüre ist am günstigsten?
  b) Achtet beim nächsten Einkauf z. B. bei Erdbeerkonfitüre auf die Füllmenge, den Verkaufspreis und den angegebenen Grundpreis. Überprüft den Grundpreis. Wer findet das günstigste Angebot? Kommt es beim Vergleichen nur auf den Preis an?

KAPITEL 4
QUADRAT- UND KUBIKWURZELN

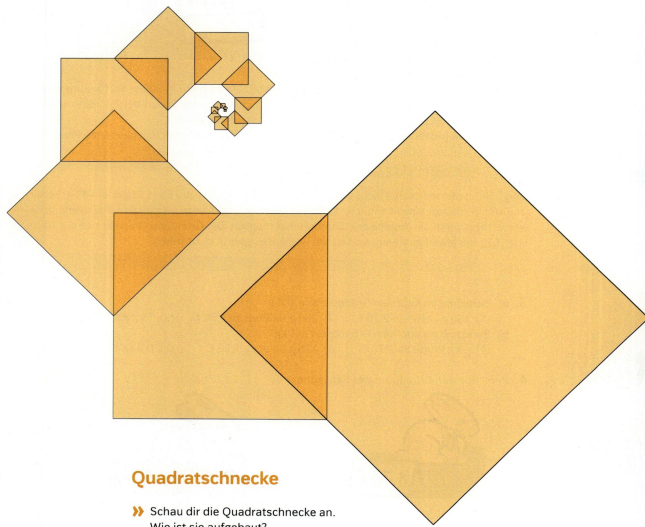

Quadratschnecke

» Schau dir die Quadratschnecke an. Wie ist sie aufgebaut?
» Der Flächeninhalt A_1 des großen Quadrates beträgt 64 cm². Wie groß ist der Flächeninhalt A_2 des zweiten Quadrates, A_3 des dritten Quadrates usw.?
» Wie groß ist die Seitenlänge des ersten Quadrates, des zweiten Quadrates und der weiteren Quadrate?
» Welche Seitenlängen lassen sich leicht berechnen, welche nicht?

Welches Berechnungsverfahren ist gerecht?

In manchen Gemeinden werden die Straßenreinigungsgebühren danach abgerechnet, wie lang die Seite des Grundstücks ist, das an die Straße grenzt. Dieses Berechnungsverfahren heißt *Straßenfront-Maßstab*.

Viele Gemeinden verwenden ein anderes Verfahren: Man denkt sich jedes Grundstück in ein Quadrat verwandelt, wobei der Flächeninhalt unverändert bleiben soll. Die Straßenreinigungsgebühren werden dann nach der Seitenlänge dieses Quadrates berechnet. Dieses Berechnungsverfahren heißt *Quadratwurzel-Maßstab*.

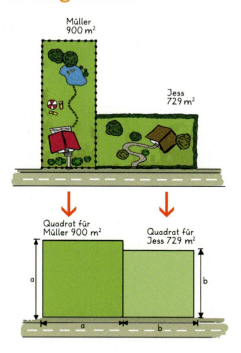

» Welches Berechnungsverfahren ist für Familie Müller bzw. Familie Jess günstiger?
» Welches der beiden Verfahren findest du gerechter?

Wurzelziehen – Rückgängigmachen des Quadrierens

» Bei welchen der Gleichungen rechts lässt sich x leicht im Kopf bestimmen?
» Bestimme in den anderen Fällen x mit dem Taschenrechner.
Prüfe, mit welcher Tastenfolge dies bei deinem Rechner geht.
» Vergleiche die Ergebnisse. Was fällt dir auf?

$x^2 = 36$ $x^2 = 360$
$x^2 = 3600$ $x^2 = 3{,}6$
$x^2 = 0{,}36$

$x^2 = 81$ $x^2 = 810$
$x^2 = 8100$ $x^2 = 8{,}1$
$x^2 = 0{,}81$

IN DIESEM KAPITEL LERNST DU ...

... was Quadratwurzeln und Kubikwurzeln sind und wie man sie berechnen kann.
... wie man durch Wurzelziehen das Quadrieren rückgängig machen kann.

QUADRIEREN

EINSTIEG

Im Mathematikunterricht wird häufig auf kleinkariertem Papier geschrieben.

» Zeichne die farbig markierten Quadrate in dein Heft. Welche Größe haben sie?

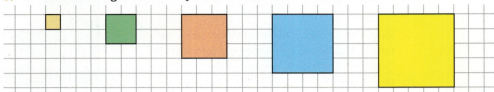

AUFGABE

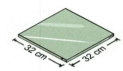

1. Ein Fußboden wurde mit Fliesen belegt. Die Fliesen haben eine quadratische Form mit einer Seitenlänge a = 32 cm.
   a) Berechne den Flächeninhalt einer solchen quadratischen Fliese.
   b) Eine Packung Fliesen enthält 20 Fliesen. Wie viel Quadratmeter Fußboden können damit belegt werden? Die Größe der Fuge soll hierbei nicht beachtet werden.

Lösung
   a) Jede Fliese hat die Form eines Quadrates. Für den Flächeninhalt der Fliese gilt also:
   Flächeninhalt A ist gleich dem Produkt aus Seitenlänge a und Seitenlänge a.
   Kurz geschrieben: A = a · a
   Wir rechnen: A = 32 cm · 32 cm = 1 024 cm²
   Ergebnis: Die quadratische Fliese hat einen Flächeninhalt von 1 024 cm².

   b) 20 · 1 024 cm² = 20 480 cm² = 2,048 m² ≈ 2,05 m²
   Ergebnis: Eine Packung reicht für rund 2 m².

INFORMATION

Das Produkt aus einer natürlichen Zahl a mit sich selbst nennen wir die **Quadratzahl** der Zahl a.
$a \cdot a = a^2$
a^2 wird gelesen als *a hoch 2* oder auch *a Quadrat*.

FESTIGEN UND WEITERARBEITEN

2. Quadriere im Kopf.
   a) 7; 70; 700   b) 10; 20; 30; 40   c) 0,1; 0,3; 0,5   d) 1,2; 12; 120

3. Welche Quadratzahl liegt zwischen den beiden Zahlen?
   a) 15 und 20   b) 45 und 50   c) 55 und 70   d) 105 und 135

4. Ermittle mit dem Rechner die Quadrate von 1,75; 17,5 und 175. Was fällt dir auf?

ÜBEN

5. Quadriere die Zahlen 1 bis 20 im Kopf und präge dir diese Quadratzahlen ein.

6. Bestimme im Kopf das Quadrat.
   a) 4; 40; 400   b) 5; 10; 15; 20   c) 0,2; 0,4; 0,6   d) 1,5; 15; 150

Quadrat- und Kubikwurzeln   91

7. Ermittle den Flächeninhalt einer quadratischen Fensterscheibe mit der Seitenlänge a.
   a) a = 50 cm   b) a = 100 cm   c) a = 12 dm   d) a = 140 cm   e) a = 19 dm

8. *Erkundet eure Umwelt.*
Sucht zu Hause und in der Schule nach quadratischen Gegenständen wie z. B. Fliesen, Bilderrahmen.
Bestimmt den Verwendungszweck, die Seitenlänge und den Flächeninhalt.

9. Berechne den Oberflächeninhalt des Würfels mit der Kantenlänge a.
   a) a = 5 cm   b) a = 12 cm   c) a = 40 cm   d) a = 1,1 m   e) a = 1,5 m

10. Die Klasse 8 a möchte im Schulgelände einen Steingarten einrichten und pflegen. Der Steingarten soll eine quadratische Form mit einer Seitenlänge von 8 m haben.
   a) Der Steingarten wird von den Schülern mit Rasenkantensteinen zu je 0,5 m Länge umrandet. Wie viele Rasenkantensteine werden benötigt?
   b) Ein Gärtner empfiehlt den Schülern je Quadratmeter drei Polsterstauden zu pflanzen. Wie viel Euro kosten die Pflanzen?

11. Lukas hat Quadrieren geübt. Finde die Fehler.

(1) 8 · 8 = 88   (3) 0,3 · 0,3 = 0,9   (5) 15 · 15 = 125   (7) 1,1 · 1,1 = 1,11
(2) 0,4 · 0,4 = 1,6   (4) 16 · 16 = 256   (6) 0,1 · 0,1 = 0,1   (8) 1,2 · 1,2 = 14,4

12. Überschlage das Ergebnis. Berechne dann die Summe bzw. Differenz mit dem Rechner.
   a) $12{,}1^2 - 7{,}9^2$ b) $29^2 + 31^2$ c) $4{,}8^2 - 2{,}2^2$ d) $101^2 + 99^2$ e) $3{,}5^2 + 4{,}5^2$

13. Berechne den Wert des Terms für a = 27,5; b = 23,5 und c = 16,5.
   a) $a^2 - b^2$ b) $b^2 + c^2$ c) $a^2 + b^2$ d) $b^2 - c^2$ e) $c^2 + a^2$

14. Suche dir ein oder zwei Partner als Mitspieler für das Spiel „Fang die Quadratzahl".
Hier sind die Spielregeln:
(1) Ein Spieler nennt eine Zahl zwischen 1 und 20, z. B. die Zahl 7,4.
(2) Jeder Spieler notiert nun zwei Zahlen, zwischen denen er das Quadrat von 7,4 vermutet. Die zwei Zahlen sollen dabei immer eine Differenz von 5 haben.
(3) Nennt euch gegenseitig die zwei Zahlen und ändert sie jetzt nicht mehr.
(4) Überprüft mit dem Taschenrechner, wer die Quadratzahl gefangen hat.
(5) Wer zuerst 7 Punkte erzielt, gewinnt das Spiel.
Es sollte sich jeder Spieler solch eine Tabelle anfertigen:

Zahl	Anna		Ben		Mattis		Quadratzahl
a	zwei Zahlen	Punkt	zwei Zahlen	Punkt	zwei Zahlen	Punkt	a^2
7,4	49 und 54	0	53 und 58	1	56 und 61	0	54,76

15. Beim Quadrieren kannst du auch Kuriositäten erleben.
   a) Bestimme die Quadratzahlen von 7; 67 und 667 sowie von 6; 66 und 666.
   b) Berechne den Wert der Summe $12^2 + 33^2$ bzw. $88^2 + 33^2$.
   c) Bilde für folgende Zahlen die Quadrate: 1; 11; 111; 1 111; 11 111.
   Was fällt dir auf?

QUADRATWURZELZIEHEN

Berechnen von Quadratwurzeln

EINSTIEG

Der USA-Staat Wyoming hat eine Fläche von ca. 250 000 km². Seine Fläche kann näherungsweise als Quadrat betrachtet werden.

» Versucht, die Länge der Grenze von Wyoming möglichst genau zu bestimmen.
» Wie seid ihr vorgegangen?

AUFGABE

1. Familie Neumann hat ein quadratisches Grundstück mit einer Fläche von 400 m². Das quadratische Grundstück der Familie Hartmann hat hingegen eine Fläche von 625 m².
Berechne die Seitenlängen der beiden Grundstücke.

Lösung

Wir rechnen nur mit Maßzahlen. Man erhält den Flächeninhalt eines Quadrates, indem man die Seitenlänge mit sich selbst multipliziert. Für die quadratischen Grundstücke gelten:

Grundstück der Familie Neumann　　*Grundstück der Familie Hartmann*
$A_N = a \cdot a = 400$　　　　　　　　　$A_H = b \cdot b = 625$
Wir finden:　　　　　　　　　　　　　Wir finden:
$a = 20$, denn $20 \cdot 20 = 400$　　　　$b = 25$, denn $25 \cdot 25 = 625$

Ergebnis: Das quadratische Grundstück der Familie Neumann hat die Seitenlänge 20 m, das der Familie Hartmann 25 m.

INFORMATION

(1) Erklärung der Quadratwurzel
Die **Quadratwurzel** aus 36, geschrieben $\sqrt{36}$, ist die positive Zahl, die mit sich selbst multipliziert 36 ergibt:
$\sqrt{36} = 6$, denn $6 \cdot 6 = 36$
Allgemein gilt:
Die Quadratwurzel aus einer positiven Zahl a, geschrieben $\sqrt{a}$, ist die positive Zahl, die mit sich selbst multipliziert a ergibt: $\sqrt{a} \cdot \sqrt{a} = a$
$\sqrt{a}$ wird gelesen:
Quadratwurzel aus a oder kurz *Wurzel aus a*.
Für den Sonderfall 0 gilt: $\sqrt{0} = 0$, denn $0 \cdot 0 = 0$

Die Zahl a unter dem Wurzelzeichen heißt Radikand. Das Bestimmen der Quadratwurzel nennen wir Quadratwurzelziehen oder kurz Wurzelziehen.

Quadrat- und Kubikwurzeln

(2) Beispiele für Quadratwurzeln

$\sqrt{625} = 25$, denn $25^2 = 25 \cdot 25 = 625$; $\sqrt{0{,}64} = 0{,}8$, denn $0{,}8^2 = 0{,}8 \cdot 0{,}8 = 0{,}64$;

$\sqrt{\frac{1}{100}} = \frac{1}{10}$, denn $\left(\frac{1}{10}\right)^2 = \frac{1}{10} \cdot \frac{1}{10} = \frac{1}{100}$; $\sqrt{\frac{49}{9}} = \frac{7}{3}$, denn $\left(\frac{7}{3}\right)^2 = \frac{7}{3} \cdot \frac{7}{3} = \frac{49}{9}$;

$\sqrt{1} = 1$, denn $1^2 = 1 \cdot 1 = 1$.

FESTIGEN UND WEITERARBEITEN

$\sqrt{289}$? Welche positive Zahl ergibt mit sich selbst multipliziert 289?

2. Bestimme die Quadratwurzel im Kopf.
  a) $\sqrt{25}$ b) $\sqrt{36}$ c) $\sqrt{100}$ d) $\sqrt{144}$ e) $\sqrt{400}$

3. Bestimme im Kopf.   a) $\sqrt{3600}$ b) $\sqrt{2{,}89}$ c) $\sqrt{0{,}04}$ d) $\sqrt{\frac{4}{25}}$

4. Schreibe als Quadratwurzel aus einer Zahl.
  a) 7   b) 14   c) 0,3   d) 0,16   e) $\frac{4}{5}$

$9 = \sqrt{9 \cdot 9} = \sqrt{81}$

5. Bestimme mit dem Taschenrechner die Quadratwurzel. Runde auf Hundertstel.
  a) $\sqrt{10}$ c) $\sqrt{153}$ e) $\sqrt{120}$ g) $\sqrt{1265}$
  b) $\sqrt{14{,}5}$ d) $\sqrt{0{,}75}$ f) $\sqrt{145{,}75}$ h) $\sqrt{1136{,}34}$

6. Bestimme die Seitenlänge eines Quadrates mit dem Flächeninhalt (1) 576 m²; (2) 2,25 m².

ÜBEN

7. Ziehe die Quadratwurzel im Kopf. Kontrolliere durch Quadrieren.
  a) $\sqrt{225}$ b) $\sqrt{196}$ c) $\sqrt{169}$ d) $\sqrt{1600}$ e) $\sqrt{14400}$ f) $\sqrt{1000000}$

8. a) $\sqrt{\frac{1}{9}}$ b) $\sqrt{\frac{16}{100}}$ c) $\sqrt{\frac{25}{144}}$ d) $\sqrt{\frac{169}{196}}$ e) $\sqrt{0{,}16}$ f) $\sqrt{0{,}01}$ g) $\sqrt{6{,}25}$

9. a) $\sqrt{\frac{361}{324}}$ b) $\sqrt{\frac{324}{121}}$ c) $\sqrt{\frac{484}{64}}$ d) $\sqrt{3{,}24}$ e) $\sqrt{0{,}0049}$ f) $\sqrt{0{,}0289}$

10. Ziehe die Quadratwurzel im Kopf. Überprüfe durch Quadrieren.
  a) $\sqrt{144}$; $\sqrt{14400}$; $\sqrt{1{,}44}$; $\sqrt{0{,}0144}$ b) $\sqrt{324}$; $\sqrt{3{,}24}$; $\sqrt{32400}$; $\sqrt{0{,}0324}$

11. Bestimme das Quadrat der Zahl.
  a) 13   b) 21   c) 800   d) $\frac{1}{3}$ e) $\frac{9}{10}$ f) 0,1   g) 0,05   h) 0,15

12. Schreibe wie in Aufgabe 4 als Quadratwurzel aus einer Zahl.
  a) 12   b) 17   c) 300   d) 0,7   e) 3,5   f) 0,17   g) $\frac{5}{7}$ h) $\frac{1}{18}$

13. Kontrolliere die Hausaufgaben und berichtige.

a) $\sqrt{256} = 16$ b) $\sqrt{-49} = -7$ c) $\sqrt{0{,}9} = 0{,}3$ d) $\sqrt{1024} = 32$ e) $\sqrt{0{,}04} = 0{,}02$

14. Ein quadratischer Bauplatz ist 961 m² groß. Er soll mit einem Bauzaun umgeben werden. Für die Einfahrt sollen 4 m frei bleiben. Wie viel Meter Zaun benötigt man?

15. Bestimme mit dem Taschenrechner die Quadratwurzel der Zahl. Runde auf Hundertstel.
  a) 15   c) 47   e) 156   g) 200,5   i) 49,4   k) 488,55
  b) 51   d) 75   f) 333   h) 107,7   j) 16,7   l) 377,75

Zusammenhang von Wurzelziehen und Quadrieren

EINSTIEG

Jasmin berechnet mit ihrem Taschenrechner das Volumen eines Prismas. Nachdem das Ergebnis schon in der Anzeige erschienen war, ist sie versehentlich auf die x²-Taste gekommen.

» Muss Jasmin jetzt ihre Arbeit wiederholen und alle Zahlen und Rechenzeichen ihrer Berechnung noch einmal eingeben? Begründe.

AUFGABE

1. Führe mit den Zahlen 9; 121; 0; −1 und −4 die angegebenen Rechenanweisungen durch. Notiere deine Ergebnisse jeweils in Form einer Tabelle.
   Was stellst du fest?
   (1) Ziehe zuerst die Wurzel aus der Zahl und quadriere dann das Ergebnis.
   (2) Quadriere zuerst die Zahl und ziehe dann die Wurzel aus dem Ergebnis.

Lösung

(1)

a	$\sqrt{a}$	$(\sqrt{a})^2$
9	3	9
121	11	121
0	0	0
−1	nicht möglich	−
−4	nicht möglich	−

(2)

a	a^2	$\sqrt{a^2}$
9	81	9
121	14641	121
0	0	0
−1	1	1
−4	16	4

Feststellung:
(1) Aus einer negativen Zahl kann man keine Wurzel ziehen.
(2) Das Wurzelziehen und Quadrieren heben sich gegenseitig auf. Das gilt nur für positive Zahlen und die Null.

INFORMATION

Für a > 0 oder a = 0 schreibt man kurz: a ≥ 0

Zusammenhang zwischen Quadrieren und Wurzelziehen

Für alle Zahlen a ≥ 0 gilt:

(1) Das Ziehen der Quadratwurzel wird durch das Quadrieren rückgängig gemacht: $(\sqrt{a})^2 = a$

Beispiel: $(\sqrt{4})^2 = 4$

(2) Das Quadrieren wird durch das Ziehen der Quadratwurzel rückgängig gemacht: $\sqrt{a^2} = a$

Beispiel: $\sqrt{4^2} = 4$

FESTIGEN UND WEITERARBEITEN

2. Bestimme.
   a) $(\sqrt{3})^2$
   b) $(\sqrt{121})^2$
   c) $\sqrt{5^2}$
   d) $\sqrt{1,5^2}$
   e) $\left(\sqrt{\frac{1}{81}}\right)^2$
   f) $\sqrt{225^2}$

3. a) $-\sqrt{144^2}$ b) $-\sqrt{77^2}$ c) $\sqrt{(0{,}0064)^2}$ d) $\sqrt{(0{,}01)^2}$ e) $\sqrt{(-3)^2}$ f) $\sqrt{(-13)^2}$

4. Übertrage in dein Heft und fülle – falls möglich – die Lücke aus.
Prüfe, ob es auch mehrere Möglichkeiten gibt. Rechne im Kopf.

a) $14 \xrightarrow{\text{hoch 2}} \blacksquare$ b) $\blacksquare \xrightarrow{\text{hoch 2}} 36$ c) $-0{,}2 \xrightarrow{\text{hoch 2}} \blacksquare$ d) $\blacksquare \xrightarrow{\text{hoch 2}} -196$

$25 \xrightarrow{\sqrt{}} \blacksquare$ $\blacksquare \xrightarrow{\sqrt{}} 10$ $-\tfrac{1}{4} \xrightarrow{\sqrt{}} \blacksquare$ $\blacksquare \xrightarrow{\sqrt{}} -5$

ÜBEN

5. Übertrage in dein Heft und fülle aus. Vergleiche jeweils die Zahl in der ersten Spalte mit der Zahl in der dritten Spalte. Ist die Ausfüllung möglich? Wenn ja, gibt es mehrere Möglichkeiten? Rechne in Kopf.

a) √ → hoch 2 →

16		
100		
−256		
0,01		
	1	
	$\tfrac{1}{3}$	
		−0,25
		4

b) hoch 2 → √ →

6		
−9		
1,5		
−1,2		
	225	
	1	
		9
		2

6. Bestimme ohne Taschenrechner den Wert des Terms.

a) $(\sqrt{25})^2$ b) $(\sqrt{3600})^2$ c) $\left(\sqrt{\tfrac{1}{5}}\right)^2$ d) $\sqrt{300^2}$ e) $\sqrt{1{,}35^2}$

7. Vergleiche miteinander.
a) 3^2 und $\sqrt{9}$ b) $\sqrt{9^2}$ und 3^2 c) $\sqrt{12^2}$ und $2 \cdot 6$

8.

Gib zwei Zahlen an, die
(1) beim Quadrieren verkleinert; (2) beim Wurzelziehen vergrößert werden.

9. Bestimme ohne Taschenrechner.

a) $(\sqrt{125})^2$ c) $\sqrt{\left(\tfrac{13}{99}\right)^2}$ e) $(2^2)^2$ g) $-\sqrt{35^2}$

b) $(\sqrt{0{,}0016})^2$ d) $2\sqrt{9}$ f) $(10^2)^2$ h) $\sqrt{\left(-\tfrac{25}{144}\right)^2}$

Näherungsweises Ermitteln von Quadratwurzeln – Reelle Zahlen

EINSTIEG

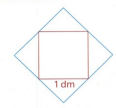

Markus hat ein Quadrat mit der Seitenlänge 1 dm gezeichnet und um dieses Quadrat ein zweites Quadrat wie in der Abbildung links.

» Was kann man über den Flächeninhalt des großen Quadrats sagen?
» Gib einen Näherungswert für die Seitenlänge des großen Quadrats an?
» Wie kann man diese Länge möglichst genau bestimmen?

AUFGABE

1. Die Straßenreinigungsgebühren eines 660 m² großen Grundstücks sollen nach dem Quadratwurzel-Maßstab berechnet werden (vgl. Seite 89).
Welche Seitenlänge hat ein 660 m² großes Quadrat?

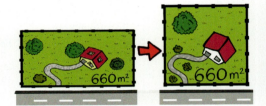

Lösung

Wir suchen die Zahl $a = \sqrt{660}$, es muss also gelten: $a \cdot a = 660$.
Durch Probieren finden wir: Die gesuchte Länge a muss zwischen 25 m und 26 m liegen, denn $25^2 = 625 < 660$ und $26^2 = 676 > 660$.
Wir probieren es nun mit den Maßzahlen 25,1; 25,2; 25,3; 25,4; 25,5; 25,6 usw.:
Da $25,6^2 = 655,36$ und $25,7^2 = 660,49$, liegt die gesuchte Seitenlänge zwischen 25,6 m und 25,7 m.
Dies notieren wir in einer Tabelle und rechnen eine weitere Stelle aus.

Anzahl der Stellen nach dem Komma	untere Näherungszahl	hoch 2 → Probe	hoch 2 ←	obere Näherungszahl
0	25	625 < 660 < 676		26
1	25,6	655,36 < 660 < 660,49		25,7
2	25,69	659,9761 < 660 < 660,4900		25,70

Die untere Näherungszahl wählen wir so groß wie möglich, die obere so klein wie möglich.
Ergebnis: Das quadratische Grundstück hat eine Seitenlänge von ca. 25,70 m.

FESTIGEN UND WEITERARBEITEN

2. Fülle die nächste Zeile der Tabelle von Aufgabe 1 aus (drei Stellen nach dem Komma).
Überlege vorher: Womit beginnt man am besten beim Ausprobieren?

Beachte: 660 liegt näher an $25,69^2$ als an $25,70^2$.

3. Zwischen welchen aufeinanderfolgenden natürlichen Zahlen liegt?
a) $\sqrt{10}$ c) $\sqrt{60}$ e) $\sqrt{200}$
b) $\sqrt{40}$ d) $\sqrt{80}$ f) $\sqrt{1\,000}$

> $4 < \sqrt{20} < 5$, denn
> $4^2 < 20 < 5^2$

4. Bestimme wie in Aufgabe 1 durch Probieren auf zwei Stellen nach dem Komma.
a) $\sqrt{30}$ b) $\sqrt{5}$ c) $\sqrt{50}$ d) $\sqrt{500}$ e) $\sqrt{0,8}$

Quadrat- und Kubikwurzeln

INFORMATION

(1) Wie genau kann man Wurzeln bestimmen?
Bei $\sqrt{729} = 27$ erhalten wir mit dem Taschenrechner ein genaues Ergebnis.
Bei $\sqrt{2}$ erhalten wir nur einen Näherungswert, nämlich 1,414213562. Dass dies ein Näherungswert ist, kann man nachprüfen, indem man 1,414213562 mit sich selbst multipliziert. Dabei reicht es, die letzte Stelle zu betrachten:

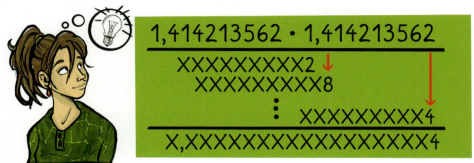

Man erhält einen Dezimalbruch mit 18 Stellen nach dem Komma, der als letzte Stelle eine 4 hat. Daher gilt: $1{,}414213562 \cdot 1{,}414213562 \neq 2$

Bisher haben wir die *rationalen Zahlen* kennengelernt, die man als Brüche schreiben kann. Nun haben wir festgestellt, dass es noch andere Zahlen gibt: $\sqrt{2}$ können wir nicht als abbrechenden Dezimalbruch schreiben. Man kann zeigen, dass man $\sqrt{2}$ auch nicht als periodischen Dezimalbruch schreiben kann. $\sqrt{2}$ ist also keine rationale Zahl.

- **(2) Irrationale Zahlen – Reelle Zahlen**
Zahlen wie $\sqrt{2}$, die sich nicht als Bruch schreiben lassen, nennt man **irrationale Zahlen**. Weitere Beispiele für irrationale Zahlen sind $\sqrt{3}, -\sqrt{2}, \sqrt{5}, -\sqrt{7}, \sqrt{50}$.
Rationale Zahlen und irrationale Zahlen fasst man zusammen zu der Menge der **reellen Zahlen**, kurz $\mathbb{R}$. Wenn nichts anderes gesagt ist, wählen wir in Zukunft $\mathbb{R}$ als Zahlenbereich.

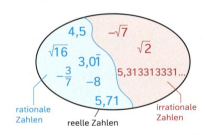

ÜBEN

5. Nenne jeweils vier Beispiele für (1) rationale Zahlen; (2) irrationale Zahlen.

6. Welche der Wurzeln $\sqrt{100}, \sqrt{200}, \sqrt{300}, \dots, \sqrt{1\,200}$ kannst du sofort angeben?
Grenze die anderen Wurzeln wie im Beispiel zwischen zwei aufeinanderfolgenden natürlichen Zahlen ein.

$\sqrt{100} = 10$
$14 < \sqrt{200} < 15$

7. Zwischen welchen aufeinanderfolgenden natürlichen Zahlen liegt die Wurzel?
a) $\sqrt{6}$ b) $\sqrt{11}$ c) $\sqrt{17}$ d) $\sqrt{21}$ e) $\sqrt{71}$ f) $\sqrt{99}$

8. Bestimme mit dem Taschenrechner und runde auf vier Stellen nach dem Komma.
a) $\sqrt{3}$ b) $\sqrt{13}$ c) $\sqrt{30}$ d) $\sqrt{741}$ e) $\sqrt{20\,000}$ f) $\sqrt{0{,}176}$

KUBIKWURZELN

EINSTIEG

Ich denke mir eine Zahl, potenziere sie mit 3 und erhalte 64. Wie heißt die Zahl?

AUFGABE

1. Eine würfelförmige Kerze soll aus 125 mℓ Wachs gegossen werden.
Welche Kantenlänge muss die Form haben, wenn sie bis zum Rand mit Wachs gefüllt werden soll?

Zahlen wie
$1^3 = 1$
$2^3 = 8$
$3^3 = 27$
...
nennt man Kubikzahlen.

Lösung
Die würfelförmige Kerze hat ein Volumen von 125 cm³ (1 mℓ = 1 cm³). Man erhält das Volumen V eines Würfels, indem man die Kantenlänge a mit 3 potenziert: $V = a^3$.
Hier ist das Volumen gegeben, gesucht ist die Kantenlänge. Wir suchen also eine Maßzahl x, für die gilt:
$x^3 = x \cdot x \cdot x = 125$
Durch Probieren finden wir: $x = 5$, denn $5^3 = 5 \cdot 5 \cdot 5 = 125$.
Ergebnis: Die gesuchte Kantenlänge beträgt 5 cm.

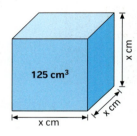

INFORMATION

(1) Erklärung der 3. Wurzel (Kubikwurzel)
Die 3. Wurzel aus 125, geschrieben $\sqrt[3]{125}$, ist die positive Zahl, die mit 3 potenziert 125 ergibt:
$\sqrt[3]{125} = 5$; denn $5^3 = 5 \cdot 5 \cdot 5 = 125$

Allgemein gilt:
Die **3. Wurzel** aus a, geschrieben $\sqrt[3]{a}$, ist die **positive Zahl**, die mit 3 potenziert a ergibt: $\sqrt[3]{a} \cdot \sqrt[3]{a} \cdot \sqrt[3]{a} = (\sqrt[3]{a})^3 = a$
Für den Sonderfall 0 gilt: $\sqrt[3]{0} = 0$; denn $0^3 = 0 \cdot 0 \cdot 0 = 0$

Wurzelzeichen
$\sqrt[3]{125} = 5$
Radikand   Zahlenwert der 3. Wurzel

(2) Beispiele für Kubikwurzeln
$\sqrt[3]{1\,000} = 10$; denn $10^3 = 10 \cdot 10 \cdot 10 = 1\,000$
$\sqrt[3]{\frac{8}{27}} = \frac{2}{3}$; denn $\left(\frac{2}{3}\right)^3 = \frac{2}{3} \cdot \frac{2}{3} \cdot \frac{2}{3} = \frac{8}{27}$
$\sqrt[3]{0{,}008} = 0{,}2$; denn $(0{,}2)^3 = 0{,}2 \cdot 0{,}2 \cdot 0{,}2 = 0{,}008$

FESTIGEN UND WEITERARBEITEN

2. Bestimme im Kopf. Überprüfe.

a) $\sqrt[3]{8}$ c) $\sqrt[3]{1\,000}$ e) $\sqrt[3]{8\,000}$ g) $\sqrt[3]{0{,}001}$ i) $\sqrt[3]{\frac{1}{8}}$

b) $\sqrt[3]{27}$ d) $\sqrt[3]{64}$ f) $\sqrt[3]{27\,000}$ h) $\sqrt[3]{0{,}027}$ j) $\sqrt[3]{\frac{27}{64}}$

Quadrat- und Kubikwurzeln **99**

3. Berechne mit dem Taschenrechner; runde auf 4 Stellen nach dem Komma.
a) $\sqrt[3]{20}$ b) $\sqrt[3]{64}$ c) $\sqrt[3]{520}$ d) $\sqrt[3]{0{,}74}$ e) $\sqrt[3]{17{,}4}$ f) $\sqrt[3]{\dfrac{5}{8}}$

4. Vervollständige die Tabelle. Vergleiche die erste mit der letzten Spalte. Was fällt dir auf?

a) 3. Wurzel → hoch 3 →

64	4	64
216		
512		
729		

b) hoch 3 → 3. Wurzel →

5	125	5
6		
12		
30		

5. Übertrage in dein Heft und fülle – falls möglich – die Lücke aus. Rechne im Kopf.
a) 4 $\xrightarrow{\text{hoch 3}}$ ▪   b) ▪ $\xrightarrow{\sqrt[3]{\ }}$ 4   c) 1 000 $\xrightarrow{\sqrt[3]{\ }}$ ▪   d) ▪ $\xrightarrow{\text{hoch 3}}$ 0,008

INFORMATION

(1) Das Ziehen der dritten Wurzel wird durch das Potenzieren mit 3 rückgängig gemacht.

$$125 \; \underset{\text{hoch 3}}{\overset{\text{3. Wurzel aus}}{\rightleftarrows}} \; 5$$

(2) Das Potenzieren mit 3 wird durch das Ziehen der dritten Wurzel rückgängig gemacht.

$$5 \; \underset{\text{3. Wurzel aus}}{\overset{\text{hoch 3}}{\rightleftarrows}} \; 125$$

ÜBEN

6. Bestimme ohne Taschenrechner den Wert der dritten Wurzel.
a) $\sqrt[3]{1\,000}$ b) $\sqrt[3]{125}$ c) $\sqrt[3]{1\,000\,000}$ d) $\sqrt[3]{0{,}027}$ e) $\sqrt[3]{\dfrac{64}{125}}$

7. Prüfe durch Potenzieren, ob die Aussage wahr ist.
a) $\sqrt[3]{2744} = 14$ b) $\sqrt[3]{27{,}44} = 1{,}4$ c) $\sqrt[3]{8\,000\,000} = 200$ d) $\sqrt[3]{\dfrac{16}{54}} = \dfrac{2}{3}$

8. Bestimme ohne Taschenrechner.
a) $2 \cdot \sqrt[3]{64}$ b) $5 + \sqrt[3]{1000}$ c) $\sqrt[3]{100 - 36}$ d) $5 \cdot \sqrt[3]{8} + 4 \cdot \sqrt[3]{27}$

9. Berechne mit dem Taschenrechner und runde auf Tausendstel.
a) $\sqrt[3]{100}$ b) $\sqrt[3]{0{,}5}$ c) $\sqrt[3]{17{,}2}$ d) $3 \cdot \sqrt[3]{270}$ e) $\sqrt[3]{57} - 4 \cdot \sqrt[3]{18}$

10. Übertrage in dein Heft und fülle die Lücke aus.
a) 11 $\xrightarrow{\text{hoch 3}}$ ▪   b) 1 000 000 $\xrightarrow{\sqrt[3]{\ }}$ ▪   c) ▪ $\xrightarrow{\sqrt[3]{\ }}$ 5   d) ▪ $\xrightarrow{\text{hoch 3}}$ 0,027

11. Bestimme das Volumen eines Würfels mit der angegebenen Kantenlänge.
a) 11 cm   b) 15 cm   c) 20 cm   d) 4,2 cm   e) 42 cm   f) 420 cm

12. Bestimme die Kantenlänge eines Würfels mit dem angegebenen Volumen.
a) 8 cm³   b) 27 cm³   c) 343 cm³   d) 3 375 cm³   e) 8 000 cm³   f) 74 088 cm³

VERMISCHTE UND KOMPLEXE ÜBUNGEN

1. Bestimme ohne Taschenrechner die Quadratwurzel.
a) $\sqrt{196}$ b) $\sqrt{324}$ c) $\sqrt{\frac{81}{225}}$ d) $\sqrt{0{,}25}$ e) $\sqrt{0{,}0004}$

2. Gib den Wert der dritten Wurzel an.
a) $\sqrt[3]{512}$ b) $\sqrt[3]{64\,000\,000}$ c) $\sqrt[3]{0{,}000001}$ d) $\sqrt[3]{0{,}003375}$ e) $\sqrt[3]{\frac{1\,000}{4\,096}}$

3. Ein quadratisches Grundstück ist 1 089 m² groß. Es soll eingezäunt werden. Dabei soll Platz für ein 4,20 m breites Tor bleiben. Wie viel Meter Zaun werden benötigt?

4. Welche Zahlen sind gleich?
a) 16 2^2 $\sqrt{4}$ 2 $\sqrt[3]{8}$ $\sqrt{16}$ 4^2 $\sqrt[3]{64}$ $(\sqrt{16})^2$
b) 0,1 $\frac{1}{100}$ $\frac{1}{10}$ 0,01 $\sqrt{\frac{1}{100}}$ $\left(\frac{1}{10}\right)^2$ $\sqrt{0{,}01}$ $\sqrt[3]{0{,}001}$ $\sqrt[3]{\left(\frac{1}{100}\right)^3}$

5. Bestimme ohne Taschenrechner.
a) $3 + \sqrt{25}$ b) $2 \cdot \sqrt{49} - 7$ c) $3 \cdot \sqrt{0{,}16} + 2 \cdot \sqrt{0{,}09}$ d) $7 \cdot \sqrt[3]{1000} - \sqrt{100}$

6. In einem Neubaugebiet werden verschiedene Baugrundstücke zum Kauf angeboten. Ein rechteckiges Grundstück ist 33 m lang und 22 m breit. Daneben liegt ein quadratischer Bauplatz mit der Seitenlänge 26 m. Vergleiche die Größe beider Bauplätze.

7. a) Gegeben ist ein Quadrat mit der Seitenlänge 7,4 cm. Wie lang sind die Seiten eines Quadrates, dessen Flächeninhalt (1) doppelt; (2) halb so groß ist?
b) Bestimme allgemein: Wie verändert sich die Seitenlänge eines Quadrates, wenn der Flächeninhalt (1) verdoppelt; (2) halbiert wird?

8. a) Die Oberfläche eines Würfels ist 337,50 cm² groß. Berechne das Volumen des Würfels.
b) Das Volumen eines Würfels ist mit 262,144 cm³ angegeben. Berechne die Oberfläche des Würfels.

9. a) Ein Würfel hat eine Kantenlänge von 4,5 cm. Wie groß ist die Kantenlänge eines Würfels, dessen Volumen (1) doppelt; (2) halb so groß ist?
b) Berechne auch allgemein.

10. Die Oberfläche eines Würfels ist 922,56 cm² groß. Es sollen zwei weitere Würfel hergestellt werden. Die Oberfläche des ersten Würfels soll doppelt so groß, die Oberfläche des zweiten Würfels halb so groß wie beim gegebenen Würfel sein.
Vergleiche die Kantenlängen der drei Würfel.

Quadrat- und Kubikwurzeln

WAS DU GELERNT HAST

Quadratwurzel
Die Quadratwurzel $\sqrt{a}$ ist die positive Zahl, die mit sich selbst multipliziert a ergibt:
$$\sqrt{a} \cdot \sqrt{a} = a$$
Für den Sonderfall 0 gilt: $\sqrt{0} = 0$

$\sqrt{81} = 9$, denn $9 \cdot 9 = 81$
$\sqrt{0{,}64} = 0{,}8$, denn $0{,}8 \cdot 0{,}8 = 0{,}64$
$\sqrt{\frac{4}{9}} = \frac{2}{3}$, denn $\frac{2}{3} \cdot \frac{2}{3} = \frac{4}{9}$

Kubikwurzel
Die Kubikwurzel $\sqrt[3]{a}$ ist die positive Zahl, die mit 3 potenziert a ergibt.
$$\left(\sqrt[3]{a}\right)^3 = \sqrt[3]{a} \cdot \sqrt[3]{a} \cdot \sqrt[3]{a} = a$$
Für den Sonderfall 0 gilt: $\sqrt[3]{0} = 0$

$\sqrt[3]{64} = 4$, denn $4 \cdot 4 \cdot 4 = 64$
$\sqrt[3]{0{,}008} = 0{,}2$, denn $0{,}2 \cdot 0{,}2 \cdot 0{,}2 = 0{,}008$
$\sqrt[3]{\frac{8}{27}} = \frac{2}{3}$, denn $\frac{2}{3} \cdot \frac{2}{3} \cdot \frac{2}{3} = \frac{8}{27}$

- **Irrationale Zahlen – Reelle Zahlen**
Irrationale Zahlen sind Zahlen, die man nicht als Bruch darstellen kann, z. B. $\sqrt{2}$ oder $-\sqrt[3]{10}$.
Rationale Zahlen (z. B. 2; –4; $\frac{2}{3}$; $-\frac{1}{10}$; 205,75 oder $0{,}\overline{7}$) und irrationale Zahlen bilden zusammen die reellen Zahlen $\mathbb{R}$.

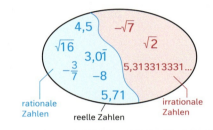

BIST DU FIT?

1. Bestimme im Kopf.
   a) $\sqrt{49}$ b) $\sqrt{64}$ c) $\sqrt[3]{64}$ d) $\sqrt{100}$ e) $\sqrt[3]{1000}$ f) $\sqrt{2{,}25}$ g) $\sqrt{\frac{9}{25}}$

2. Schreibe als Quadratwurzel aus einer Zahl.
   a) 2   b) 6   c) 11   d) 0,7   e) 0,3   f) $\frac{3}{4}$ g) 2,5

3. Ein rechteckiges Grundstück ist 14,5 m breit und 58 m lang.
   Wie groß ist der Umfang eines gleich großen quadratischen Grundstücks?

4. Berechne mit dem Taschenrechner und runde auf Tausendstel.
   a) $\sqrt{5}$ b) $\sqrt{751}$ c) $\sqrt{2\,501}$ d) $\sqrt{1{,}21}$ e) $\sqrt[3]{0{,}135}$ f) $\sqrt[3]{84}$ g) $\sqrt[3]{4\,751}$

5. Berechne die Kantenlänge des Würfels. Runde sinnvoll.
   a) Das Volumen ist 324 cm³ groß.   b) Die Oberfläche beträgt 672 cm².

6. Die Oberfläche des Quaders ist 171,5 cm² groß.
   Berechne das Volumen.

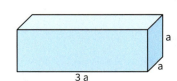

IM BLICKPUNKT

DAS HERON-VERFAHREN – WURZELBERECHNUNG MIT DEM COMPUTER

Um Näherungswerte für Quadratwurzeln zu bestimmen verwenden Taschenrechner und Computer spezielle Rechenverfahren. Ein solches Rechenverfahren lernen wir jetzt kennen: das *Heron-Verfahren*.
Es stammt aus der Zeit, als es noch keine Taschenrechner und Computer gab, und geht auf den griechischen Mathematiker *Heron von Alexandria* (ca. 60 n. Chr.) zurück.
Wir machen uns das Verfahren an einem Beispiel klar:

	rechnerisch	geometrisch	
Problem	Gesucht ist ein Näherungswert für $\sqrt{6}$, also ein Dezimalbruch x, für den gilt: $x \cdot x = 6$	Wir suchen ein Quadrat mit dem Flächeninhalt 6 und der Seitenlänge x.	A = 6, x × x
Idee	Wir nehmen zunächst zwei verschiedene Zahlen, deren Produkt 6 ergibt. Diese lassen sich leicht finden, z. B. $3 \cdot 2 = 6$. Dann nähern wir die beiden Faktoren einander immer mehr an, bis sie fast gleich groß sind.	Wir nehmen zunächst ein Rechteck mit dem Flächeninhalt 6, z. B. mit den Seitenlängen 3 und 2. Wir verwandeln das Rechteck schrittweise immer mehr in ein Quadrat.	A = 6, 3 × 2

Schritt für Schritt nähern sich die Faktoren immer mehr.

Schritt für Schritt nähern sich die Rechtecke einem Quadrat.

Systematische Durchführung des Verfahrens:

1. Schritt: (a) Wähle einen Startwert als ersten Faktor, z. B. $a_0 = 3$
(b) Berechne den zweiten Faktor:
$b_0 = \frac{6}{a_0} = \frac{6}{3} = 2$

A = 6, 3 × 2

2. Schritt: (a) Wähle a_1 als Mittelwert von a_0 und b_0:
$a_1 = \frac{(a_0 + b_0)}{2} = \frac{3+2}{2} = 2{,}5$
(b) Berechne den zweiten Faktor:
$b_1 = \frac{6}{a_1} = \frac{6}{2{,}5} = 2{,}4$

A = 6, 2,5 × 2,4

3. Schritt: (a) Wähle a_2 als Mittelwert von a_1 und b_1:
$a_2 = \frac{(a_1 + b_1)}{2} = 2{,}45$
(b) Berechne den zweiten Faktor:
$b_2 = \frac{6}{a_2} = \frac{6}{2{,}45} \approx 2{,}448$

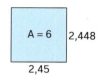

A = 6, 2,45 × 2,448

Mit jedem Schritt nähern sich die beiden Faktoren immer mehr einander an, ihre Differenz wird immer kleiner. Setzen wir das Verfahren fort, so erhalten wir immer bessere Näherungswerte für $\sqrt{6}$.

Das Heron-Verfahren – Wurzelberechnung mit dem Computer

Die Ergebnisse unserer Rechnung fassen wir in einer Tabelle zusammen.

Faktor a	Faktor b = $\frac{6}{a}$	Mittelwert m = $\frac{a+b}{2}$	Kontrolle (m² = 6?)
3	2	2,5	6,2
2,5	2,4	2,45	6,0025
2,45	2,448979591…	2,449489795	6,00000026
2,449489795	2,449489689…	2,449489742…	6,00000000…

1. Führe die ersten drei Schritte des *Heron-Verfahrens* durch.
Prüfe den Näherungswert durch Quadrieren.
   a) $\sqrt{30}$ (Startwert 5)   b) $\sqrt{13}$ (Startwert 3)

 Das *Heron-Verfahren* lässt sich leicht in einem Kalkulationsprogramm umsetzen.
Die Abbildung zeigt ein solches Programm am Beispiel der Berechnung von $\sqrt{10}$.

Die Abbildung unten zeigt die Formeln, die in das Tabellenblatt eingegeben wurden.
Vergleiche mit der Berechnung in der Abbildung links.

$\sqrt{25}$ = 5
25 heißt Radikand.

In wenigen Schritten liefert das Verfahren einen sehr guten Näherungswert für $\sqrt{10}$.

Dividiere die Zahl aus Zelle C3 durch die Zahl aus Zelle A11

Berechne den Mittelwert der Zahlen aus den Zellen A11 und B11

2. a) Erstelle mit dem Kalkulationsprogramm ein Rechenblatt zur Berechnung von $\sqrt{10}$ mit dem Startwert 3.
   b) Wähle weitere Startwerte (auch die Zahl 1 und die Zahl 2). Vergleiche.

3. Gib als Radikand 60 ein. Wähle als Startwert 6, dann 7, dann 8. Nach wie vielen Schritten stimmen die Faktoren a und b jeweils bis zur fünften Stelle nach dem Komma überein?

4. Gib verschiedene Radikanden ein. Untersuche, wie sich der Startwert auf die Schnelligkeit des Verfahrens auswirkt. Probiere verschiedene Startzahlen aus.
Wähle auch einen ganzzahligen Wert, der dicht am Wurzelwert liegt.

5. Vergleiche das *Heron-Verfahren* mit dem Näherungsverfahren auf Seite 96. Erstelle hierzu ein entsprechendes Tabellenblatt. Vergleiche beide Verfahren unter denselben Bedingungen.

KAPITEL 5
KREIS UND ZYLINDER

Pulvermaar bei Gillenfeld

Maare sind spezielle Seen, die aus Vulkankratern entstanden sind. Die Wasserflächen sind daher oft fast kreisförmig. Das Pulvermaar bei Gillenfeld liegt in Rheinland-Pfalz.

» Wie lang ist das Seeufer ungefähr?
» Wie kann man die Wasserfläche näherungsweise bestimmen?

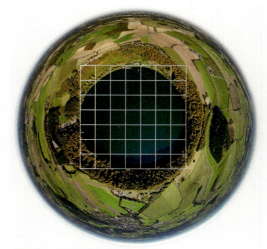

Länge eines Kästchens: 100 m

Baumstämme

Baumstämme haben ungefähr die Form eines Zylinders.

» Wie kann man bestimmen, wie viel Kubikmeter Holz der Stamm ungefähr hat?

Zylinderförmige Verpackungen

Die Verpackungen rechts haben die Form eines Zylinders.

» Was haben sie gemeinsam, was unterscheidet sie?
» Nenne weitere Beispiele für Kreise und Zylinder aus Natur, Umwelt oder Technik.

> **IN DIESEM KAPITEL LERNST DU ...**
>
> ... wie man den Umfang und den Flächeninhalt von Kreisen bestimmt.
> ... wie man Kreisteile und zusammengesetzte Flächen berechnet.
> ... was ein Zylinder ist und wie man ihn darstellen kann.
> ... wie man den Oberflächeninhalt und das Volumen von Zylindern bestimmen kann.
> ... wo Kreise und Zylinder in der Umwelt vorkommen und wie man mit ihnen Sachaufgaben lösen kann.

UMFANG UND FLÄCHENINHALT EINES KREISES

Kreisumfang

EINSTIEG

Bei Kreisen kann man den Durchmesser d leicht messen, der Kreisumfang u, also die Länge der Kreislinie, lässt sich schwieriger messen. Kann man aus dem Durchmesser den Umfang bestimmen?

» Besorgt euch verschiedene kreisrunde Gegenstände, z. B. Münzen, eine CD, Trinkbecher, Dosen, Töpfe usw.
» Schätzt zunächst, das Wievielfache des Durchmessers d der Umfang u ist.
» Messt bei verschiedenen kreisförmigen Gegenständen den Durchmesser d und den Umfang u möglichst genau. Hierzu könnt ihr z. B. eine Münze auf einer geraden Linie abrollen oder ein Stück Seil verwenden.
» Tragt die Ergebnisse in eine Tabelle ein und zeichnet einen Graphen der Zuordnung *Durchmesser d → Umfang u*. Was fällt auf?
» Berechnet den Quotienten $\frac{u}{d}$. Das Wievielfache des Durchmessers d ist der Umfang u? Wie kann man den Umfang u aus dem Durchmesser d bestimmen?

AUFGABE

1. a) Für eine Modelleisenbahn werden unterschiedliche kreisrunde Fahrstrecken angeboten. Es gibt Geschenkpakete mit folgenden Fahrstrecken:
$s_1 = 1{,}20$ m; $s_2 = 140$ cm; $s_3 = 2{,}5$ m;
$s_4 = 270$ cm.
Im Katalog sind die Kreisradien angegeben mit
$r_1 = 192$ mm; $r_2 = 225{,}6$ mm; $r_3 = 396{,}4$ mm; $r_4 = 430$ mm.
Untersuche, wie die Länge s der Fahrstrecke vom Durchmesser d abhängt. Berechne dazu den Quotienten $\frac{s}{d}$.

b) Entwickle eine Formel für die Berechnung des Kreisumfangs u aus dem Durchmesser d bzw. dem Radius r.

c) (1) (2)

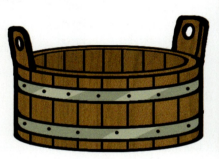

Ein kreisrunder Holzbottich mit dem äußeren Durchmesser d = 85 cm soll mit Metallbändern verstärkt werden. Wie lang ist jedes Metallband?

Ein Satellit umkreist die Erde auf einer Kreisbahn mit dem Radius r = 42 157 km.
Wie viel Kilometer legt er bei einer Erdumrundung zurück?

Kreis und Zylinder **107**

Lösung

a) Wir berechnen:

$\frac{s_1}{d_1} = \frac{1200\,mm}{384\,mm} \approx 3{,}125 \qquad \frac{s_3}{d_3} = \frac{2500\,mm}{792{,}8\,mm} \approx 3{,}153$

$\frac{s_2}{d_2} = \frac{1400\,mm}{451{,}2\,mm} \approx 3{,}103 \qquad \frac{s_4}{d_4} = \frac{2700\,mm}{860\,mm} \approx 3{,}140$

Wir stellen fest:

Die Quotienten aus Länge s der Fahrstrecke und Durchmesser d sind ungefähr gleich.

Wir fassen die Fahrstrecke als Umfang des Kreises auf und gehen davon aus, dass der Quotient $\frac{Kreisumfang\ u}{Durchmesser\ d}$ konstant ist.

Diese Konstante bezeichnet man mit π, gelesen: *pi*.

Ein Näherungswert für π ist 3,14.

> **konstant:** fest; unveränderlich

b) Als Formel für die Berechnung des Kreisumfangs erhalten wir:

$\frac{u}{d} = \pi$, also $\boxed{u = \pi \cdot d}$ bzw. mit d = 2r $\boxed{u = \pi \cdot 2r}$

c) Wir berechnen den Umfang mit dem Näherungswert 3,14 für π.

(1) Holzbottich: $u \approx 3{,}14 \cdot d \approx 3{,}14 \cdot 85\,cm = 266{,}9\,cm \quad \underline{u \approx 2{,}67\,m}$

(2) Satellitenbahn: $u \approx 3{,}14 \cdot 2 \cdot r \approx 3{,}14 \cdot 84\,314\,km \quad \underline{u \approx 264\,746\,km}$

INFORMATION

(1) Die Kreiszahl π

Die meisten Taschenrechner haben eine Taste für π. Drückt man diese Taste, so erscheint 3,141592654. Dies ist auch nur ein Näherungswert für π.

Man kann zeigen, dass π eine irrationale Zahl ist, d. h. π ist nicht als endlicher und auch nicht als periodischer Dezimalbruch darstellbar. Genauere Informationen zu π erhältst du auf Seite 116.

Vereinbarung:

Bei schriftlichen Rechnungen verwenden wir den Näherungswert 3,14 für π, für Abschätzungen und Überschläge den Näherungswert 3. Beim Rechnen mit dem Taschenrechner benutzen wir die Taste π.

> **Kreisumfang:** etwa das Dreifache des Durchmessers

(2) Umfang des Kreises

Für den **Umfang u** eines Kreises mit dem **Durchmesser d** bzw. dem **Radius r** gilt:

$u = \pi \cdot d$ bzw. $u = 2\pi \cdot r$

Beispiele:

Gegeben: d = 4,5 cm	*Gegeben:* r = 5,0 cm
Überschlag:	*Überschlag:*
u ≈ 3 · 4,5 cm = 13,5 cm	u ≈ 2 · 3 · 5 cm = 30 cm
Rechnung:	*Rechnung:*
u = π · d	u = 2 π · r
u = π · 4,5 cm	u = 2 π · 5,0 cm
u ≈ 14,1 cm	u ≈ 31,4 cm

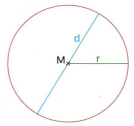

FESTIGEN UND WEITERARBEITEN

2. Überschlage zunächst den Umfang des Kreises. Berechne dann den Umfang mit der π-Taste deines Taschenrechners. Runde sinnvoll.
Vergleiche.

a) d = 4,0 cm   **b)** d = 15,4 cm   **c)** r = 2,35 m   **d)** r = 350 km

3. *Berechnen von Durchmesser bzw. Radius bei vorgegebenem Umfang*
Wie groß ist
(1) der Radius r; (2) der Durchmesser d eines Kreises mit dem angegebenen Umfang u?
Überschlage zunächst.
a) u = 45 dm   **b)** u = 12 km   **c)** u = 261 m   **d)** u = 69 cm

4. a) Der Radius eines Kreises wird vergrößert
(1) auf das Doppelte; (2) auf das Fünffache; (3) um 15 %.
Untersucht, wie sich dann der Umfang des Kreises verändert.
b) Der Umfang eines Kreises wird verkleinert
(1) auf die Hälfte; (2) auf ein Fünftel; (3) um 23 %.
Untersucht, wie sich dann der Radius des Kreises verändert.

5. Der Querschnitt durch ein Wellblech ist eine Linie aus aneinandergesetzten Halbkreisen (Durchmesser 5 cm).
a) Vergleiche den Masseunterschied von glattem Blech und Wellblech der gleichen Stärke, das jeweils eine Fläche von 1 m² bedeckt.
1 cm² Blech wiegt 2,5 g.
b) Gib den Masseunterschied in Prozent an.

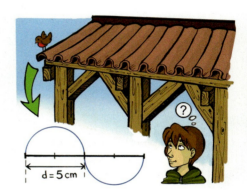

ÜBEN

6. Berechne den Umfang des Kreises.
a) r = 3,0 cm   **c)** r = 4,5 km   **e)** d = 8,0 cm   **g)** d = 13,5 m
b) r = 8,0 dm   **d)** r = 7,4 m   **f)** d = 17,0 dm   **h)** d = 31,4 cm

7. Berechne jeweils den Umfang des Gegenstandes. Überschlage zunächst.
  d = 12 cm   d = 17 mm   d = 62 cm

8.

In der nachfolgenden Tabelle ist der äußere Durchmesser eines Rades für verschiedene Fahrräder angegeben.

Typ	Außendurchmesser
BMX-Rad	500 mm
Mountainbike	650 mm
Trekkingbike	716 mm

a) Wie lang ist der Weg, den man mit einer Radumdrehung zurücklegt?
b) Wie oft dreht sich das Rad auf einer 1 km langen Strecke?

9. Berechne Radius und Durchmesser aus dem angegebenen Kreisumfang.
   a) u = 7 cm
   b) u = 89 mm
   c) u = 2,5 km
   d) u = 1,0 m
   e) u = 95 km
   f) u = 31,42 m

10. Ein Messrad dient zum Messen von Entfernungen, z. B. bei Verkehrsunfällen.
    a) Beschreibe das Messverfahren.
    b) Der Durchmesser des Messrades beträgt 32 cm.
       (1) Wie lang ist die Strecke bei 17 Umdrehungen? Überschlage zunächst.
       (2) Wie viele Umdrehungen macht das Rad bei einer Weglänge von 25 m?

11. Aus einer Spanplatte werden Kreisscheiben ausgeschnitten. Die Kanten der Löcher werden mit Kunststoffstreifen (sogenannten Umleimern) verkleidet.
    Berechne jeweils die Länge der Streifen.

a)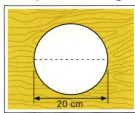

b)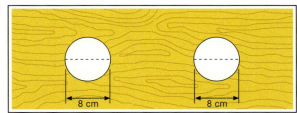

12.

Das *London Eye* an der Themse in London wurde 1999 errichtet und ist das größte Riesenrad Europas. Es hat einen Außendurchmesser von 122 m.
   a) Wie viel Meter legt ein Tourist in einer Gondel bei einer Umdrehung des Riesenrades zurück? Überschlage zunächst.
   b) Angabe in einem Prospekt:

   > Das Riesenrad dreht sich mit einer Geschwindigkeit von 0,26 m pro Sekunde.

   Wie lange braucht das Riesenrad für eine Umdrehung?

13. Drehbewegungen werden durch Antriebsriemen von einer Welle auf eine andere übertragen. In einem Sägewerk wird eine Kreissäge mithilfe eines Elektromotors angetrieben. Der Antriebsmotor hat 1 500 Umdrehungen pro Minute.
    Wie oft dreht sich das Sägeblatt in einer Minute?

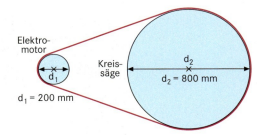

Flächeninhalt eines Kreises

EINSTIEG

» Vergleicht in den Abbildungen (1) und (2) rechts die Größe A der Kreisfläche mit der Größe eines Radiusquadrates. Welchen Zusammenhang vermutet ihr zwischen A und r^2?

» Bestimmt den Flächeninhalt des Kreises möglichst genau. Beschreibt eure Vorgehensweise.

» Versucht, eine Formel für die Berechnung des Flächeninhaltes eines Kreises in Abhängigkeit von r oder d aufzustellen.

» Berichtet über eure Ergebnisse.

(1)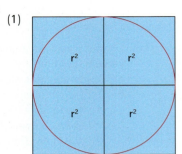

(2)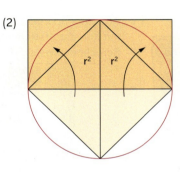

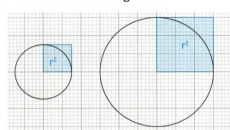

AUFGABE

1. a) Kann man eine Kreisfläche A so aufteilen und neu zusammensetzen, dass man ungefähr ein Rechteck erhält? Versuche es zunächst mit 8, dann mit 16 Teilen.
Was kann man über die Genauigkeit dieses Verfahrens sagen?
Wie kann man mit diesem Verfahren den Flächeninhalt des Kreises berechnen? Finde eine Formel.

b) In einer Empfangshalle eines Hotels soll eine kreisrunde Fläche (r = 4,5 m) mit Mosaiksteinen ausgelegt werden. Wie viel Quadratmeter Mosaiksteine werden benötigt? Löse diese Aufgabe mithilfe der Formel aus Teilaufgabe a).

Lösung

a) Wenn man die Stücke versetzt in eine Reihe legt, erhält man ungefähr die Form eines Rechtecks. Dieses Rechteck hat ungefähr die Breite r.
Die Länge des Rechtecks ist etwa halb so groß wie der Umfang, also $\frac{u}{2}$.
Die Genauigkeit wird besser, je feiner wir den Kreis unterteilen. Bei sehr vielen Stücken erhalten wir fast ein Rechteck. Für den Flächeninhalt A gilt dann:
$A = \frac{u}{2} \cdot r = \frac{2\pi r}{2} \cdot r = \pi r^2$
Wir erhalten also die Formel: **$A = \pi r^2$**

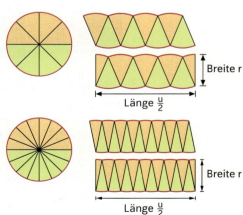

b) $A = \pi \cdot r^2$
$A = \pi \cdot (4,5\,m)^2$
$A \approx 64\,m^2$
Ergebnis: Man braucht ungefähr 64 m² Mosaiksteine.

Kreis und Zylinder **111**

INFORMATION

Für den **Flächeninhalt A eines Kreises** mit dem Radius r gilt:

$A = \pi \cdot r^2$

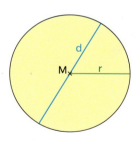

> Kreisfläche: ungefähr dreimal so groß wie Radiusquadrat

Beispiel: r = 5,0 cm

Überschlag: $A \approx 3 \cdot (5\,cm)^2$
$A = 75\,cm^2$

Rechnung: $A = \pi \cdot (5{,}0\,cm)^2$
$A \approx 78{,}5\,cm^2$

FESTIGEN UND WEITERARBEITEN

2. Zeige mithilfe der Formel $A = \pi \cdot r^2$:
Den Flächeninhalt des Kreises kann man auch mit der Formel $A = \frac{\pi}{4} \cdot d^2$ berechnen.

3. Überschlage zunächst den Flächeninhalt der Kreisfläche. Berechne ihn dann mit dem Taschenrechner. Runde das Ergebnis sinnvoll.
   a) r = 4 cm   **b)** r = 7,9 cm   **c)** d = 1,3 m   **d)** d = 10,4 m   **e)** d = 15 km

4. Der Durchmesser eines Bolzens wurde mit einem Messschieber (Schieblehre) gemessen: d = 8,2 mm.
Wie groß ist die Querschnittsfläche des Bolzens? Überschlage zunächst.

5. Gegeben ist der Flächeninhalt A eines Kreises.
   (1) $A = 40{,}7\,cm^2$ (2) $A = 25\,m^2$ (3) $A = 58\,km^2$ (4) $A = 25\,mm^2$
   a) Berechne den Radius. Runde sinnvoll.
   b) Entwickle eine Formel für die Berechnung von r.

6. a) Der Radius eines Kreises wird vergrößert
    (1) auf das Doppelte;   (2) auf das Dreifache;   (3) um 20 %.
    Wie verändert sich dann der Flächeninhalt des Kreises?
  b) Der Flächeninhalt eines Kreises wird verkleinert
    (1) auf die Hälfte;   (2) auf ein Drittel;   (3) um 10 %.
    Wie ändert sich dann der Radius?

7. *Flächeninhalt eines Kreisrings*
Die gelbe Fläche ist ein **Kreisring**. Sie wird begrenzt durch zwei *konzentrische* Kreise, das sind Kreise mit demselben Mittelpunkt.
Gegeben sind zwei konzentrische Kreise mit den Radien $r_a = 5{,}3\,cm$ und $r_i = 2{,}8\,cm$.
  a) Berechne den Flächeninhalt des Kreisrings.
  b) Stelle eine Formel für den Flächeninhalt eines Kreisrings mit den Radien r_a und r_i auf.
Beschreibe dein Vorgehen.

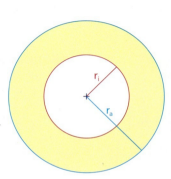

ÜBEN

8. Berechne den Flächeninhalt der Kreisfläche aus dem Radius r bzw. dem Durchmesser d.
   a) r = 5,3 cm   **b)** r = 1,18 km   **c)** r = 2,06 m   **d)** d = 28,5 cm   **e)** d = 10,35 m

9. a) Ein kreisrunder Tisch hat den Durchmesser 1,40 m. Wie groß ist die Tischfläche?
   b) Der kreisförmige Querschnitt eines Kupferdrahtes beträgt
   (1) 1,13 mm^2; (2) 9,62 mm^2; (3) 0,5 mm^2.
   Bestimme den Durchmesser.

10. Berechne Radius und Durchmesser aus dem gegebenen Kreisflächeninhalt A.
   a) 56,8 cm^2 **b)** 4,06 km^2 **c)** 0,84 mm^2 **d)** 3,88 cm^2 **e)** 0,053 m^2

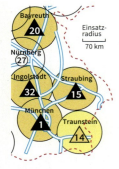

11. a) Der Einsatzradius eines Rettungshubschraubers beträgt 70 km. Wie groß ist das Gebiet, in dem der Hubschrauber eingesetzt werden kann? Schätze zunächst.
   b) Drei verschiedene Standorte von Rettungshubschraubern liegen auf den Eckpunkten eines gleichseitigen Dreiecks mit der Seitenlänge 140 km.
   (1) Lege eine Zeichnung an und färbe das Gebiet (in der Mitte), das von keinem der drei Hubschrauber erreicht werden kann.
   (2) Wie groß darf die Entfernung zwischen den Standorten höchstens gewählt werden, damit keine Lücke entsteht?

12. Berechne den Radius eines Kreises, der denselben Flächeninhalt hat wie ein Quadrat mit der Seitenlänge 5,7 cm.

13. a) Gegeben ist der Umfang u eines Kreises. Berechne seinen Flächeninhalt A.
   (1) u = 1 m   (2) u = 3 m   (3) u = 4,25 km   (4) u = 9,4 cm
   b) Gegeben ist der Flächeninhalt A eines Kreises. Berechne seinen Umfang u.
   (1) A = 1 m^2 (2) A = 4 m^2 (3) A = 56 cm^2 (4) A = 26,4 cm^2
   c) Stelle eine Formel auf, mit der man (1) aus dem Umfang den Flächeninhalt; (2) aus dem Flächeninhalt den Umfang des Kreises berechnen kann.

14. Lies den nebenstehenden Ausschnitt aus einem Zeitungsbericht über einen Tankerunfall.
Angenommen, die Ölfläche ist kreisförmig. Wie groß ist dann der Durchmesser des Ölteppichs am ersten Tag, am zweiten Tag?

[...] Bei einem Tankerunfall hatte sich nach allen Seiten schnell ein Ölteppich ausgebreitet. Der Ölteppich hatte am ersten Tag die Größe von 4 km^2, am zweiten Tag war er bereits auf 6 km^2 angewachsen.

15. Ein Dichtungsring ist 7 mm breit und hat einen äußeren Durchmesser von 27 mm. Seine Querschnittsfläche ist ein Kreisring. Berechne den Flächeninhalt des Rings.

16. Berechne den Flächeninhalt eines Kreisringes mit den Radien r_i und r_a.
   a) r_i = 5,5 cm;   **b)** r_i = 3,50 m;   **c)** r_i = 11 cm;
   r_a = 7,0 cm r_a = 3,75 m r_a = 14 cm

17. Ein Kreis hat den Radius 3,5 cm. Zeichne dazu einen konzentrischen Kreis derart, dass der entstehende Kreisring denselben Flächeninhalt wie der gegebene Kreis hat.

18. Einem Quadrat mit der Seitenlänge a ist der größtmögliche Kreis einbeschrieben.
Gib (1) den Flächeninhalt; (2) den Umfang des Kreises in Abhängigkeit von a an.

Kreis und Zylinder

Vermischte und komplexe Übungen zum Kreis

1. Zeichne die Figur auf Karopapier in ein Quadrat mit der Seitenlänge 6 cm.
Ist die Figur
(1) achsensymmetrisch; (2) punktsymmetrisch, (3) drehsymmetrisch?

a)   b)   c)   d)   e)   f)

2. Eine Firma produziert kreisrunde Tischdecken mit dem Durchmesser
    a) 150 cm;   b) 170 cm;   c) 185 cm;   d) 210 cm.
Jede Tischdecke wird mit Spitzenbändern umsäumt.
Berechne die Länge der Bänder.

3. Das Rad eines Förderturms hat einen Radius von 2,80 m. Bei einer Radumdrehung wird der Förderkorb um eine Strecke angehoben, die dem Umfang des Rades entspricht.
  a) Wie viele Umdrehungen muss das Rad machen, damit der Förderkorb 500 m gehoben wird?
  b) Das Rad macht pro Minute vier Umdrehungen.
Welchen Höhenunterschied kann der Förderkorb in fünf Minuten überwinden?

ZUM FESTIGEN UND WEITERARBEITEN

4. a) Berechne den Flächeninhalt des Blechstücks. Beschreibe dein Vorgehen.
b) Gib auch den Umfang des Blechstücks an.

5. Berechne den Flächeninhalt und den Umfang der gefärbten Fläche.

a) 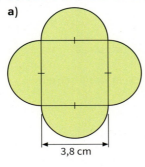 b) 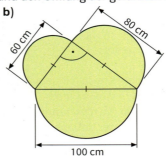 c)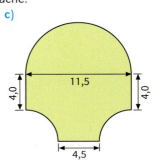

Kapitel 5

6.  Eine Raumstation umkreist die Erde in 200 km Höhe in 90 Minuten.
Welche Entfernung legt die Raumstation bei einem Erdumlauf zurück?
Welche Entfernung legt sie in einer Stunde zurück?

7. Der Durchmesser eines Kupferdrahtes beträgt
  a) 0,7 mm; **b)** 1,6 mm; **c)** 2,7 mm.
Berechne den Querschnitt (Flächeninhalt der kreisförmigen Schnittfläche).

8. Das kreisförmige Turmzimmer eines Schlosshotels hat einen Durchmesser von 6,75 m. Der Fußboden soll neu gefliest werden.
Wie viel Quadratmeter Fliesen werden gebraucht? Runde das Ergebnis sinnvoll.

9.

Beregnungsanlagen

Art des Sprengers

Sprühregner   d = 11 m; 100 m²

Kreisregner   r = 8,5 m; 225 m²
(klein)

Kreisregner   r = 3 m bis 12,5 m; 30 m² bis 490 m²
(groß/variabel)

Eine Firma für Gartengeräte bietet verschiedene Rasensprenger an, die kreisförmige Flächen beregnen können.
Prüfe, ob die Flächenangaben im Katalog näherungsweise richtig angegeben sind.

10. Aus einem quadratischen Blech mit der Seitenlänge 30 cm werden kreisrunde Scheiben für die Herstellung von Blechdosen ausgestanzt.
  (1) Berechne den Flächeninhalt und den Umfang jeder Scheibe.
  (2) Wie groß ist der Abfall in Prozent? Vergleiche.

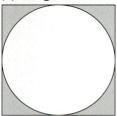 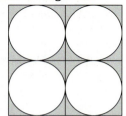 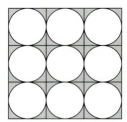

11. Vier kongruente Kreise mit dem Radius r = 5 cm berühren einander jeweils in einem Punkt.
  a) Wie groß ist die rot umrandete Fläche?
  b) Wie groß ist der Umfang dieser Fläche?

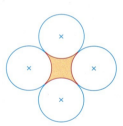

12. Von einem Stoffrest der Breite 1,40 m und der Länge 1,60 m soll eine möglichst große kreisrunde Tischdecke hergestellt werden.
Wie viel Prozent Verschnitt entstehen?

Kreis und Zylinder

13. Schätze den Durchmesser der Pupille dieses Auges.
Berechne ihren Flächeninhalt.
Vergleiche mit dem Flächeninhalt deiner Pupille.

 Lisa möchte sich eine Pizza kaufen und überlegt: Wie viel Quadratzentimeter groß sind die Pizzas im Angebot?

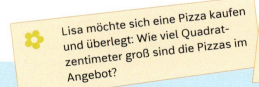 Maria meint: Bei doppeltem Durchmesser bekommt man etwa 2- bis 3-mal soviel Pizza. Hat sie recht? Begründe.

 14.

Jubiläumsangebot:
Alle Sorten zum gleichen Preis

Medium-Pizza
Durchmesser 15 cm
4,50 €

Maxi-Pizza
Durchmesser 30 cm
9,90 €

Mini-Pizza
Durchmesser 10 cm
2,90 €

XXL-Pizza
Durchmesser 50 cm
25,90 €

 Eine andere Pizzeria hat eine Mega-Pizza im Angebot, die $\frac{1}{4}$ m² groß ist. Welchen Durchmesser hat diese Pizza?

 Philip will für sich und drei Freunde Pizzas mitnehmen. Er will nicht mehr als 20 € ausgeben und möchte dafür möglichst viel Pizza haben.

15. Ein Elektroherd hat vier runde Kochfelder. Die beiden Felder rechts haben denselben Durchmesser: d = 180 mm.
Das Kochfeld links vorn hat den Durchmesser 210 mm, das Feld links hinten 145 mm.
Berechne den Flächeninhalt jedes Kochfeldes.

16. a) Berechne den Flächeninhalt und den Umfang der gefärbten Fläche.

b) Gib eine möglichst einfache Formel für den Umfang und den Flächeninhalt der gefärbten Fläche an.

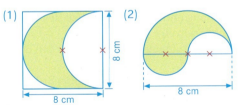
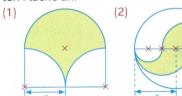

IM BLICKPUNKT

SINNVOLLE GENAUIGKEIT BEIM RECHNEN MIT π

Die Zahl π in der Geschichte der Menschheit

Die Berechnung der Kreiszahl π hat die Menschen schon jahrtausendelang beschäftigt. Als Näherungswert für π gaben
- die Babylonier (um 2000 v. Chr.) die Zahl 3,
- die Ägypter (um 2000 v. Chr.) die Zahl $\left(\frac{16}{9}\right)^2$ an.

Der griechische Mathematiker Archimedes (287 – 212 v. Chr.) verwendete zur Berechnung des Kreisumfanges neben den einbeschriebenen regelmäßigen Vielecken auch umbeschriebene. Er zeigte am regelmäßigen 96-Eck:

$$3\tfrac{10}{120} < \pi < 3\tfrac{1}{7}$$

Als Näherungswert für π wurde dann häufig $\frac{22}{7}$ verwendet.

Der ägyptische Geograph, Astronom und Mathematiker Claudius Ptolemäus (um 150 n. Chr.) fand für π den Näherungswert $3\tfrac{17}{120}$,

die Chinesen (5. Jahrh. n. Chr.) $3\tfrac{16}{113}$,

die Inder (600 n. Chr.) $\sqrt{10} \approx 3{,}162$,

der Mathematiker Vieta (1540 – 1603) $1{,}8 + \sqrt{1{,}8} \approx 3{,}142$.

Heute hat man die Zahl π mit Computern auf über 2000 Milliarden Stellen nach dem Komma berechnet.

1. Gebt die verschiedenen Näherungswerte für π jeweils mit Taschenrechnergenauigkeit als Dezimalbruch an. Vergleicht mit den Näherungswerten, die ihr bisher benutzt habt. Schreibt alle diese Näherungswerte untereinander und färbt von links die Ziffern, die mit eurer Taschenrechneranzeige für π übereinstimmen.

2. Der Radius eines Kreises beträgt genau (1) 7 cm; (2) 3,7 cm; (3) 4,673 cm.
   a) Berechnet arbeitsteilig den Umfang und den Flächeninhalt des Kreises
      - mit Taschenrechnergenauigkeit und mit 3,14 für π
      - mit den obigen blaugedruckten Näherungswerten (Taschenrechnergenauigkeit).

      Schreibt die Ergebnisse untereinander und färbt von links wie in Aufgabe 1.
   b) Bis auf welchen Bruchteil der Einheit cm bzw. cm² wird in Teilaufgabe a)
      (1) der Umfang,   (2) der Flächeninhalt   jeweils genau angegeben?

3. Ihr wisst: Größen kann man nur bis zu einer bestimmten Genauigkeit messen. Die Maßzahl in der Größenangabe „3,7 cm" kann man deshalb als gerundete Zahl betrachten. In der Technik findet man oft folgende Schreibweise „3,7 cm ± 0,05 cm", d. h. der genaue Wert ist höchstens 3,75 cm und mindestens 3,65 cm.
   a) Gegeben ist ein Kreis mit dem Radius:
      (1) r = 7 cm ± 0,5 cm   (2) r = 3,7 cm ± 0,05 cm   (3) r = 4,673 cm ± 0,0005 cm

      Berechnet mithilfe des Taschenrechners den möglichen Höchstwert und den möglichen Mindestwert für den Umfang und den Flächeninhalt des Kreises. Rundet die Taschenrechneranzeige nicht.
   b) Welche der Ergebnisse aus Aufgabe 2 a) liegen zwischen den ermittelten Höchst- und Mindestwerten?
   c) Entscheidet selbst: Welche der Ergebnisse in Aufgabe 2 a) sind zu ungenau, welche sind angemessen, welche sind übertrieben genau?

Kreis und Zylinder **117**

EIGENSCHAFTEN UND DARSTELLUNGEN EINES ZYLINDERS

EINSTIEG

Die abgebildeten Verpackungen stellen ein Prisma und einen Kreiszylinder (kurz: Zylinder) dar.

» Wie viele Ecken, Kanten, Flächen haben diese Körper?
» Welche Gemeinsamkeiten findest du?
» Skizziere die Körpernetze.

INFORMATION

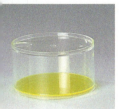

Vergleich von Prisma und Zylinder

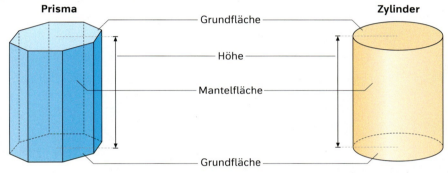

Jedes Prisma besitzt zwei zueinander parallele und kongruente (deckungsgleiche) *Vielecke* als **Grundflächen.**
Die Seitenflächen sind Rechtecke und bilden zusammen die **Mantelfläche.**

Der Abstand der beiden Grundflächen ist die **Höhe.**

Jeder Zylinder besitzt zwei zueinander parallele und kongruente (deckungsgleiche) *Kreisflächen* als **Grundflächen.**
Die gekrümmte Seitenfläche heißt **Mantelfläche.**

Beachte: Prismen und Zylinder können auf einer Grundfläche „stehen" oder auf einer Seitenfläche bzw. der Mantelfläche „liegen".

AUFGABE

1. Dosen für Chips oder Plätzchen haben häufig die Form eines **Zylinders.**
Zeichne ein Netz des abgebildeten Zylinders und beschreibe, wie du vorgehst.

Lösung

Einen Teil des Netzes bilden die beiden gleich großen Grundflächen. Es sind Kreisflächen mit dem Durchmesser 7 cm.
Um den anderen Teil des Netzes zu erhalten, schneiden wir die Seitenfläche auf und breiten sie aus wie im Bild auf der folgenden Seite. Wir erhalten ein Rechteck.

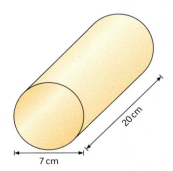

Eine Seitenlänge des Rechtecks ist gleich der Höhe des Zylinders, also 20 cm.
Die andere Seitenlänge ist gleich dem Umfang einer Grundfläche, also
u = 2 · π · r; u = 2 · π · 3,5 cm; u ≈ 22 cm.
Zeichne nun das Netz.

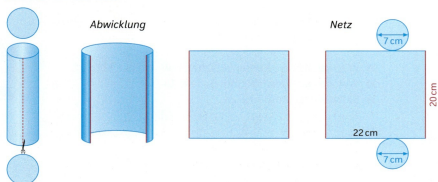

FESTIGEN UND WEITERARBEITEN

2. Entscheide, ob ein Zylinder vorliegt oder nicht. Begründe.
(1)   (2)   (3)   (4)   (5)   (6)   (7)

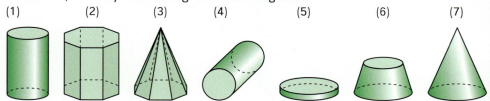

 3. *Erkundet eure Umwelt:* Nennt Gegenstände aus dem Alltag, die die Form eines Zylinders haben. Ihr könnt sie fotografieren und ein Poster erstellen.

4. *Schrägbilder eines Zylinders*
Hier siehst du drei verschiedene Skizzen desselben Zylinders.
(1) stehend   (2) liegend mit der Grundfläche als Vorderansicht   (3) liegend mit der Mantelfläche als Vorderansicht

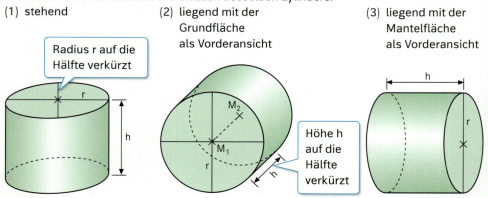

Ein Zylinder hat den Radius r = 4 cm und die Höhe h = 6 cm.
Skizziere drei verschiedene Schrägbilder.

5. Von einem Zylinder sind gegeben: Radius r = 2,4 cm und Höhe h = 5,7 cm.
   a) Zeichne (1) die Draufsicht, (2) die Vorderansicht des stehenden Zylinders.
   b) Zeichne ein Netz des Zylinders.

Kreis und Zylinder

6. Welche der Figuren kann kein Netz eines Zylinders sein? Begründe.

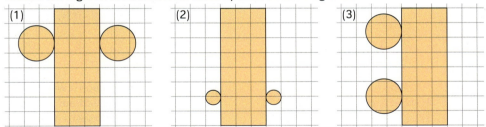

7. Gegeben ist ein Zylinder mit folgenden Maßen:
Der Durchmesser einer Grundfläche ist 3,4 cm, die Höhe des Zylinders beträgt 5,1 cm.
 a) Zeichne ein Netz des Zylinders.
 b) Zeichne zwei geeignete Ansichten des Zylinders.
  (1) Der Zylinder soll auf einer Grundfläche stehen.
  (2) Der Zylinder soll auf der Seitenfläche liegen.
 c) Skizziere zwei verschiedene Schrägbilder des Zylinders.

8. Felix hat Zweitafelbilder von Zylindern gezeichnet.
Beurteile seine Ergebnisse.

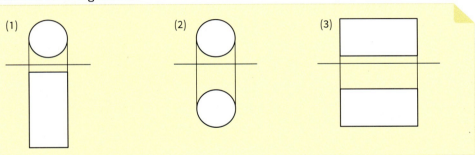

9. Rechts im Bild siehst du einen liegenden *Hohlzylinder*.
Skizziere ein Schrägbild
(1) des stehenden Hohlzylinders,
(2) des liegenden Hohlzylinders mit der Grundfläche als Vorderansicht.

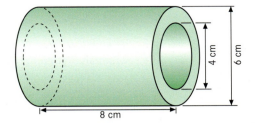

10. Zeichnet auf Zeichenkarton die Netze der Zylinder. Stellt die Körper her und vergleicht sie.

Denkt auch an Klebestreifen

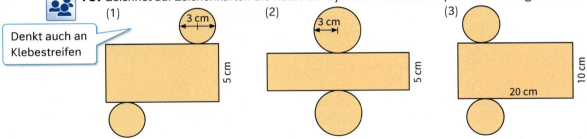

OBERFLÄCHENINHALT UND VOLUMEN EINES ZYLINDERS

Oberflächeninhalt eines Zylinders

EINSTIEG

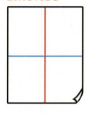

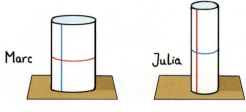

Du kannst wie Marc und Julia aus einem DIN-A4-Blatt auf zwei Arten eine Röhre herstellen und jeweils durch die beiden Grundflächen zu einem Zylinder ergänzen.

» Für welchen Zylinder benötigst du mehr Papier? Begründe.

AUFGABE

1. Poster werden zum Versand oder zum Verschenken in zylinderförmige Verpackungen gesteckt.
Der Radius r einer Grundfläche soll 3,2 cm, die Höhe h soll 28,5 cm sein.
Berechne den Materialbedarf (Verschnitt nicht mitgerechnet).

Lösung

Zur Berechnung des Materialbedarfs bestimmen wir die Oberfläche A_O des Zylinders.
Wir nennen die Mantelfläche A_M und die Grundfläche A_G. Dann gilt:
$A_O = 2 \cdot A_G + A_M$ und $A_M = u \cdot h$
$A_O = 2 \cdot \pi r^2 + 2\pi r \cdot h$
Einsetzen der gegebenen Größen:
$A_O = 2\pi \cdot (3{,}2\,\text{cm})^2 + 2\pi \cdot 3{,}2\,\text{cm} \cdot 28{,}5\,\text{cm}$
$A_O \approx 637{,}37\,\text{cm}^2$

Ergebnis: Für eine Verpackung braucht man ungefähr 640 cm² an Material.

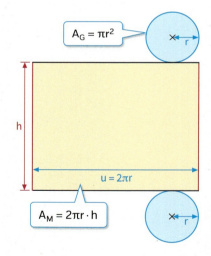

INFORMATION

Für den **Oberflächeninhalt A_O eines Zylinders** mit dem Grundflächeninhalt A_G, dem Mantelflächeninhalt A_M, dem Radius r des Grundkreises und der Körperhöhe h gilt:

$A_O = 2 \cdot A_G + A_M$

Mit $A_G = \pi r^2$ und $A_M = u \cdot h$ bzw. $A_M = 2\pi r \cdot h$ gilt:
$A_O = 2\pi r^2 + 2\pi r h$

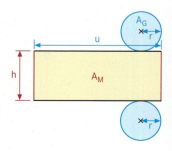

Beispiel: r = 2,0 cm; h = 3,0 cm
$A_O = 2\pi \cdot (2{,}0\,\text{cm})^2 + 2\pi \cdot 2{,}0\,\text{cm} \cdot 3{,}0\,\text{cm}$
$A_O \approx 62{,}8\,\text{cm}^2$

FESTIGEN UND WEITERARBEITEN

2. Berechne den Blechbedarf für die zylinderförmige Blechdose. Runde sinnvoll.
   a) $r = 4\,cm$ b) $r = 7{,}0\,cm$ c) $d = 16\,cm$ d) $d = 120\,mm$ e) $u = 50{,}2\,cm$
      $h = 12\,cm$ $h = 15{,}5\,cm$ $h = 23\,cm$ $h = 17\,cm$ $h = 23{,}4\,cm$

3. In einer Formelsammlung findet Matthes für den Oberflächeninhalt A_O eines Zylinders:
   $A_O = 2\pi r(r+h)$ und $A_O = 2 A_G + u \cdot h$.
   Begründe beide Formeln.

4. *Berechnen von Radius bzw. Höhe eines Zylinders*
   a) Ein Zylinder hat den Radius 5 cm und den Oberflächeninhalt 377 cm². Wie hoch ist der Zylinder? Runde sinnvoll.
   b) Leite aus der Formel für den Oberflächeninhalt des Zylinders durch Umformen eine Formel her zur Berechnung von h bei gegebenem A_O und r.

5. Untersucht, wie sich Mantelflächeninhalt und Größe der Grundfläche eines Zylinders verändern, wenn man
   a) die Höhe   (1) verdoppelt;   (2) verdreifacht;
   b) den Radius   (1) verdoppelt;   (2) verdreifacht;
   c) den Radius und die Höhe   (1) verdoppelt;   (2) verdreifacht.

ÜBEN

6. Berechne den Blechbedarf für den zylinderförmigen Behälter. Runde die Ergebnisse sinnvoll.
   a) $r = 12{,}5\,cm$ c) $r = 2\tfrac{3}{4}\,cm$ e) $d = 12{,}5\,cm$ g) $d = 5{,}4\,cm$ i) $u = 123\,mm$
      $h = 28{,}0\,cm$ $h = 3{,}8\,cm$ $h = d$ $h = \tfrac{1}{2}d$ $h = 74\,mm$
   b) $r = 0{,}74\,cm$ d) $d = 15\,cm$ f) $r = 4\,cm$ h) $d = 0{,}45\,m$ j) $u = 16{,}8\,m$
      $h = 27{,}0\,cm$ $h = 14\,cm$ $h = d$ $h = 10\,d$ $h = 4 \cdot u$

7. Eine Litfaßsäule hat einen Durchmesser von 1,16 m. Sie ist 3,80 m hoch. Ein Sockel von 30 cm Höhe und der obere Rand von 15 cm Höhe sollen nicht beklebt werden. 1 m² Werbefläche kostet 99 € zuzüglich Mehrwertsteuer.
Stelle selbst Aufgaben und löse sie.

8. Die Walze einer Straßenbaumaschine hat einen Durchmesser von 1,20 m und eine Breite von 2,20 m.
Welche Größe hat die Fläche, die die Walze mit einer Umdrehung überfährt?

9. Die Mantelfläche eines Zylinders ist 100 cm² groß.
Berechne die Höhe h bzw. den Radius r, wenn gilt:
   a) $r = 5\,cm$
   b) $h = 7{,}5\,cm$
   c) $r = h$

Volumen eines Zylinders

EINSTIEG

Der Quader (1) und der Zylinder (2) haben gleich große Grundflächen und die gleiche Höhe. Der Zylinder (3) ist halb so hoch wie der Zylinder (2), hat aber einen doppelt so großen Durchmesser.

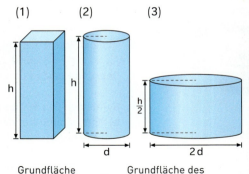

» Passt in alle drei Behälter die gleiche Menge Wasser? Begründe.

AUFGABE

1. a) Für das Volumen des Zylinders gilt die Formel:
$V = A_G \cdot h = \pi r^2 \cdot h$
Begründe dies mithilfe der Zeichnungen rechts.

b) Ein Metallzylinder hat den Radius $r = 5{,}0$ cm und die Höhe $h = 11{,}5$ cm. Berechne das Volumen des Zylinders.

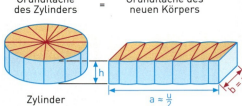

Lösung

a) Wir zerlegen den Zylinder wie im Bild und setzen die Teile zu einem neuen Körper K zusammen.
Wir stellen uns vor, der Zylinder wird immer feiner zerlegt (d. h. in immer mehr Teilstücke). Dann nähert sich der neue Körper beliebig genau der Form eines Quaders an. Schließlich können wir sagen:
Die Grundfläche des Quaders hat die Länge $a = \frac{u}{2}$ und die Breite $b = r$ (u = Umfang des Zylinders; r = Radius des Zylinders).
Die Höhe des Quaders entspricht der Höhe h des Zylinders.

Für das Volumen des Quaders gilt: $V_Q = A_G \cdot h \approx \frac{u}{2} \cdot r \cdot h = \frac{2\pi r}{2} \cdot r \cdot h = \pi r^2 \cdot h$

Somit gilt auch für den Zylinder: $V_Z = A_G \cdot h = \pi r^2 \cdot h$

b) $V = \pi r^2 \cdot h$
$V = \pi \cdot (5{,}0 \text{ cm})^2 \cdot 11{,}5 \text{ cm}$
$V \approx 903 \text{ cm}^3$

Ergebnis: Der Metallzylinder hat ein Volumen von ungefähr 903 cm³.

INFORMATION

Für das **Volumen V eines Zylinders** mit dem Radius r und der Körperhöhe h gilt:
V = $A_G \cdot h$
V = $\pi r^2 \cdot h$

Beispiel: $r = 2{,}0$ cm, $h = 3{,}0$ cm
$V = \pi \cdot (2{,}0 \text{ cm})^2 \cdot 3{,}0 \text{ cm}$
$V \approx 37{,}7 \text{ cm}^3$

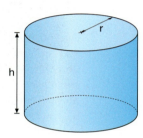

Kreis und Zylinder   **123**

FESTIGEN UND WEITERARBEITEN

2. Berechne das Volumen des Zylinders.
 a) r = 7 cm
    h = 8 cm
 b) r = 7,5 cm
    h = 13,4 cm
 c) r = 12,4 cm
    h = 13,5 m
 d) d = 8,8 dm
    h = 27 cm

3. Bei Kanalbauarbeiten wird unter einer Straße ein kreisrundes Bohrloch gebohrt. Wie viel Kubikmeter Erdaushub fallen an?

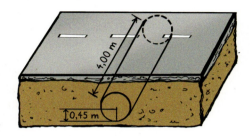

$1\,cm^3 = 1\,m\ell$

4. Stelle für die gesuchte Größe zunächst eine Formel auf. Verwende dabei die Formeln für das Volumen des Zylinders. Berechne dann mithilfe der Formel.
 a) Verschiedene zylinderförmige Fruchtsaftdosen sollen alle das Volumen 0,7 ℓ haben.
    Der Radius ist   (1) 5 cm;   (2) 4,5 cm;   (3) 4 cm.
    Wie hoch sind die Dosen?
 b) Verschiedene zylinderförmige Dosen sollen alle das Volumen 750 mℓ haben.
    Die Höhe ist   (1) 10 cm;   (2) 12 cm;   (3) 8 cm.
    Welchen Radius haben die Grundflächen der Dosen?
 c) Eine zylinderförmige Dose soll ein Volumen von 1 000 mℓ haben.
    Wie können Radius r und Höhe h gewählt werden? Gib drei Möglichkeiten an.

Dichte von Stahl
$\rho = 7{,}85\,\frac{g}{cm^3}$

5. *Volumen eines Hohlzylinders*
Ein Stahlring (vgl. Bild) hat die Maße
r_a = 29 cm, r_i = 26 cm,   h = 24 cm.
 a) Berechne das Volumen des Ringes.
 b) Stelle eine Formel für das Volumen des Hohlzylinders auf.
 c) Gib die Masse des Stahlrings an.

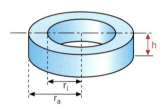

ÜBEN

6. Berechne das Volumen des Zylinders. Runde die Ergebnisse sinnvoll.
 a) r = 12 cm
    h = 7 cm
 b) r = 12,3 cm
    h = 7,8 cm
 c) r = 28,4 cm
    h = 3,75 m
 d) d = 27 mm
    h = 3,6 cm

$1\,dm^3 = 1\,\ell$

7.

Der Durchmesser eines 80 cm langen Fasses für Altöl beträgt 60 cm (Innenmaße).
 a) Berechne das Fassungsvermögen in Liter. Schätze zunächst.
 b) Das leere Fass wiegt 28 kg. 1 ℓ Öl wiegt 0,94 kg. Wie viel wiegt das Ölfass, wenn es gefüllt ist?
 c) Die Auffangwanne ist 1,20 m lang, 80 cm breit und 40 cm hoch. Ist sie ausreichend bemessen?

8. Ein Würfel aus Blei mit der Kantenlänge 10,0 cm wird zu einem gleich hohen Zylinder umgeschmolzen.
Welchen Radius hat der Zylinder?

9. Jeder Rundstahl einer bestimmten Sorte ist 6,40 m lang und hat einen Durchmesser von 12 mm. 1 cm³ des Stahls wiegt 7,85 g. Wie viel wiegt ein Bund mit 50 Stück?

10. a) Ein Zylinder hat den Radius r = 5 cm und das Volumen V = 549,5 cm³.
Wie hoch ist der Zylinder?
b) Ein Zylinder ist 7 cm hoch. Seine Mantelfläche ist 197,92 cm² groß.
Berechne das Volumen des Zylinders.

11. Überladen oder nicht?
Fahrer und Ladung des chinesischen Motorrads dürfen 120 kg nicht überschreiten.
Der Schaumstoff wiegt 35 kg pro m³.
Was meinst du? Begründe.

12. Ein Messzylinder hat den inneren Durchmesser 8,0 cm.
In welcher Höhe müssen die Markierungen für
a) $\frac{1}{2}\ell$; $\frac{1}{4}\ell$; $\frac{1}{8}\ell$; $\frac{3}{8}\ell$
b) 100 mℓ; 200 mℓ; 500 mℓ angebracht werden?

13.

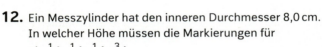

Wie viel wiegt der im Bild dargestellte Hohlzylinder aus Gusseisen?
1 cm³ Gusseisen wiegt 7,3 g.

(Maße in mm)

14. Manche Bakterien wie der Erreger von Tuberkulose haben die Gestalt eines Zylinders. Der Durchmesser beträgt 0,000094 cm und die Höhe (Länge) 0,00038 cm.
Gib das Volumen und die Größe der Oberfläche des Bakteriums an.

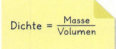

15. In der Physiksammlung befinden sich drei gleich große Zylinder mit einem Radius von 10 mm und einer Höhe von 35 mm. Die Angaben der Dichte findest du im Tafelwerk.
a) Körper (1) besteht aus Messing mit einer Dichte von 8,4 $\frac{g}{cm^3}$. Wie viel wiegt Körper (1)?
b) Körper (2) besteht aus Stahl.
Berechne seine Masse.
c) Körper (3) wiegt 29,7 g. Aus welchem Material könnte er bestehen?
d) Informiere dich z. B. im Internet, wie Messing hergestellt wird.

16. Untersucht, wie sich das Volumen eines Zylinders verändert, wenn man
a) die Höhe (1) verdoppelt; (2) verdreifacht; (3) um 10 % vergrößert;
b) der Radius (1) verdoppelt; (2) verdreifacht; (3) um 10 % vergrößert;
c) zugleich die Höhe und den Radius
(1) verdoppelt; (2) verdreifacht; (3) um 10 % vergrößert?

PUNKTE SAMMELN

Berechne Flächeninhalt und Umfang der gelben Fläche.

★★

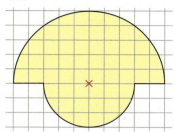

★★★

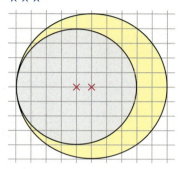

★★★★

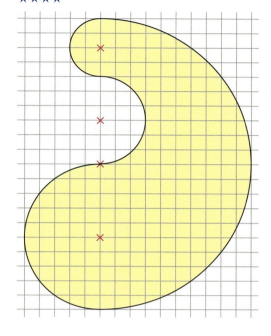

★★

Berechne näherungsweise, wie viel Kubikmeter Holz der Eichenstamm hat.

★★★

Aus dem abgebildeten Stamm sollen Sitzblöcke hergestellt werden. Sie sollen 40 cm und 50 cm hoch sein. Wie schwer ist ein solcher Sitzblock ungefähr?

★★★★

Rohe Eichenstämme werden mit Rinde zum Preis von 369 € pro m³ verkauft.
Drei Jahre gelagertes und in Brettern geschnittenes Eichenholz erhält man für 1 636 € pro m³.
Beim Verkauf wird eine 2,5 cm breite Schicht für die Rinde abgezogen.
Welchen Erlös bringt der Eichenstamm, wenn er nach der Lagerzeit als Eichenbretter verkauft wird?
Wie groß ist die Wertsteigerung durch das Lagern in Prozent?

Der Eichenstamm ist 12 m lang.
Der vordere Durchmesser beträgt 80 cm,
der hintere Durchmesser 50 cm.
Eiche hat eine Dichte von ca. 0,86 g pro cm³.

VERMISCHTE UND KOMPLEXE ÜBUNGEN

1. Beim Basteln werden aus 12 cm langen Silberdrähten kreisförmige Ringe gebogen. Welchen Durchmesser haben die Ringe?

2. Ein Zylinder hat den Radius $r = 2{,}7$ cm und die Höhe $h = 4{,}2$ cm.
   a) Skizziere zwei verschiedene Schrägbilder des Zylinders (stehend und liegend).
   b) Berechne das Volumen und den Oberflächeninhalt des Zylinders.
   c) Wie verändert sich das Volumen des Zylinders, wenn
   (1) die Höhe um 15 % vergrößert wird;   (2) der Radius um 12 % vergrößert wird?

3. Berechne aus den gegebenen Stücken eines Zylinders alle anderen.

	Radius r	Höhe h	Größe A_M der Mantelfläche	Größe A_O der Oberfläche	Volumen V
a)	4,3 cm	6,4 cm			
b)	5,1 cm		245,8 cm²		
c)	3,9 cm				454 cm³
d)	3,4 cm			194 cm²	

4. Der historische kreisrunde Marktplatz einer Stadt soll neu gestaltet werden.
   - Der Asphalt im inneren Kreis soll durch ein dekoratives Verbundsteinpflaster ersetzt werden.
   - Der äußere Kreis soll mit einer Sandsteinmauer umgeben werden. Für die Zugänge werden jeweils 4 m ausgespart.
   - Die Straße, die den Platz umgibt, soll als verkehrsberuhigte Straße keine Bürgersteige erhalten. Ihr Pflaster soll sich aber farblich abheben.

   Stellt selbst Fragen und beantwortet sie.

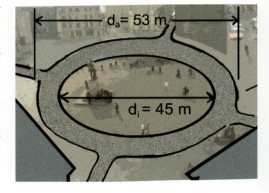

5. In einer Baustofffirma werden 23 m³ Baustoffgranulat in zylinderförmige Fässer gefüllt. Die Fässer sind 1,20 m hoch und ihr Durchmesser beträgt 60 cm.
   a) Welches Fassungsvermögen hat ein Fass?
   b) Wie viele Fässer werden benötigt?

6. Berechne das Volumen und die Masse des Drahtes.
   a) Kupferdraht: Länge 100 m; $d = 1$ cm; Dichte $\varrho = 8{,}9 \frac{g}{cm^3}$
   b) Eisendraht: Länge 50 m; $d = 2$ cm; Dichte $\varrho = 7{,}85 \frac{g}{cm^3}$

Kreis und Zylinder **127**

1 Zoll ≈ 2,5 cm

7. Der Schlauch hat einen Durchmesser von einem Zoll. Er wurde in nicht ganz vier Schichten aufgerollt.
Bestimme näherungsweise die Länge des Schlauchs.
Beschreibe deine Überlegungen.

 Mattis behauptet: „Verwendet man einen Kochtopf mit 9 cm Durchmesser auf einem Kochfeld mit einem Durchmesser von 18 cm verschwendet man 50 % Energie."

 Fabian und Jule haben für das Kochfeld (1) eine Fläche von rund 360 cm² ermittelt. Stimmt das? Prüfe ihr Ergebnis.

8.

(1) d = 16 cm a = 10 cm

(2)

(3)

(4) d_i = 14 cm d_a = 21 cm

 Im Kochfeld (4) kann man den Kreisring zuschalten, sodass sich das Kochfeld vergrößert. Verdoppelt sich dadurch die Kochfläche? Berechne.

 Die Kochfelder (2) und (3) haben zusammen eine Fläche von rund 3,53 dm². Berechne ihren Durchmesser. Runde das Ergebnis auf volle cm.

9.

Zielscheiben beim Bogenschießen bestehen aus 10 konzentrischen Kreisen, je zwei in einer Farbe. Der innere gelbe Kreis hat einen Durchmesser von 6 cm. Die Kreisringe sind alle 3 cm breit.

a) Alexander und Sahra wollen sich eine Zielscheibe auf einer quadratischen Holzauflage bauen. Wie groß muss die Holzauflage mindestens sein?

b) Wie groß ist (1) die gelbe Fläche; (2) die weiße Fläche?

c) Wie viel Prozent der Gesamtfläche macht (1) die gelbe Fläche; (2) die weiße Fläche aus? Schätze zunächst.

d) Alexander meint, dass die schwarze Fläche doppelt so groß ist wie die blaue Fläche. Hat er recht? Begründe.

10. Deutschlands längste Autoröhre, der Rennsteigtunnel in Thüringen, besteht aus zwei getrennten Röhren, die annähernd die Form von Halbzylindern besitzen.

Eine Röhre ist 7 916 m lang und in Höhe der Fahrbahn 9,50 m breit.
a) Wie viel Kubikmeter Gestein mussten ungefähr herausgebohrt werden?
Welche Kantenlänge hätte ein Würfel mit dem gleichen Volumen?
b) Die Innenwände des Tunnels mussten verschalt werden.
Wie groß war die zu verschalende Fläche?

11. Im Bild siehst du die Grundfläche eines Metallteils (Maße in mm). Seine Höhe beträgt 45 mm. Welche Masse hat das Metallteil aus Stahl mit der Dichte 7,8 $\frac{g}{cm^3}$?

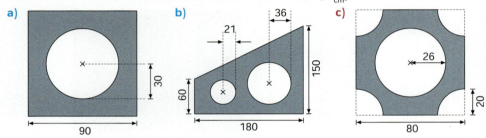

12. Im Motor bezeichnet man den Raum, der sich zwischen der höchsten und der niedrigsten Kolbenstellung befindet, als Hubraum (im Bild rot gefärbt).
Die Länge s des Weges, den der Kolben vom oberen bis zum unteren Punkt zurücklegt, heißt Hub.
Der Durchmesser des Zylinderquerschnitts ist d.
Berechne den Hubraum des Motors
(1) in cm³, (2) in ℓ.
a) Einzylindermotor: d = 40 mm; s = 38 mm
b) Vierzylindermotor: d = 83 mm; s = 69 mm

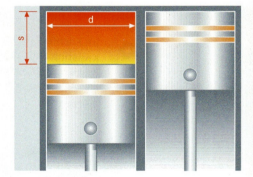

Der Hubraum des Vierzylindermotors setzt sich aus den Hubräumen der vier Zylinder zusammen.

13.

Der Käse am Brandenburger Tor war eine Werbeaktion der Niederländer zur „Grünen Woche" in Berlin.
a) Schätze das Volumen des Käserades.
b) Erkundige dich nach der Dichte von Käse und schätze ab, welche Masse das Käserad hatte.

14. Berechne die fehlenden Größen des Zylinders. Runde die Ergebnisse sinnvoll.

	Radius r	Höhe h	Größe A_G der Grundfläche	Größe A_M der Mantelfläche	Größe A_O der Oberfläche	Volumen V
a)	3,4 cm	7,1 cm				
b)	28 cm	4,8 m				
c)		1,1 dm	265,9 cm²			
d)	6,2 cm					584,00 cm³
e)	16 cm			623 cm²		
f)	3,1 dm			46,9 dm²		

15.

Frankenpost, 28. Dezember 2013:
Maibaum-Diebe scheitern kläglich
Sechs Unholde hatten es auf das 26 m lange Prachtstück der Feuerwehr Rothenbürg-Hüttung abgesehen.

Dichte von Fichtenholz:
$0{,}47 \frac{g}{cm^3}$

a) Die sechs Unholde stießen auf gewaltige Probleme. Warum?
b) Wie viele Leute braucht man etwa, um den Stamm zu tragen?

16. Die kanadische Goldmünze „Maple Leaf" hat einen Durchmesser von 30 mm und eine Dicke von 2,3 mm. 1 cm³ Gold wiegt 19,3 g.
Wie schwer ist die kanadische Goldmünze?

17. Berechne das Volumen und den Oberflächeninhalt des abgebildeten Körpers.

a) 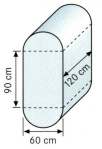 b) c)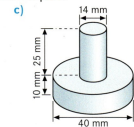

18. a) Eine Firma stellt aus Beton die rechts abgebildeten Schornsteinelemente her.
Wie viel Kubikdezimeter Beton benötigt man für ein solches Element?
b) Welche Masse hat ein solches Element, wenn 1 dm³ Beton die Masse 2,4 kg hat?
c) Welche Masse könnte man sparen, wenn man das Bauteil als Betonrohr mit einer Wandstärke von 7 cm herstellt? Gib diesen Anteil auch in Prozent an.

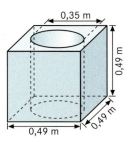

WAS DU GELERNT HAST

Berechnungen am Kreis
Umfang eines Kreises: $u = 2\pi r$
Flächeninhalt eines Kreises: $A = \pi r^2$
r ist der Radius
$\pi \approx 3{,}14$ (Kreiszahl)

$r = 1{,}5\,cm$
$u = 2\pi \cdot 1{,}5\,cm$
$\underline{u \approx 9{,}4\,cm}$
$A = \pi \cdot (1{,}5\,cm)^2$
$\underline{A \approx 7{,}07\,cm^2}$

Kreisring – Flächeninhalt
Für den Flächeninhalt A eines Kreisrings gilt:
$A = \pi \cdot r_a^2 - \pi \cdot r_i^2$
r_a ist der Radius des äußeren Kreises,
r_i ist der Radius des inneren Kreises.

Gegeben: $r_a = 5\,cm$, $r_i = 3\,cm$
Überschlag: $A = 3 \cdot (5\,cm)^2 - 3 \cdot (3\,cm)^2$
$\underline{A = 48\,cm^2}$

Rechnung:
$A = \pi \cdot (5\,cm)^2 - \pi \cdot (3\,cm)^2$
$\underline{A \approx 50{,}27\,cm^2}$

Der Flächeninhalt des Kreisrings beträgt $50{,}27\,cm^2$.

Zylinder – Eigenschaften
Jeder Zylinder hat zwei parallele, kongruente Kreisflächen als **Grundflächen A_G**.

Die gekrümmte Seitenfläche heißt **Mantelfläche A_M**.

Der Abstand zwischen den Grundflächen ist die **Höhe h** des Zylinders.

Schrägbild eines stehenden Zylinders

Netz eines Zylinders

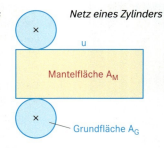

Berechnungen am Zylinder
Grundflächeninhalt: $A_G = \pi r^2$
Mantelflächeninhalt: $A_M = u \cdot h$
$A_M = 2\pi r \cdot h$

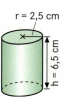

$r = 2{,}5\,cm$
$h = 6{,}5\,cm$

Oberflächeninhalt: $A_O = 2 \cdot A_G + A_M$
$A_O = 2\pi r^2 + 2\pi r h$

$A_O = 2\pi \cdot (2{,}5\,cm)^2 + 2\pi \cdot 2{,}5\,cm \cdot 6{,}5\,cm$
$\underline{A_O \approx 141{,}37\,cm^2}$

Volumen: $V = A_G \cdot h$
$V = \pi r^2 \cdot h$

$V = \pi \cdot (2{,}5\,cm)^2 \cdot 6{,}5\,cm$
$\underline{V \approx 127{,}627\,cm^3}$

Kreis und Zylinder

BIST DU FIT?

1. Berechne den Umfang und den Flächeninhalt des Kreises.
   a) r = 4,3 cm
   b) d = 7,4 m

2. a) Ein Kreis hat den Umfang u = 54,7 cm. Wie groß ist sein Flächeninhalt?
   b) Eine kreisförmige Tischplatte ist 1,84 m² groß. Berechne ihren Umfang.

3. Berechne den Flächeninhalt des Kreisrings.
   a) r_i = 2,8 cm und r_a = 4,7 cm
   b) r_i = 56 cm und r_a = 1,20 m

4. Ein Kreisverkehr hat innen einen Durchmesser von 12,5 m. Die Straße ist 4,8 m breit. Sie soll neu gepflastert werden.
Für wie viel Quadratmeter müssen Pflastersteine bestellt werden?

5. Ein Zylinder hat den Radius 2,4 cm und ist 5,6 cm hoch.
   a) Zeichne zwei verschiedene Zweitafelbilder.
   b) Zeichne ein Netz des Zylinders.
   c) Berechne den Oberflächeninhalt und das Volumen.

6.

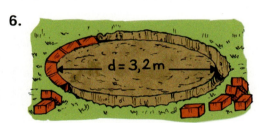

   a) Der Rand des kreisrunden Beetes soll mit Steinen eingefasst werden. Man rechnet 8 Steine auf 1 m.
   Wie viele Steine werden benötigt?
   b) Das Beet soll mit Rosen bepflanzt werden. Man rechnet 4 Rosen auf 1 m².
   Berechne die Kosten.

7. Eine Firma soll für verschiedene Zwecke zylinderförmige Blechdosen liefern. Alle Dosen sollen das Volumen $\frac{3}{4}$ ℓ haben.
   a) Wie hoch muss eine Dose sein, wenn der Radius (1) 3,5 cm; (2) 3 cm; (3) 4,5 cm sein soll?
   b) Welchen Radius muss eine Dose haben, wenn sie (1) 13 cm; (2) 8 cm; (3) 6 cm hoch sein soll?

8.

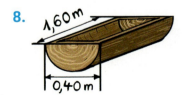

Aus einem Baumstamm wurde ein Wassertrog hergestellt. Er ist etwa 1,60 m lang und hat ca. 40 cm Durchmesser. Die Wandstärke soll rund 8 cm betragen.
   a) Gib die maximale Füllmenge an.
   b) Wie schwer ist der Trog? 1 dm³ dieses Holzes wiegt 0,7 kg.

9. Der Kerzenständer im Bild rechts ist aus Messing.
1 cm³ des verwendeten Messings wiegt 8,6 g.
   a) Wie viel wiegt der Kerzenständer?
   b) Wie groß ist die Oberfläche des Kerzenständers?

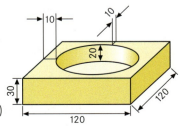

(Maße in mm)

IM BLICKPUNKT

BLECHDOSEN – ZYLINDER MIT VOREGEGEBENEM VOLUMEN

 Für Gemüsekonserven, Fruchtsäfte oder Farben werden oft zylinderförmige Blechdosen als Verpackung verwendet. Dabei ist häufig eine bestimmte Füllmenge (z. B. 1 ℓ; 0,7 ℓ; 0,5 ℓ) vorgegeben.
Durchmesser und Höhe können nach unterschiedlichen Gesichtspunkten festgelegt werden.

Hinweis:
- Besprecht die folgenden Aufgaben gemeinsam, rechnet und zeichnet arbeitsteilig.
- Besprecht und kontrolliert die Ergebnisse in der Gruppe.
- Wählt geeignete Ergebnisse für einen Gruppenvortrag oder ein Ausstellungsplakat aus.

Im Folgenden sehen wir aus Gründen der Einfachheit davon ab, dass die Dosen nicht vollständig gefüllt werden können. Wir betrachten sie immer als Zylinder, deren Volumen der Füllmenge entspricht.
Höhe und Durchmesser bzw. Radius betrachten wir immer als Innenmaße.

1. a) Ein Erfrischungsgetränk wird in 0,33-ℓ-Dosen und in 0,5-ℓ-Dosen angeboten.
      Beide Dosen haben einen Durchmesser von 6,4 cm.
      Wie hoch ist jede Dose?
   b) Wie hoch müsste (1) eine 0,7-ℓ-Dose, (2) eine 1-ℓ-Dose sein, die den gleichen Durchmesser hat wie die 0,5-ℓ-Dose in Teilaufgabe a)?

2. Eine Firma will eine Serie von *Qualitäts-Fertigsuppen* in Dosen auf den Markt bringen. In einer Werbekampagne sollen diese Fertigsuppen als etwas Besonderes herausgestellt werden. Form und Aufmachung der Dosen sollen diesem Produktimage entsprechen. Die Füllmenge soll 500 mℓ betragen.
   a) Legt für die Zuordnung *Radius → Höhe einer zylinderförmigen 500-mℓ-Dose* eine Tabelle für folgende Radien an:
      3 cm; 3,5 cm; 4 cm; ...; 5,5 cm.
   b) Wählt für mehrere verschiedene Entwürfe Werte für r bzw. h aus, die euch geeignet erscheinen.
      Stellt je ein Modell der Dose aus Papier her.
   c) Vergleicht die verschiedenen Modelle und entscheidet euch für einen Entwurf.
      Berücksichtigt auch Aspekte des Umweltschutzes.

3. a) Legt für die Zuordnung *Radius → Höhe einer zylinderförmigen 1-ℓ-Dose* eine Tabelle für folgende Radien an:
      2 cm; 4 cm; ...; 12 cm.
   b) Zeichnet den Graphen der Zuordnung.
      Welche Informationen kann man aus diesem Graphen entnehmen?
   c) Zeichnet den Graphen der Zuordnung *Höhe → Radius einer zylinderförmigen 1-ℓ-Dose*.
      Vergleicht den Graphen mit dem Graphen aus Teilaufgabe b).
      Was fällt auf?

Blechdosen – Zylinder mit vorgegebenem Volumen

 Mit einem Tabellenkalkulationsprogramm könnt ihr verschiedene Maße und den Materialbedarf für Blechdosen berechnen und vergleichen.

4. a) Erstellt ein Tabellenblatt und berechnet für verschiedene Durchmesser die Höhe einer Blechdose mit dem Volumen 0,5 ℓ. Der abgebildete Ausschnitt einer Kalkulationstabelle kann euch als Vorlage dienen.
  b) Erläutert die Formel, die ihr in den Zellen B7 bis B12 eingegeben habt.
  c) Verdoppelt und verdreifacht das Volumen in Zelle B3. Beschreibt die Auswirkungen dieser Änderung auf die Höhe der Blechdose.

	A	B
1	Zylinderberechnungen	
3	Volumen (in cm³)	500
5	Durchmesser d	Höhe h
6	(in cm)	(in cm)
7	3,00	70,74
8	4,00	39,79
9	5,00	25,46
10	6,00	17,68
11	7,00	12,99
12	8,00	9,95

5.

	A	B	C
1	Zylinderberechnungen		
3	Volumen (in cm³)	500	
5	Durchmesser d	Höhe h	Material
6	(in cm)	(in cm)	(in cm²)
7	3,00	70,74	680,80
8	4,00	39,79	525,13
9	5,00	25,46	439,27
10	6,00	17,68	389,88
11	7,00	12,99	362,68
12	8,00	9,95	350,53

a) Erweitert euer Tabellenblatt wie in der Abbildung links. Berechnet den Materialbedarf der zylinderförmigen Dose.
b) Bestimmt mithilfe der Kalkulationstabelle den kleinstmöglichen Materialbedarf für eine zylinderförmige Blechdose mit dem Volumen (1) 500 cm³; (2) 750 cm³.

6. Im Handel gibt es unterschiedliche Dosen, z. B. (Maße in cm)

Material/Inhalt	Aluminium 0,33 ℓ	Aluminium 0,25 ℓ	Weißblech 850 mℓ	Weißblech 580 mℓ	Weißblech 425 mℓ	Weißblech 300 mℓ	Weißblech 290 mℓ
Durchmesser	6,6	5	10	8,3	8,3	9,8	6,4
Höhe	11,5	12	11,2	10,8	8,0	4,2	9,3

a) Die Dosen können aus technischen Gründen nicht ganz gefüllt werden.
Übertragt die Daten in ein Tabellenblatt.
Berechnet für jede Dose das tatsächliche Volumen und die prozentuale Füllung.
b) Überprüft, ob die Dosen optimiert sind, das heißt, ob für das tatsächliche Volumen der kleinstmögliche Materialbedarf verwendet wird.
c) Besprecht, welche Gründe es gibt, eine Dose nicht zu optimieren.

7. Entwickelt in Partnerarbeit selbst eine ideale Verpackung.
Macht euch gegenseitig Vorgaben, z. B. Volumen und Höhe einer Dose, und ermittelt dann Vorschläge für sinnvolle Maße.
Präsentiert eure Ergebnisse.

KAPITEL 6
RECHTWINKLIGE DREIECKE

Auswinkeln

Beim Neubau eines Gebäudes müssen die Seiten der Bodenplatten und die Wände meistens im rechten Winkel zueinander stehen. Die Bauarbeiter sagen, dass sie einen *rechten Winkel schlagen* oder die Bodenplatte *auswinkeln* müssen.

 Erkundigt euch,

>> wie beim Hausbau rechte Winkel geschlagen werden.
>> wie Fliesenleger, Schreiner und andere Handwerker Flächen auswinkeln.

Zwölf-Knoten-Seil

Schon im alten Ägypten sollen mit einem so genannten Zwölf-Knoten-Seil rechtwinklige Dreiecke aufgespannt worden sein. Dieses Verfahren wurde vor allem beim Ausrichten von Altären und Bauwerken genutzt.

>> Ihr könnt diese Methode überprüfen. Markiert dazu auf einem langen Seil zwölf gleich große Abschnitte. Eine Schülerin oder ein Schüler hält Anfang und Ende zusammen, zwei andere versuchen, die Markierungen zu finden, mit denen sich ein rechtwinkliges Dreieck aufspannen lässt.
>> Im Kleinen lässt sich dies auch mit Streichhölzern nachvollziehen.

Gleichschenkliges, rechtwinkliges Dreieck

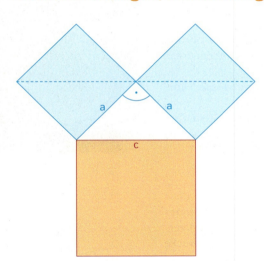

>> Zeichne auf ein Blatt Papier ein gleichschenkliges, rechtwinkliges Dreieck und die Seitenquadrate wie in der Abbildung.
>> Schneide die Quadrate aus und zerschneide die kleinen Quadrate längs der eingezeichneten Diagonalen.
>> Vergleiche die Flächeninhalte der Quadrate.

IN DIESEM KAPITEL LERNST DU ...

... was der Satz des Thales aussagt.
... was der Satz des Pythagoras aussagt.
... wie man überprüfen kann, ob ein Dreieck rechtwinklig ist.
... wie man in rechtwinkligen, aber auch anderen Dreiecken Seitenlängen berechnen kann.

SATZ DES THALES

EINSTIEG

Zeichne mit einer Dynamischen Geometrie-Software eine Strecke $\overline{AB}$ und einen Halbkreis über dieser Strecke.

» Binde einen Punkt C auf diese Kreislinie. Verbinde die Punkte A, B und C zu einem Dreieck. Miss die Größe des Winkels γ bei C und bewege den Punkt auf der Kreislinie. Was stellst du fest?
» Löse den Punkt C von der Kreislinie und bewege ihn innerhalb des Halbkreises. Was kannst du jetzt über die Größe des Winkles γ feststellen?
» Bewege den Punkt nun außerhalb des Halbkreises. Was kannst du jetzt erkennen?

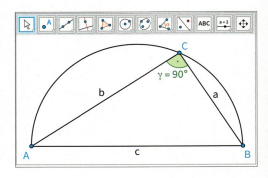

AUFGABE

1. Rechts seht ihr eine Zirkusarena mit zwei Zugängen A und B, die genau gegenüberliegen.
Julia sitzt an der Stelle C und will den Auftritt des Clowns filmen. Sie erwartet ihn am Eingang A. Doch der Clown betritt die Arena bei B.
Um wie viel Grad muss Julia ihre Filmkamera drehen?
Untersucht das auch für andere Stellen am Rand der Arena. Formuliert eure Vermutung.

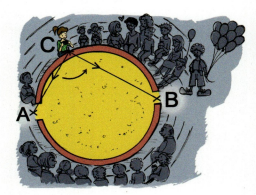

Lösung

Zeichnet zunächst einen Halbkreis über der Strecke $\overline{AB}$. Wählt – jeder einen anderen – Punkt C auf dem Halbkreis und verbindet ihn mit den Endpunkten der Strecke $\overline{AB}$. Ihr erhaltet jeweils ein Dreieck ABC. Messt den Winkel γ.
Wenn ihr genau gezeichnet und genau gemessen habt, findet ihr stets einen rechten Winkel bei C.
Man kann vermuten:
Zeichnet man einen Halbkreis über einer Strecke $\overline{AB}$ und verbindet man irgendeinen Punkt C dieses Halbkreises mit den Endpunkten A und B, so erhält man stets ein rechtwinkliges Dreieck ABC.

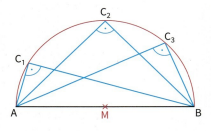

Rechtwinklige Dreiecke

INFORMATION

(1) Satz des Thales
Für jedes Dreieck ABC, bei dem der Punkt C auf dem Halbkreis über der Strecke $\overline{AB}$ liegt, gilt:
Das Dreieck ABC ist rechtwinklig mit $\gamma = 90°$.
Einen solchen Halbkreis über einer Strecke (Durchmesser) nennt man auch **Thaleskreis**.

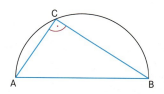

(2) Geschichtliches
Der erste namentlich bekannte griechische Mathematiker ist Thales (ca. 624 – 547 v. Chr.). Er stammte aus einer Kaufmannsfamilie in der ionischen Handelsstadt Milet und verfügte über Zeit und Mittel, Reisen nach Babylonien, Persien, Ägypten zu unternehmen, um sich das Wissen der damaligen Zeit anzueignen.
Er soll viele Sätze der Geometrie entdeckt und bewiesen haben.

Thales

(3) Beweis des Satzes von Thales
Wir verbinden den Mittelpunkt M der Strecke $\overline{AB}$ mit einem Punkt C auf dem Halbkreis über $\overline{AB}$. Die Strecken $\overline{MA}$, $\overline{MB}$ und $\overline{MC}$ sind Radien des Kreises um M und daher gleich lang. Folglich sind die Dreiecke AMC und BCM gleichschenklig.
Mithilfe des Basiswinkelsatzes folgt:
$\alpha = \gamma_1$; $\beta = \gamma_2$.
Da $\gamma_1 + \gamma_2 = \gamma$, gilt auch $\alpha + \beta = \gamma$.
Nach dem Innenwinkelsatz für Dreiecke gilt:
$\alpha + \beta + \gamma = 180°$
Wegen $\alpha + \beta = \gamma$ folgt:
$\gamma + \gamma = 180°$, also: $\gamma = 90°$

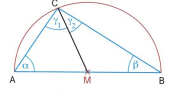

AUFGABE

2. Konstruiere ein rechtwinkliges Dreieck ABC aus $c = 3{,}5\,\text{cm}$, $\alpha = 44°$ und $\gamma = 90°$.

Lösung
Der rechte Winkel γ liegt über der gegebenen Seite $\overline{AB}$. Der Punkt C ist der Schnittpunkt eines Schenkels des Winkels α mit dem Thaleskreis.

Planfigur:

Konstruktionsbeschreibung
(1) Zeichne eine Strecke $\overline{AB}$ mit $c = 3{,}5\,\text{cm}$.
(2) Trage in A den Winkel α der Größe 44° an.
(3) Konstruiere über der Strecke $\overline{AB}$ den Thaleskreis. Er schneidet den freien Schenkel des Winkels α im Punkt C.
(4) Verbinde B und C.
ABC ist das gesuchte Dreieck.

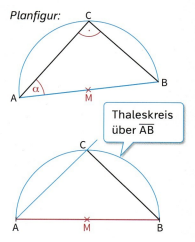

Thaleskreis über $\overline{AB}$

Kapitel 6

FESTIGEN UND WEITERARBEITEN

3. Konstruiere mithilfe des Satzes von Thales ein rechtwinklig-gleichschenkliges Dreieck ABC mit der Basis: **a)** c = 4,7 cm **b)** a = 5,1 cm **c)** b = 6,4 cm

4. In dem Kreis sind mehrere Strecken und Winkel eingetragen.
  a) In der Abbildung sind mehrere Sehnen zu finden. Gib deren Anfangs- und Endpunkte an.
  b) Welche zwei Winkel ergeben zusammen die Summe 90°?
  c) Klara meint, dass die Dreiecke BCM und ABM gleichschenklige Dreiecke sind. Hat sie recht? Begründe
  d) δ ist 25° groß. Berechne α, β, γ und ε.

> Eine Sehne ist eine Verbindungsstrecke von zwei Punkten auf dem Kreis.

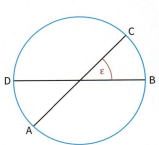

5. Zeichne einen Kreis und zwei Durchmesser so, dass sie den Winkel ε bilden. Wähle unterschiedliche Winkelmaße für ε. Zeichne das Viereck ABCD.
Welche Vierecke entstehen? Begründe.

6. Gegeben ist eine Gerade g und ein Punkt P, der nicht auf g liegt.
Konstruiere mithilfe des Thaleskreises die Senkrechte zu g durch P.
Beschreibe dein Vorgehen.

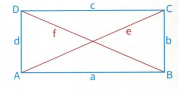

ÜBEN

7. Konstruiere mithilfe des Satzes von Thales ein rechtwinkliges Dreieck aus den gegebenen Stücken. Beginne mit der Seite, die dem rechten Winkel gegenüberliegt. Beschreibe die Konstruktion.
  a) c = 4,8 cm
     a = 2,5 cm
     γ = 90°
  b) a = 7,2 cm
     c = 4,3 cm
     α = 90°
  c) b = 6,3 cm
     γ = 37°
     β = 90°
  d) c = 8 cm
     γ = 90°
     α = 42°

8. Gegeben ist ein Kreis mit dem Radius r = 3,4 cm. Konstruiere ein Rechteck, dessen Ecken auf dem Kreis liegen; eine Seite des Rechtecks soll 2,1 cm lang sein.

9. a) Konstruiere ein Rechteck ABCD aus
  (1) e = 5,0 cm; b = 1,8 cm; (2) f = 6,4 cm; c = 5,1 cm.
b) Konstruiere ein Quadrat ABCD aus
  (1) e = 4,6 cm; (2) e = 6,4 cm.

10. Berechne die markierten Winkel.
Skizziere die Figur vergrößert in dein Heft und trage die Winkelgrößen ein, die du aus den gegebenen Winkelgrößen nacheinander berechnen kannst.

a)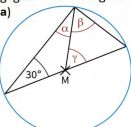
b)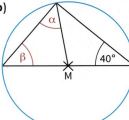
c)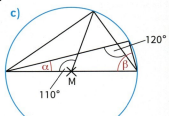

Rechtwinklige Dreiecke

SATZ DES PYTHAGORAS

EINSTIEG

» Zeichnet drei Quadrate mit den Seitenlängen 3 cm, 4 cm und 5 cm.
» Teilt die Quadrate, wie in den Bildern rechts, in kleine 1 cm² große Quadrate ein.

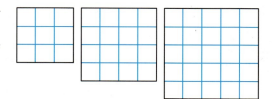

» Schneidet die drei Quadrate aus und legt sie so, wie im Bild rechts, aneinander. Ihr könnt die Quadrate auch ins Heft kleben.
» Welches besondere Dreieck entsteht in der Mitte? Überprüft.
» Vergleicht die beiden kleinen Quadrate über den Dreiecksseiten mit dem großen Quadrat.
» Was stellt ihr fest?
» Überprüft euer Ergebnis an anderen rechtwinkligen Dreiecken.

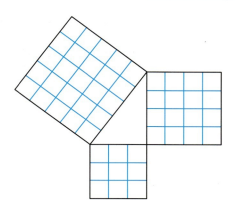

INFORMATION

Hypotenuse (griech.)
hypo – unten
teinein – spannen
Kathete (griech.)
kathetos – Senkblei

(1) Bezeichnungen im rechtwinkligen Dreieck

In einem *rechtwinkligen Dreieck* nennt man die dem rechten Winkel gegenüberliegende Seite **Hypotenuse**.
Die dem rechten Winkel anliegenden Seiten heißen **Katheten** des rechtwinkligen Dreiecks.

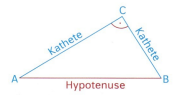

Pythagoras von Samos
griechischer Philosoph
(ca. 570 bis 510 v. Chr.)

(2) Satz des Pythagoras

In jedem *rechtwinkligen* Dreieck ist der Flächeninhalt des Hypotenusenquadrates gleich der Summe der Flächeninhalte der beiden Kathetenquadrate.
$c^2 = a^2 + b^2$ für $\gamma = 90°$

Das Hypotenusenquadrat ist genauso groß wie die beiden Kathetenquadrate zusammen.

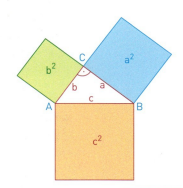

INFORMATION

• **(3) Beweis des Satzes des Pythagoras**

(1) 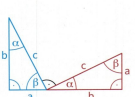 (2) 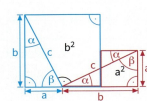 (3) 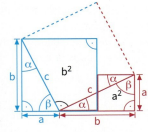 (4)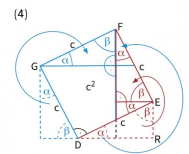

Zu Bild (1): Wir zeichnen zwei zueinander kongruente rechtwinklige Dreiecke mit den Katheten a und b. Dabei sollen die blaue Kathete a und die rote Kathete b einen gestreckten Winkel bilden. α und β sind zusammen 90° groß. Also bilden die blaue und die rote Hypotenuse auch einen rechten Winkel.

Zu Bild (2): Über der blauen Kathete b zeichnen wir ein blaues Quadrat und über der roten Kathete a ein rotes Quadrat.

Zu Bild (3): Mit den einzelnen Teilen der Figur wollen wir das Quadrat über der blauen bzw. roten Hypotenuse c auslegen.

Zu Bild (4): Dazu drehen wir das blau-umrandete Dreieck um G um 270° im Uhrzeigersinn sowie das rot-umrandete Dreieck um E um 270° entgegen dem Uhrzeigersinn. Wir erhalten ein Quadrat der Seitenlänge c.

Durch Flächenvergleich entsprechend gefärbter Stücke in (2) und (3) erkennen wir:
$c^2 = a^2 + b^2$.

AUFGABE

1. *Berechnen von Seitenlängen in rechtwinkligen Dreiecken mit dem Satz des Pythagoras*
 a) Wie lang ist der See?   b) Wie lang sind die rechten Dachsparren?

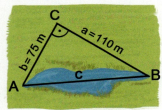 

Lösung

a) Nach dem Satz des Pythagoras gilt:
$c^2 = a^2 + b^2$
$c = \sqrt{a^2 + b^2}$

Einsetzen ergibt:
$c = \sqrt{(110\,\text{m})^2 + (75\,\text{m})^2}$
$c \approx 133\,\text{m}$

Ergebnis:
Der See ist ca. 133 m lang.

b) Nach dem Satz des Pythagoras gilt:
$a^2 + b^2 = c^2 \quad | -b^2$
$a^2 = c^2 - b^2$
$a = \sqrt{c^2 - b^2}$

Einsetzen ergibt:
$a = \sqrt{(7{,}00\,\text{m})^2 - (3{,}50\,\text{m})^2}$
$a \approx 6{,}06\,\text{m}$

Ergebnis:
Die rechten Dachsparren sind 6,06 m lang

FESTIGEN UND WEITERARBEITEN

2. In der Figur findest du mehrere rechtwinklige Dreiecke.
Notiere sie und gib jeweils eine Gleichung nach dem Satz des Pythagoras an.

a) 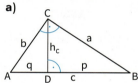   b) 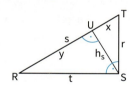   c)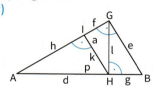

3. Berechne die Länge x der roten Strecke (Maße in cm).

a) 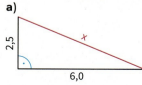   b) 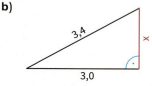   c)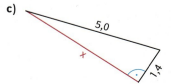

4. Berechne den Umfang des dreieckigen Grundstücks.

Die Hypotenuse ist nicht immer die Seite c.

5. Gegeben ist ein rechtwinkliges Dreieck ABC. Skizziere zunächst eine Planfigur und markiere die Strecke farbig, deren Länge gesucht ist. Stelle dann mithilfe des Satzes des Pythagoras eine Gleichung für die gesuchte Länge auf. Berechne nun die Länge der dritten Seite.

a) $a = 3{,}0\,cm$; $b = 8{,}0\,cm$; $\gamma = 90°$
b) $a = 3{,}0\,cm$; $b = 8{,}0\,cm$; $\beta = 90°$
c) $a = 6{,}0\,cm$; $c = 7{,}0\,cm$; $\beta = 90°$
d) $a = 6{,}0\,cm$; $c = 7{,}0\,cm$; $\gamma = 90°$
e) $b = 6{,}0\,cm$; $c = 8{,}0\,cm$; $\alpha = 90°$
f) $b = 6{,}0\,cm$; $c = 8{,}0\,cm$; $\gamma = 90°$

ÜBEN

6. a) Skizziere die rechtwinkligen Dreiecke, färbe die Katheten blau, die Hypotenusen rot.
Gib für die Dreiecke jeweils die Gleichung nach dem Satz des Pythagoras an.

(1) 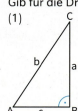   (2) 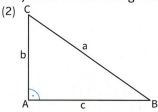   (3)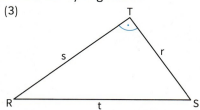

b) Stelle die Gleichungen aus Teilaufgabe a) jeweils nach den anderen Variablen um.

7. Berechne die Länge x der roten Strecke (Maße in cm).

a)    b) 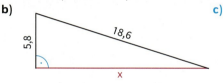   c)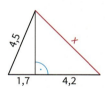

8. Wie lang sind die Diagonalen?
a) Die Seitenlänge eines Quadrats beträgt 4,5 cm.
b) Ein Rechteck ist 4,8 cm lang und 3,6 cm breit.

9. a) Die Diagonale eines Quadrats ist 9,4 cm lang. Berechne die Seitenlänge des Quadrats.
 b) Ein Rechteck ist doppelt so lang wie breit. Seine Diagonale ist 8,5 cm lang.
 Wie lang sind die Seiten des Rechtecks?

10. Kontrolliere die angegebenen Gleichungen. Berichtige gegebenenfalls.

Jakob

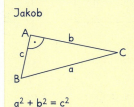

$a^2 + b^2 = c^2$

Katharina

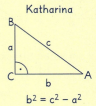

$b^2 = c^2 - a^2$

Lars

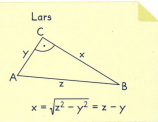

$x = \sqrt{z^2 - y^2} = z - y$

Planfigur

11. In einem rechtwinkligen Dreieck ABC mit $\gamma = 90°$ sind gegeben:
 a) a = 8 cm **b)** a = 12 cm **c)** c = 17 cm **d)** b = 12 cm **e)** a = 16 cm
 b = 6 cm b = 5 cm a = 8 cm c = 15 cm c = 20 cm
Berechne im Kopf die Länge der dritten Dreiecksseite.

12. In einem rechtwinkligen Dreieck ABC sind gegeben:
 a) a = 7,0 cm **b)** a = 10,0 dm **c)** b = 4,1 km **d)** a = 8 mm **e)** a = 3,4 cm
 b = 3,0 cm c = 6,0 dm c = 3,5 km b = 12 mm c = 5,1 cm
 $\gamma = 90°$ $\alpha = 90°$ $\alpha = 90°$ $\beta = 90°$ $\beta = 90°$
Berechne die Länge der dritten Seite, den Umfang und den Flächeninhalt des Dreiecks.

13. Von A nach B führt eine schmale, meist stark befahrene Straße.
Um wie viel Prozent ist der Umweg von A nach B über C länger als die Abkürzung $\overline{AB}$?

14. Durch einen Sturm ist eine 40 m hohe Fichte in 8,75 m Höhe abgeknickt.
Wie weit liegt die Spitze etwa vom Stamm entfernt?

15. a) Markiere jeweils in einem Koordinatensystem (Einheit 1 cm) die beiden Punkte A und C.
Berechne die Entfernung dieser Punkte. Benutze hierzu ein geeignetes Hilfsdreieck.
Kontrolliere das Ergebnis in deiner Zeichnung.
 (1) A(−3|1) (4) A(−4|−6)
 C(3|4) C(7|4)
 (2) A(2|7) (5) A(1,3|7,8)
 C(7|4) C(8,6|2,4)
 (3) A(−7|−3) (6) A(−4,1|−2,3)
 C(−2|−1) C(5,4|−1,8)
b) Welchen Abstand haben die Punkte A(3|4), B(7|9), C(−1|5), D(2|−4), E(−3|−1) jeweils vom Koordinatenursprung (Einheit 1 cm)?

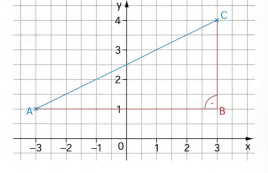

16. Im Koordinatensystem (Einheit 1 cm) sind die Punkte A, B und C gegeben. Berechne den Umfang und den Flächeninhalt des Dreiecks ABC.
   a) A(1|2); B(6|4); C(4|7)   **b)** A(−4|−2); B(5|−4); C(0|3)

17. Auf dem Wanderweg von A nach B ist durch eine Brücke ein Hindernis zu überwinden.
Berechne mit den Kilometerangaben die Länge der Brücke.

18. Jonas lässt im Herbstwind seinen Drachen steigen. Die 35 m lange Schnur hat er dabei vollständig ausgerollt. So kann der Drachen weit nach oben steigen. Josi steht 25 m von Jonas entfernt genau unter dem Drachen. Sie schätzt, dass der Drachen eine Höhe von 20 m erreicht hat. Hat sie recht?

19. Ein Fahnenmast soll mit 12 m langen Stützen abgesichert werden. Sie werden 5 m vom Mast entfernt am Boden verankert. In welcher Höhe müssen sie am Mast befestigt werden?

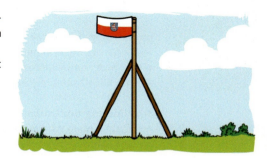

20. Ein dreieckiges, rechtwinkliges Grundstück hat einen Flächeninhalt von 433,50 m². Die kürzeste Seite ist 25,5 m lang.
Berechne den Umfang des Grundstücks.

21. a) Zeichne ein rechtwinklig-gleichschenkliges Dreieck mit der Basis c = 4 cm. Konstruiere das Hypotenusenquadrat und die beiden Kathetenquadrate.
Ergänze die Figur wie im Bild links. Wie groß sind alle sieben Quadrate zusammen?
b) Setze die in Teilaufgabe a) erhaltene Figur um eine weitere Stufe fort.
  (1) Wie groß sind alle Quadrate zusammen?
  (2) Berechne auch den Umfang der Gesamtfigur.

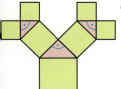

22. Von einem Quadrat der Seitenlänge a + b werden vier kongruente Dreiecke mit den Kathetenlängen a und b und der Hypotenusenlänge c abgeschnitten.
Begründe, dass die Restfigur ein Quadrat ist, und beweise durch Rechnung, dass $c^2 = a^2 + b^2$ gilt (Satz des Pythagoras).

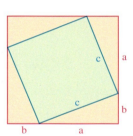

UMKEHRUNG DES SATZES DES PYTHAGORAS

EINSTIEG

Beim Bau eines Hauses sollen die Grundmauern senkrecht aufeinander treffen. Dazu stecken zwei Auszubildende ein Dreieck mit 3 m, 4 m und 5 m langen Seilen ab. Für das Dreieck gilt:
$(3\,\text{m})^2 + (4\,\text{m})^2 = (5\,\text{m})^2$
Sie behaupten: Das abgesteckte Dreieck ist rechtwinklig.

» Stimmt das?

INFORMATION

Umkehrung des Satzes des Pythagoras
Wenn für die Seitenlängen eines Dreiecks ABC gilt:
$a^2 + b^2 = c^2$, dann ist das Dreieck bei C rechtwinklig ($\gamma = 90°$).
Hiermit kann man überprüfen, ob ein Dreieck rechtwinklig ist.

Begründung der Umkehrung des Satzes des Pythagoras
Wir können ohne Winkelmessung begründen, dass diese Umkehrung gilt. Zur Begründung gehen wir von einem rechtwinkligen Dreieck ABC aus (Bild links).

(1) 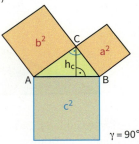   (2) 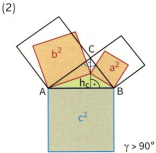   (3)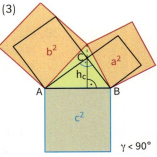

Nach dem Satz des Pythagoras gilt:
$a^2 + b^2 = c^2$

Wir verschieben den Punkt C längs der Höhe h_c nach unten. Es entsteht ein stumpfwinkliges Dreieck ($\gamma > 90°$). Durch die Verschiebung werden die Seiten a und b kürzer, also gilt: $a^2 + b^2 < c^2$

Wir verschieben den Punkt C längs der Verlängerung der Höhe h_c nach oben. Es entsteht ein spitzwinkliges Dreieck ($\gamma < 90°$). Durch die Verschiebung werden die Seiten a und b länger, also gilt: $a^2 + b^2 > c^2$

Wir sehen: Die Gleichung $a^2 + b^2 = c^2$ gilt nur für rechtwinklige Dreiecke, sonst nicht.

FESTIGEN UND WEITERARBEITEN

1. Von einem Dreieck ABC sind die drei Seiten a, b und c gegeben. Entscheide mit einer Rechnung, ob das Dreieck rechtwinklig ist.
   a) $a = 5{,}1\,\text{cm}$, $b = 8{,}5\,\text{cm}$, $c = 6{,}8\,\text{cm}$ b) $a = 6{,}5\,\text{cm}$, $b = 2{,}8\,\text{cm}$, $c = 6{,}0\,\text{cm}$

ÜBEN

2. Ein Parallelogramm hat die Seitenlängen 4,5 cm und 6,0 cm. Eine Diagonale ist 7,5 cm lang. Entscheide mit einer Rechnung, ob das Parallelogramm ein Rechteck ist.

3. Entscheide, ob das Dreieck ABC rechtwinklig, stumpfwinklig oder spitzwinklig ist.

a) a = 8 cm	b) a = 7 m	c) a = 5 cm	d) a = 13 dm	e) a = 23 mm
b = 6 cm	b = 9 m	b = 4 cm	b = 5 dm	b = 17 mm
c = 10 cm	c = 11 m	c = 3 cm	c = 12 dm	c = 29 mm

> Die Hypotenuse ist immer die längste Seite im rechtwinkligen Dreieck.

4.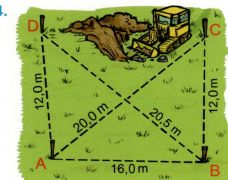

Auf einem Grundstück sind vier Pfähle A, B, C und D gesetzt worden, um die Ecken des zu bauenden Hauses abzustecken. Das Haus soll einen rechteckigen Grundriss mit den Seitenlängen 16 m und 12 m haben. Die Pfähle haben die in der Zeichnung angegebenen Abstände. Welcher der Winkel bei A bzw. B ist ein rechter Winkel, welcher nicht?
Welcher Pfahl steht falsch?
Wie muss er bezüglich seines Standortes verändert werden?

5. a) Konstruiere ein Dreieck ABC mit a = 6 cm, b = 8 cm und c = 10 cm. Prüfe, ob es rechtwinklig ist. Begründe.
b) Man nennt das Zahlentripel (6; 8; 10) aus natürlichen Zahlen **pythagoreisches Zahlentripel**. Ebenso ist (3; 4; 5) ein solches Zahlentripel. Entscheide, ob pythagoreische Zahlentripel vorliegen.
    (1) (9; 12; 15)   (2) (15; 20; 25)   (3) (5; 12; 13)   (4) (7; 18; 19)
c) Finde weitere pythagoreische Zahlentripel. Findest du eine Gesetzmäßigkeit?

6. Zeichne mit dynamischer Geometrie-Software ein Dreieck ABC.
Konstruiere dann über den Seiten Quadrate; lass den Winkel bei C und die Flächeninhalte der Quadrate berechnen. Verändere die Form des Dreiecks und untersuche, für welche Dreiecke $a^2 + b^2 = c^2$ gilt.

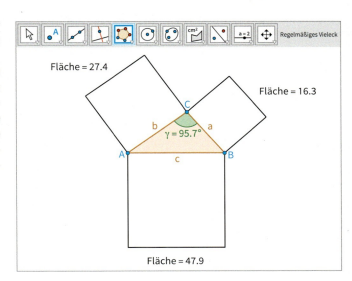

7. a) Auf dem Bild auf Seite 135 wird mithilfe eines „12-Knotenseils" ein Dreieck abgesteckt. Erkläre, warum es rechtwinklig ist.
b) Kann man auch mit einem „30-Knotenseil" ein rechtwinkliges Dreieck abstecken? Begründe.

BERECHNEN VON LÄNGEN MITHILFE VON RECHTWINKLIGEN TEILDREIECKEN

EINSTIEG

Eine Stehleiter ist zusammengeklappt 2,10 m lang. Wenn sie aufgestellt ist, sind die Fußenden 1,40 m weit voneinander entfernt.

» Wie hoch reicht die Leiter?
» Berichtet, wie ihr vorgegangen seid.

AUFGABE

1. In den Giebel eines Hauses soll eine große Glasfront, die die Form eines gleichschenkligen Trapezes hat, eingebaut werden. Berechne den Flächeninhalt der Glaskonstruktion.

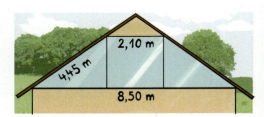

Lösung

In das Trapez zeichnen wir zwei Höhen so ein, dass rechts und links jeweils ein rechtwinkliges Dreieck entsteht.
Da das Trapez gleichschenklig ist, sind die unteren Katheten der Dreiecke jeweils 3,20 m lang.
Die Trapezhöhe h berechnen wir nun mit dem Satz des Pythagoras:
$h^2 = (4{,}45\,m)^2 - (3{,}20\,m)^2$
$h = \sqrt{(4{,}45\,m)^2 - (3{,}20\,m)^2}$
$h \approx 3{,}09\,m$

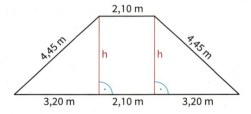

Damit erhalten wir: $A = \frac{a+c}{2} \cdot h$

$A = \frac{8{,}50\,m + 2{,}10\,m}{2} \cdot 3{,}09\,m$

$A \approx 16{,}38\,m^2$

Ergebnis: Die Glaskonstruktion ist 16,38 m² groß.

FESTIGEN UND WEITERARBEITEN

2. a) Von den drei Größen a, b und e eines Rechtecks ABCD sind zwei gegeben. Berechne die dritte.
(1) a = 8,0 cm; b = 5,0 cm
(2) a = 1,4 m; e = 3,8 m
(3) e = 8,9 dm; b = 4,7 dm
(4) a = 1,2 cm; b = 2,0 cm
b) Gib eine Gleichung für die Länge e der Diagonale eines Rechtecks an.

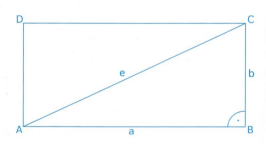

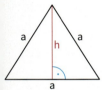

3. a) Gegeben ist ein gleichseitiges Dreieck mit der Seitenlänge a = 4,5 cm.
Berechne die Höhe h und den Flächeninhalt A des Dreiecks.
b) Gegeben ist ein gleichseitiges Dreieck, dessen Höhe 4 cm beträgt.
Berechne die Seitenlänge a, den Flächeninhalt A und den Umfang u des Dreiecks.

4. a) Von einem gleichschenkligen Trapez ABCD sind gegeben:
b = d = 5 cm; c = 4 cm; h = 4 cm
Berechne die Seitenlänge a.
b) Von einem (nicht gleichschenkligen) Trapez ABCD sind gegeben:
b = 3,6 cm; d = 2,2 cm; c = 3,1 cm; h = 2 cm
Berechne die Seitenlänge a.

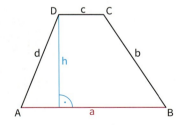

INFORMATION

Strategie zum Berechnen von Längen in ebenen Figuren
Man kann mithilfe des Satzes des Pythagoras auch Seitenlängen in ebenen Figuren, z. B. im gleichseitigen Dreieck, im Rechteck oder im Trapez, berechnen.
Dazu muss man in der Figur rechtwinklige Dreiecke suchen oder durch eine geeignete Hilfslinie ein rechtwinkliges Dreieck in die Figur einzeichnen.

Beispiel:
Von einem Trapez sind die Seiten a, b, d und die Höhe h bekannt.
Wie lang ist die Seite c?

- Wir zeichnen die Höhen so ein, dass zwei rechtwinklige Dreiecke entstehen.
- x berechnen wir aus $d^2 = x^2 + h^2$
- y berechnen wir aus $b^2 = y^2 + h^2$
- Für c gilt dann: c = a − x − y

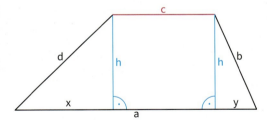

ÜBEN

5. Von den drei Größen Basislänge g, Schenkellänge s und Höhe h zur Basis eines gleichschenkligen Dreiecks sind zwei gegeben.
Berechne die dritte Größe, den Flächeninhalt A und den Umfang u.
- **a)** g = 6,0 cm
  s = 4,0 cm
- **b)** s = 5,5 dm
  h = 3,5 dm
- **c)** h = 24 mm
  g = 45 mm
- **d)** g = 8,3 m
  s = 6,7 m

6. Ein gleichschenkliges Dreieck ist durch die Basislänge g und die Schenkellänge s gegeben.
Leite eine Formel für die Höhe h und den Flächeninhalt A her.

7. Von einem rechtwinkligen Dreieck sind der Flächeninhalt A = 12,0 cm² und ein b = 4,0 cm gegeben.
Berechne den Umfang des Dreiecks.

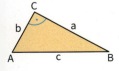

8.  In einer Feriensiedlung werden Dachhäuser wie im Bild errichtet.
  a) Wie hoch sind die Dachhäuser?
  b) Die Giebelflächen sollen mit Holz verkleidet werden.
     Wie viel Quadratmeter Holz werden für eine Seite mindestens benötigt?

9. Von den drei Größen a, e und f einer Raute sind zwei gegeben. Berechne die dritte Größe, den Flächeninhalt A und den Umfang u.
  a) e = 5,0 cm; f = 7,0 cm
  b) a = 6,0 dm; e = 9,0 dm
  c) a = 4,9 km; f = 3,1 km
  d) e = 4,7 m;   f = 3,3 m

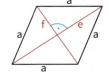

10. Berechne die Länge a der Grundseite des nebenstehenden gleichschenkligen Trapezes sowie den Flächeninhalt und den Umfang (Maße in cm).

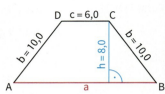

11. Ein gleichschenkliges Trapez ABCD mit AB ∥ CD hat die Seitenlängen a = 6,0 cm, c = 4,0 cm, b = 2,5 cm. Berechne den Flächeninhalt und den Umfang.

12. Von einem Kreis sind gegeben:
  a) Radius r = 6,0 cm und Sehnenlänge s = 8,3 cm. Berechne den Abstand h des Mittelpunktes von der Sehne.
  b) Radius r = 5,0 cm und Mittelpunktabstand h = 3,4 cm. Berechne die Länge der Sehne.
  c) Sehnenlänge s = 8,0 cm und Mittelpunktabstand h = 3,0 cm. Berechne den Radius.
  d) Leite jeweils eine Formel für die gesuchte Größe her.

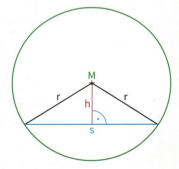

13. Von dem Drachenviereck sind gegeben: a = 6,0 cm, e = 8,0 cm und f = 5,0 cm. Berechne den Umfang.

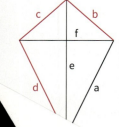

14. a) Ein Schenkel eines rechtwinklig-gleichschenkligen Dreiecks ist 7,5 cm lang.
  Berechne Umfang und Flächeninhalt des Dreiecks.
  b) Die Höhe h auf der Basis g eines gleichschenklig-rechtwinkligen Dreiecks beträgt 6,2 cm.
  Berechne die Länge der Schenkel und der Basis.

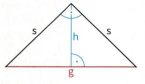

15. a) Gegeben ist ein Quadrat durch die Seite a.
  (1) Leite die Formel e = a · √2 für die Länge e der Diagonalen eines Quadrates her.
  ... hne die Länge der Diagonalen für a = 7,0 cm.
  ... ist ein Quadrat durch die Diagonalenlänge e.
  ... echne für e = 12,0 cm die Seitenlänge a und den
  ...ächeninhalt A.
  Leite eine Formel her, mit der man den Flächeninhalt A mithilfe von e berechnen kann.

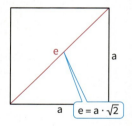

7 PUNKTE SAMMELN ✯✯✯✯✯✯✯ 149

In den Abbildungen siehst du verschiedene Flurstücke.
Berechne jeweils ihren Umfang und den Flächeninhalt.

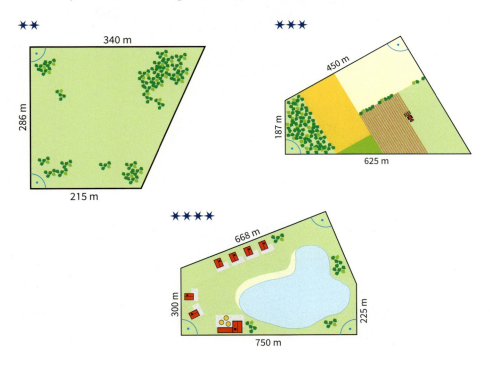

Mit der *Fichtelberg-Schwebebahn* in Oberwiesenthal erreichen die Skibegeisterten die wichtigsten Abfahrtsstrecken am Fichtelberg. Die Trasse ist 1 175 m lang und überwindet einen Höhenunterschied von 303 m.

✯✯
Zeichne in einem geeigneten Maßstab den Querschnitt der Trasse und miss den durchschnittlichen Steigungswinkel.

✯✯✯
Wie lang erscheint die Trasse auf einer Wanderkarte (Maßstab 1 : 50 000)?

✯✯✯✯
Die Fahrgeschwindigkeit der Gondeln beträgt 7,0 $\frac{m}{s}$.
Wie lange dauert danach die Fahrt?
Im Internet findet man die Angabe 3 min 33 s.
Vergleiche und erkläre.

VERMISCHTE UND KOMPLEXE ÜBUNGEN

1. Berechne Umfang und Flächeninhalt des Dreiecks ABC.

a)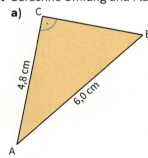

b)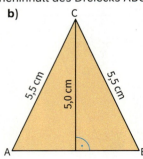

c)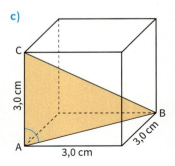

2.

Auf die Dachreling eines Pizza-Taxis sollen zwei rechteckige Platten für Werbung aufgeschraubt und oben verbunden werden. Das Auto ist 1,43 m hoch, die Dachreling 1,39 m breit. Das Auto soll unter einem 2,50 m hohen Carport stehen.
Wie breit dürfen die Platten höchstens sein? Nimm einen Sicherheitsabstand von 10 cm an.

3. Eine Tür ist 0,82 m breit und 1,97 m hoch. Eine 2,10 m breite und 3,40 m lange Holzplatte soll durch die Tür getragen werden. Ist das möglich? Begründe.

4. a) Berechne den Flächeninhalt des Dreiecks ABC. Wie groß ist die rote Fläche?

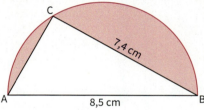

b) Berechne den Flächeninhalt des Vierecks ABCD. Wie groß ist die rote Fläche?

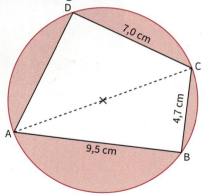

Ein Fernsehapparat hat das Format 21 : 9. Seine Bildschirmbreite beträgt 147 cm. Wie lang ist die Bildschirmdiagonale?

 Ein Hersteller macht folgende Angaben:
• Bildschirmbreite: 105 cm
• Bildschirmhöhe: 45 cm
• Bildschirmgröße: 114 cm
Überprüfe die Angaben. Welches Format hat das Fernsehgerät?

5. Die Hersteller von Fernsehapparaten bieten ihre Geräte an
• mit unterschiedlichen Bildschirmgrößen, das sind die Längen der Diagonalen;
• mit zwei Formaten, nämlich 21 : 9 und 16 : 9, das ist das Verhältnis von Breite zu Höhe eines Bildschirms.

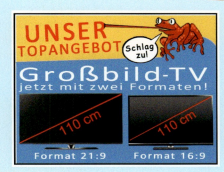

 Der Sehabstand sollte bei einem Fernsehgerät im Format 16 : 9 etwa die fünffache Bildschirmhöhe betragen. Diese Vorgabe wird bei einem Sehabstand von 3,15 m gerade erfüllt. Was kannst du über die Bildschirmgröße sagen?

 Welche Bildschirmbreite und -höhe hat der abgebildete Fernsehapparat mit dem Format 16 : 9?

6. a) Ein 120 m hoher Sendemast soll durch vier Stahlseile abgesichert werden, die in $\frac{3}{4}$ der Höhe befestigt sind. Die Seile sollen 60 m vom Mast entfernt im Boden verankert werden.
Wie viel Meter Seil werden benötigt?
(Das Durchhängen der Seile soll unberücksichtigt bleiben.)

b) In der Mitte zwischen zwei gegenüberliegenden Masten einer Straße ist eine Straßenlaterne befestigt. Der Abstand der Masten beträgt 12 m. Das Seil ist 12,10 m lang.
Wie viel Zentimeter hängt das Seil in der Mitte durch?

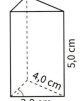

7. a) Berechne das Volumen V und den Oberflächeninhalt A_O des Prismas links.
b) Ein 6,5 cm hohes Prisma hat ein gleichseitiges Dreieck als Grundfläche; das Dreieck hat eine Seitenlänge von 3,8 cm.
Berechne Oberflächeninhalt und Volumen des Prismas.

WAS DU GELERNT HAST

Der Satz des Thales
Wenn $\overline{AB}$ der Durchmesser eines Halbkreises ist und C auf dem Halbkreis liegt, dann ist das Dreieck ABC bei C rechtwinklig.
Einen Halbkreis über einer Strecke nennt man auch **Thaleskreis**.

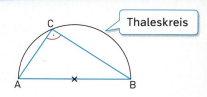

Der Satz des Pythagoras
In jedem rechtwinkligen Dreieck gilt:
Das Hypotenusenquadrat ist genauso groß wie die beiden Kathetenquadrate zusammen.
$c^2 = a^2 + b^2$

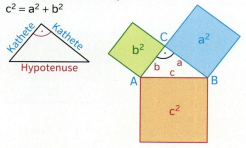

Wie lang ist die Seite x?

Rechnung:
$(8\,\text{cm})^2 + x^2 = (10\,\text{cm})^2 \qquad |-(8\,\text{cm})^2$
$x^2 = (10\,\text{cm})^2 - (8\,\text{cm})^2$
$x = \sqrt{(10\,\text{cm})^2 - (8\,\text{cm})^2}$
$\underline{\underline{x = 6\,\text{cm}}}$

- **Umkehrung des Satzes des Pythagoras**
Gilt für ein Dreieck ABC $a^2 + b^2 = c^2$, dann ist das Dreieck bei C rechtwinklig ($\gamma = 90°$).

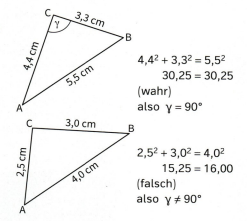

$4{,}4^2 + 3{,}3^2 = 5{,}5^2$
$30{,}25 = 30{,}25$
(wahr)
also $\gamma = 90°$

$2{,}5^2 + 3{,}0^2 = 4{,}0^2$
$15{,}25 = 16{,}00$
(falsch)
also $\gamma \neq 90°$

Strategie zur Berechnung von Längen
Um mit dem Satz des Pythagoras Seitenlängen zu berechnen, sucht man in der Figur nach rechtwinkligen Dreiecken oder zeichnet z. B. eine Höhe ein.

Wie lang sind die Schenkel s?
$h = 4\,\text{cm}; \; g = 6\,\text{cm}$

Rechnung:
$s^2 = h^2 + \left(\frac{g}{2}\right)^2$
$s^2 = (4\,\text{cm})^2 + (3\,\text{cm})^2$
$s = \sqrt{(4\,\text{cm})^2 + (3\,\text{cm})^2}$
$\underline{\underline{s = 5\,\text{cm}}}$

BIST DU FIT?

1. Konstruiere mithilfe des Satzes von Thales ein rechtwinkliges Dreieck ABC mit $\alpha = 90°$, $a = 6{,}4$ cm und $\beta = 34°$.

2. Berechne die Länge der roten Seite.

3.

a) Die Maße eines Satteldaches sind im Bild gegeben.
Berechne die Länge der Dachsparren.

a) Ein Carport hat die in der Zeichnung angegebenen Maße. Die Dachsparren des Pultdaches stehen links und rechts je 30 cm über.
Wie lang sind die Dachsparren?

4. Ein Quader ist 8 cm lang, 5 cm hoch und 3,5 cm breit.
Wie lang ist die Raumdiagonale?

5. Die Querschnittsfläche der Skateboardrampe hat die Form eines gleichschenkligen Trapezes.
  a) Berechne die Höhe der Rampe.
  b) Wie groß ist die Querschnittsfläche?

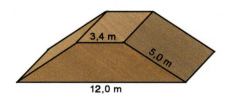

6. Ein Wanderer befindet sich an der Stelle A. Von A aus führt ein fast gerader Weg zu Hütte. Auf der Karte mit dem Maßstab 1:25 000 ist der Weg (Luftlinie) 3,8 cm lang. Die Höhen sind in Meter über dem Meeresspiegel angegeben.
Wie lang ist der Weg in der Wirklichkeit?
Hinweis: Beachte die Höhenlinien.

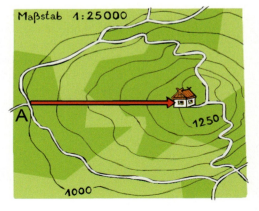

KAPITEL 7
PYRAMIDE – KEGEL – KUGEL

Pyramiden von Gizeh

Die Pyramiden von Gizeh in Ägypten sind das einzige noch erhaltene der sieben Weltwunder der Antike und zählen zu den berühmtesten Bauwerken der Menschheit. Sie wurden zwischen 2620 bis 2500 v. Chr. errichtet.

Die größte von ihnen, die Cheops-Pyramide, hat heute eine Höhe von ca. 140 m. Die Seiten der quadratischen Grundfläche sind ca. 225 m lang.

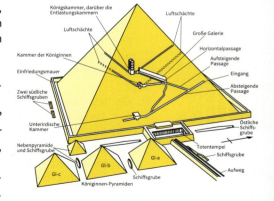

» Schätze, welches Volumen die Cheops-Pyramide hat.
» Wie könnte man das Volumen bestimmen?
» Die Cheops-Pyramide war ein Grabmal für Könige. Sie hat viele Gänge und Kammern, die man zum Teil besichtigen kann.
» Mehr Informationen – auch über das tatsächliche Volumen – findest du im Internet.

Diamantenmine Mirny in Sibirien

Die Diamantenmine in Mirny ist 525 m tief und hat oben einen Durchmesser von 1 200 m. Sie war eine der größten Diamantenminen, heute ist sie nicht mehr in Betrieb. Ein Lkw benötigt zwei Stunden, um von oben bis zum Boden der Mine zu gelangen.

» Welche Form hat die Mine?
  Wie ist sie entstanden?
» Versuche zu schätzen, wie viel Kubikmeter Abraum aus der Mine abtransportiert wurden.

Aquakugeln

Kann man trocken über das Wasser gehen? Mit Aquakugeln geht das, wenn auch nicht ganz einfach. Man muss vor allem das Gleichgewicht halten.

» Beschreibe den Bau der Kugel.
» Schätze den Durchmesser und das Volumen der abgebildeten Kugel.

IN DIESEM KAPITEL LERNST DU …

… weitere Eigenschaften von Pyramide, Kegel und Kugel kennen.
… wie man diese Körper darstellen kann.
… wie man die Oberfläche und das Volumen dieser Körper berechnet.
… wie man Berechnungen an Körpern in Sachaufgaben anwenden kann.

EIGENSCHAFTEN UND DARSTELLUNG VON PYRAMIDEN

EINSTIEG

» Betrachtet die oben abgebildeten Körper.
» Beschreibt ihre Form. Welche Gemeinsamkeiten, welche Unterschiede weisen sie auf?

INFORMATION

Diese Körper sind **Pyramiden.**

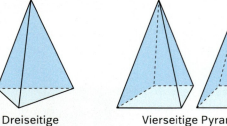

Dreiseitige Pyramide   Vierseitige Pyramiden   Fünfseitige Pyramide   Sechsseitige Pyramide

Jede **Seitenfläche** einer Pyramide ist ein Dreieck.
Ist die **Grundfläche** ein Dreieck (Viereck, Fünfeck, …), so heißt die Pyramide dreiseitige (vierseitige, fünfseitige, …) Pyramide.
Die **Körperhöhe** der Pyramide gibt den Abstand der Spitze von der Grundfläche an.

AUFGABE

1. Zeichne das Schrägbild einer quadratischen Pyramide (Pyramide mit quadratischer Grundfläche) mit der Grundkantenlänge a = 2,7 cm und der Körperhöhe h = 2,1 cm.

> Statt „Körperhöhe" sagt man oft kurz „Höhe".

Lösung

> Verdeckte Kanten werden gestrichelt gezeichnet.

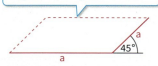 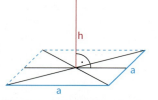 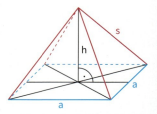

Zeichne ein Schrägbild der quadratischen Grundfläche (Verzerrungswinkel 45°; Verkürzung auf die Hälfte). | Zeichne vom Mittelpunkt der Grundfläche aus die Höhe h ein (vom Schnittpunkt der Diagonalen aus). | Verbinde die Spitze der Pyramide mit den Eckpunkten der Grundfläche.

Pyramide – Kegel – Kugel   **157**

FESTIGEN UND WEITERARBEITEN

2. Entscheide, ob die Körper Pyramiden sind. Begründe.

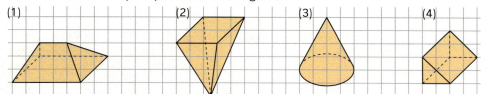

3. a) *Erkundet eure Umwelt:* Nennt Gegenstände aus dem Alltag, die die Form einer Pyramide haben. Ihr könnt sie fotografieren und ein Plakat erstellen.
  b) Wie viele Ecken, Kanten und Flächen hat eine (1) dreiseitige, (2) vierseitige Pyramide?
  c) Fertigt aus Draht ein Kantenmodell einer Pyramide an.

4. Gegeben ist eine Pyramide mit rechteckiger Grundfläche (Grundkanten: $a = 6\,cm$ und $b = 4\,cm$) und der Körperhöhe $h = 5\,cm$.
Zeichne ein Schrägbild.

5. *Netz und Zweitafelbild einer Pyramide*
  a) Gegeben ist eine quadratische Pyramide mit der Grundkantenlänge $a = 4{,}0\,cm$ und der Seitenkantenlänge $s = 4{,}5\,cm$.
  Zeichne ein Zweitafelbild der Pyramide.
  Miss die Höhe einer Seitenfläche.

  b) Gegeben ist eine quadratische Pyramide mit der Grundkantenlänge $a = 4\,cm$ und $h = 5\,cm$.
  Zeichne ein Netz der Pyramide.
  Miss die Höhe einer Seitenfläche.

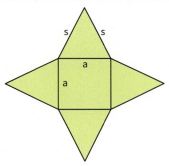

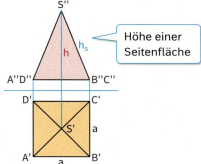

6. Gegeben ist das rechts abgebildete Netz einer Pyramide.
  a) Zeichne ein Zweitafelbild
    (1) von vorn, (2) von rechts.
  b) Miss im Zweitafelbild die Höhe der Pyramide und zeichne ein Schrägbild.

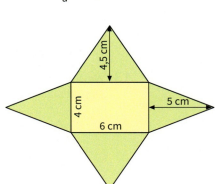

7. Gegeben ist eine Pyramide mit einem gleichseitigen Dreieck als Grundfläche. Die Grundkantenlänge beträgt $a = 3{,}0\,cm$.
  a) Die Körperhöhe h beträgt $4{,}0\,cm$. Zeichne ein Zweitafelbild der Pyramide.
  b) Die Seitenkantenlänge s beträgt $4{,}3\,cm$. Zeichne ein Netz der Pyramide.

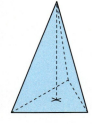

ÜBEN

8. Entscheide, ob der Körper eine Pyramide ist. Begründe.

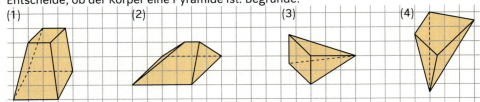

9. Niklas hat für verschiedene Pyramiden Netze gezeichnet.
Überprüfe, ob er alles richtig gemacht hat. Begründe deine Entscheidung.

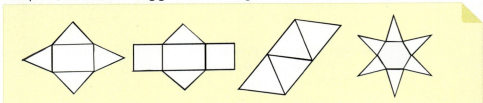

10. Zeichne ein Netz
  a) der rechts abgebildeten Pyramide;
  b) einer Pyramide mit einem Rechteck (a = 5 cm; b = 3 cm) als Grundfläche und der Seitenkantenlänge s = 5 cm;
  c) einer Pyramide mit einem gleichseitigen Dreieck als Grundfläche. Die Grundkantenlänge soll 4 cm, die Seitenkantenlänge 6 cm sein.

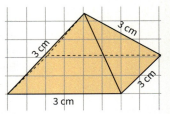

11. Zeichne ein Schrägbild und ein Zweitafelbild in einem geeigneten Maßstab:
  a) quadratische Pyramide mit a = 4,8 m, h = 10,6 m;
  b) rechteckige Pyramide mit a = 6,4 m, b = 4,8 m und h = 3,5 m.

12. Zeichne zu dem Zweitafelbild rechts ein passendes Schrägbild und ein Netz im Maßstab 2:1. Entnimm die Maße der Zeichnung.

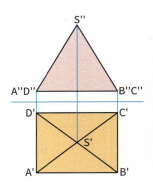

13. Welcher der abgebildeten Körper gehört zur Grundfläche 1, welcher zur Grundfläche 2? Es sind auch mehrere Lösungen möglich.

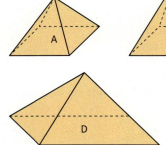
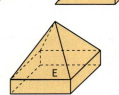

Pyramide – Kegel – Kugel **159**

OBERFLÄCHENINHALT VON PYRAMIDEN

EINSTIEG

Der Louvre in Paris, bis zur französischen Revolution königliche Residenz, ist heute ein weltberühmtes Kunstmuseum.
Als Haupteingang dient seit einigen Jahren eine 21,6 m hohe gläserne Pyramide mit quadratischer Grundfläche, deren Seite 35,4 m lang ist. Die Außenfläche wird regelmäßig von Fensterputzern gereinigt.

» Wie groß ist diese Fläche?

AUFGABE

1. Der Turm der Kirche rechts hat ein pyramidenförmiges Dach mit quadratischer Grundfläche. Die Länge der Grundkante des Daches beträgt 9,00 m, die Höhe des Daches 6,00 m.
  a) Das Turmdach soll neu mit Biberschwanz-Ziegeln gedeckt werden. Für 1 m² Dachfläche werden 36 Ziegel benötigt.
     Wie viele Dachziegel müssen geliefert werden?
  b) Die schrägen Kanten sollen mit First-Ziegeln gedeckt werden. Für eine 1 m lange Kante benötigt man 3 First-Ziegel. Wie viele First-Ziegel müssen bestellt werden?

Lösung
  a) (1) *Berechnen der Dachfläche*
     Die Dachfläche besteht aus vier zueinander kongruenten gleichschenkligen Dreiecken mit der Basis a = 9,00 m und der Höhe h_a.
     Die Höhe h_a können wir mit dem Satz des Pythagoras berechnen.
     Für das grün gefärbte Dreieck gilt:
     $h_a^2 = (6{,}00\,\text{m})^2 + (4{,}50\,\text{m})^2$
     $h_a = \sqrt{(6{,}00\,\text{m})^2 + (4{,}50\,\text{m})^2}$
     $h_a = 7{,}50\,\text{m}$
     Für die Größe der Mantelfläche A_M gilt:
     $A_M = 4 \cdot \left(\frac{1}{2} \cdot a \cdot h_a\right)$
     $A_M = 4 \cdot \left(\frac{1}{2} \cdot 9{,}00\,\text{m} \cdot 7{,}50\,\text{m}\right)$
     $\underline{A_M = 135{,}00\,\text{m}^2}$

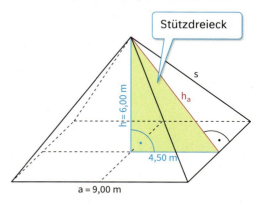

Stützdreieck

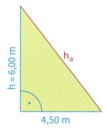

     (2) *Berechnen der Anzahl der Dachziegel*
     135 · 36 = 4860

Ergebnis: Für das Decken des Daches müssen mindestens 4860 Dachziegel bestellt werden. Der Mehrbedarf für Verschnitt ist dabei nicht berücksichtigt.

Die von der Spitze ausgehenden Kanten heißen Seitenkanten.

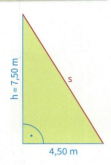

b) (1) *Berechnen der Seitenkanten*
Das Dach hat vier schräge Kanten mit jeweils der Länge s. Sie ist die Länge der Hypotenuse in dem grün gefärbten Dreieck.
Nach dem Satz des Pythagoras gilt:
$s^2 = (4{,}50\,m)^2 + (7{,}50\,m)^2$
$s = \sqrt{(4{,}50\,m)^2 + (7{,}50\,m)^2}$
$s \approx 8{,}75\,m$
Gesamtlänge der schrägen Kanten:
$4 \cdot s \approx 4 \cdot 8{,}75\,m$, also $\underline{4 \cdot s \approx 35\,m}$

Ergebnis: Die vier schrägen Kanten sind insgesamt 35 m lang.

(2) *Berechnen der Anzahl der First-Ziegel*
$35 \cdot 3 = 105$

Ergebnis: Es werden mindestens 105 First-Ziegel benötigt. Der Verschnitt ist dabei nicht berücksichtigt.

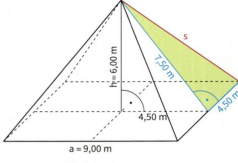

INFORMATION

(1) Oberflächeninhalt einer Pyramide
Für den Oberflächeninhalt A_O einer Pyramide mit dem Grundflächeninhalt A_G und dem Mantelflächeninhalt A_M gilt:
$\mathbf{A_O = A_G + A_M}$

(2) Strategie zum Berechnen von Längen bei Pyramiden
Zur Berechnung von Längen bei Pyramiden muss man geeignete rechtwinklige Dreiecke suchen (einzeichnen).

Mantelfläche: vier gleichschenklige Dreiecke

Grundfläche

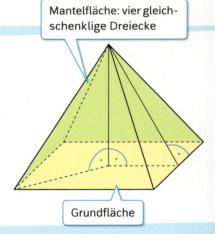

FESTIGEN UND WEITERARBEITEN

2. a) Bei einer Pyramide mit quadratischer Grundfläche (*quadratische* Pyramide) sind die Grundkanten $a = 15{,}0\,cm$ und die Seitenkanten $s = 20{,}0\,cm$ lang.
Berechne die Höhe h_a einer Seitenfläche, die Körperhöhe h und die Oberfläche A_O der Pyramide.
b) Bei einer quadratischen Pyramide ist die Grundkante 40,00 m lang, die Körperhöhe beträgt 30,00 m.
Berechne die Höhe h_a einer Seitenfläche sowie die Länge s der Seitenkante.
c) Gegeben ist eine quadratische Pyramide mit der Grundkantenlänge a und der Seitenkantenlänge s.
(1) Gib eine Gleichung zur Berechnung der Seitenhöhe h_a an.
(2) Zeige, dass für die Körperhöhe h gilt: $h = \sqrt{s^2 - \frac{a^2}{2}}$

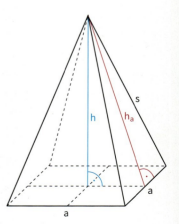

3. Gegeben ist eine Pyramide mit rechteckiger Grundfläche. Die Grundkanten sind a = 8,0 cm und b = 6,0 cm lang. Die Körperhöhe beträgt h = 5,0 cm.
   a) Berechne die Grundfläche A_G.
   b) Berechne die Seitenhöhen h_a und h_b.
   c) Bestimme den Mantelflächeninhalt A_M und den Oberflächeninhalt A_O.

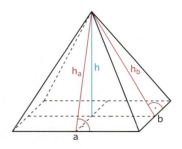

ÜBEN

4. Von einer quadratischen Pyramide sind von den Größen a, s, h, h_a zwei Größen gegeben. Berechne die übrigen Größen sowie den Oberflächeninhalt A_O.
   a) a = 3,0 cm   b) a = 4,0 cm   c) s = 5,5 cm   d) a = 4,4 cm   e) s = 6,0 cm   f) h_a = 5,5 cm
      s = 5,0 cm h_a = 6,0 cm h_a = 4,5 cm   h = 4,8 cm   h = 4,5 cm   h = 3,5 cm

5. Für ihren Wanderurlaub in Norwegen wollen sich Mia und Anne mit einem Moskitozelt nachts vor Mücken schützen.
Wie viel Quadratmeter Stoff braucht man etwa für das Zelt?

6. Für eine Schaufensterdekoration wird auf jede Seitenfläche eines Würfels eine quadratische Pyramide aufgesetzt. Der so entstandene Stern wird mit Silberfolie beklebt. Die Kantenlänge des Würfels ist 12 cm; die Länge der Seitenkanten einer Pyramide ist 34 cm.
Wie viel Quadratzentimeter Silberfolie wird für den Stern benötigt?

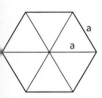

7. Das pyramidenförmige Dach eines Pavillons mit sechseckiger regelmäßiger Grundfläche soll mit Kupferblech gedeckt werden. Die Grundkante a des Daches ist 3,50 m lang, das Dach ist 1,90 m hoch.
   a) Wie groß ist die Dachfläche?
   b) Von einer Firma wird die Arbeit für 135 € pro Quadratmeter zuzüglich Mehrwertsteuer übernommen.
   Wie teuer sind die Dacharbeiten?

8. Ein *Tetraeder* ist eine Pyramide, die von vier zueinander kongruenten gleichseitigen Dreiecken begrenzt ist.
   a) Berechne die Oberfläche eines Tetraeders mit der Kantenlänge a = 4,0 cm. Stelle zunächst eine Formel auf.
   b) Zeichne ein Schrägbild und ein Netz des Tetraeders.

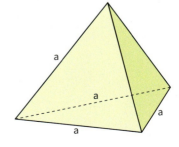

EIGENSCHAFTEN UND DARSTELLUNG VON KEGELN

EINSTIEG

» Betrachte die abgebildeten Körper. Beschreibe ihre Form. Vergleiche sie mit Pyramiden. Welche Gemeinsamkeiten, welche Unterschiede erkennst du?

INFORMATION

Ein **Kegel** ist ein Körper, dessen **Grundfläche** eine Kreisfläche ist.
Die **Mantelfläche** eines Kegels ist gewölbt.
Der Abstand der Spitze S von der Grundfläche ist die **Körperhöhe** h des Kegels.
Eine **Mantellinie** s eines Kegels ist die Verbindungsstrecke von der Spitze S und einem Punkt P des Kreises.

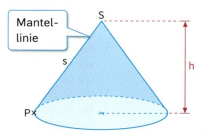

AUFGABE

1. Eine Eistüte hat die Form eines Kegels mit der Mantellinie s = 17 cm und dem Durchmesser des Deckels d = 6,6 cm.
   a) Zeichne ein Zweitafelbild des Kegels im Maßstab 1 : 5.
   b) Wie sieht das Netz eines Kegels aus? Zerschneide dazu eine Eistüte längs einer Mantellinie.

Lösung

a)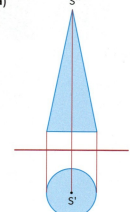

b)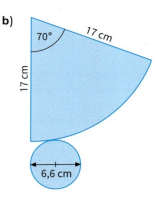

Das Netz eines Kegels besteht aus einem Kreis (Grundfläche) und einem passenden Ausschnitt eines anderen Kreises (Mantelfläche).

Pyramide – Kegel – Kugel **163**

FESTIGEN UND WEITERARBEITEN

2. Entscheide, ob die Körper Kegel sind. Begründe.

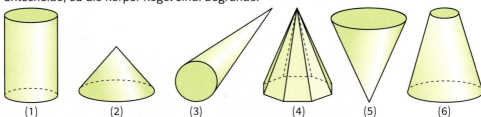

(1)   (2)   (3)   (4)   (5)   (6)

  3. *Erkundet eure Umwelt:* Nennt Gegenstände aus eurer Umwelt, die kegelförmig sind. Ihr könnt sie fotografieren und ein Poster erstellen.

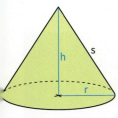

4. a) Ein Kegel mit dem Radius r = 2,5 cm ist 7,0 cm hoch. Skizziere ein Schrägbild.
b) Die Mantellinie s eines Kegels mit dem Radius r = 3,0 cm ist 5,0 cm lang. Berechne die Körperhöhe und skizziere ein Schrägbild.

5. Zeichne ein Zweitafelbild eines Kegels mit folgenden Maßen:
a) Durchmesser der Grundfläche: d = 5,8 cm;   Höhe des Kegels: h = 5,3 cm
b) Radius der Grundfläche: r = 2,9 cm;   Mantellinie: s = 5,3 cm

ÜBEN

6. Gegeben ist ein Kegel mit dem Radius r = 1,8 cm.
a) Die Mantellinien sind 5,6 cm lang.
(1) Bestimme die Körperhöhe aus einem Zweitafelbild.
(2) Skizziere ein Schrägbild des Kegels
b) Die Körperhöhe des Kegels beträgt 4,8 cm. Bestimme die Mantellinie aus einem Zweitafelbild.

  7. Manuel hat Zweitafelbilder von Kegeln gezeichnet. Kontrolliere.

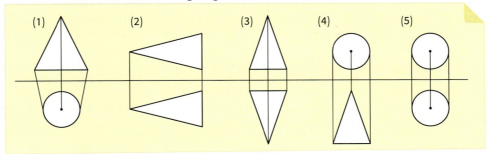

(1)   (2)   (3)   (4)   (5)

  8. Dreht man ein gleichschenkliges Dreieck um seine Symmetrieachse, so entsteht ein Kegel.
Ihr könnt das mit einer aus Karton ausgeschnittenen Kreisfläche und einem aufgeklebten dünnen Stab ausprobieren.
Was erzeugen bei dieser Rotation
(1) die Schenkel $\overline{AC}$ und $\overline{BC}$,
(2) die Basis $\overline{AB}$ des gleichschenkligen Dreiecks.

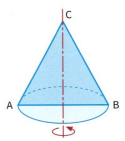

OBERFLÄCHENINHALT VON KEGELN

EINSTIEG

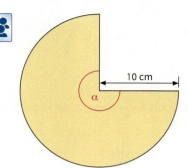

Stellt aus Papier einen Kegelmantel her.
Verwendet die Maße in der Zeichnung links.

» Untersucht, wie sich die Form des Kegels verändert, wenn man den Winkel α verkleinert beziehungsweise vergrößert?

» Wählt für den Winkel α die Größen 90°, 180° und 225°. Berechnet möglichst viele Stücke des Kegels.

AUFGABE

1. Ein kegelförmiges Indianerzelt soll hergestellt werden. Der Durchmesser soll 3,00 m betragen, die Höhe 4,00 m.
   a) Wie lang ist der Abstand von der Zeltspitze zu den Zeltnägeln?
   b) Wie kann man berechnen, wie viel Quadratmeter Zeltplane man braucht? Entwickle eine Formel.
   c) Berechne die Fläche der benötigten Zeltplane.

Lösung

a) In dem grünen Stützdreieck ist die Mantellinie s die Hypotenuse. Der Radius r und die Höhe h des Kegels sind die Katheten. Nach dem Satz des Pythagoras gilt:
$s^2 = r^2 + h^2$
$s^2 = (1{,}50\,\text{m})^2 + (4{,}00\,\text{m})^2$
$s = \sqrt{(1{,}50\,\text{m})^2 + (4{,}00\,\text{m})^2}$
$\underline{s \approx 4{,}27\,\text{m}}$

Ergebnis: Der Abstand von der Zeltspitze zu den Zeltnägeln beträgt ca. 4,3 m.

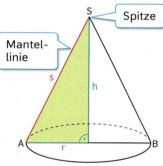

b) Die Zeltplane ist die Mantelfläche A_M eines Kegels.

Kreis
$A = \pi r^2$
$u = 2\pi r$

(1) 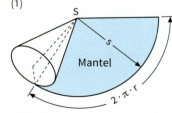 (2) 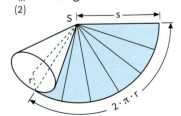 (3)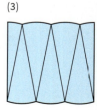

Die Bildfolge zeigt, wie man eine Formel entwickeln kann:
Bild (1) Der Kegelmantel wird in die Ebene abgewickelt.
Bild (2) Der Mantel wird in kleine, gleich große Sektoren zerlegt.
Bild (3) Diese Sektoren werden zu einer neuen Figur zusammengesetzt.

Pyramide – Kegel – Kugel **165**

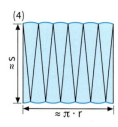

Je feiner die Unterteilung, also je größer die Anzahl der Teile ist, desto mehr nähert sich die Figur einem Rechteck mit den Seitenlängen πr und s an (Bild 4)).
Der Flächeninhalt des Kegelmantels beträgt dann also
$A_M = \pi \cdot r \cdot s$.

c) Für die Fläche der benötigten Zeltplane gilt damit:
$A_M = \pi \cdot r \cdot s$
$A_M \approx \pi \cdot 1{,}50\,m \cdot 4{,}27\,m$
$\underline{A_M \approx 20{,}12\,m^2}$

Ergebnis: Es werden 20 m² Zeltplane benötigt.

INFORMATION

Für den **Mantelflächeninhalt A_M eines Kegels**
mit dem Grundkreisradius r und der Länge s
der Mantellinie gilt:
$A_M = \pi \cdot r \cdot s$

Für den **Oberflächeninhalt A_O des Kegels** gilt:
$A_O = A_G + A_M$
$A_O = \pi r^2 + \pi r s$

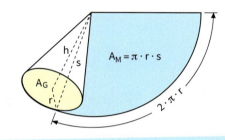

FESTIGEN UND WEITERARBEITEN

2. a) Berechne den Mantelflächeninhalt A_M des Kegels mit:
(1) r = 4,0 cm; s = 5,0 cm   (2) r = 2,7 m; h = 2,3 m   (3) s = 8,5 dm; h = 7,2 dm
b) Berechne den Oberflächeninhalt A_O des Kegels mit:
(1) r = 5,0 cm; s = 7,0 cm   (2) r = 6,0 dm; h = 6,5 dm   (3) s = 6,3 m; h = 5,4 m
c) Gegeben ist ein Kegel mit der Höhe h und der Länge der Mantellinie s. Gib eine Formel zur Berechnung des Radius r der Grundfläche an.

3. Bei einem Kegel ist die Mantellinie 8,5 cm lang. Die Mantelfläche ist viermal so groß wie die Grundfläche.
a) Berechne den Radius r der Grundfläche. Vergleiche mit der Länge der Mantellinie.
b) Berechne die Höhe h des Kegels.

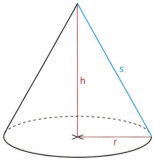

4. *Sinnvolle Genauigkeit*
In einer technischen Zeichnung ist der Radius eines Kegels mit r = 37 mm ± 0,5 mm angegeben, die Länge einer Mantellinie mit s = 52 mm ± 0,5 mm.
a) Berechne den möglichen Höchstwert und den möglichen Mindestwert für den Oberflächeninhalt.
b) Berechne den Oberflächeninhalt eines Kegels mit r = 37 mm und s = 52 mm. Vergleiche mit den Ergebnissen in Teilaufgabe a). Runde dann sinnvoll.

5. In ihrer Formelsammlung findet Ariane für die Oberfläche eines Kegels folgende Formeln:
$A_M = \pi r(r + s)$ und $A_M = \frac{\pi}{4} d(d + 2s)$.
Begründe beide Formeln.

ÜBEN

6. Berechne den Oberflächeninhalt des Kegels.
  a) r = 5,0 cm
  s = 10,0 cm
  b) r = 8,0 cm
  s = 13,0 cm
  c) r = 42 mm
  s = 75 mm
  d) r = 2,4 m
  s = 3,1 m
  e) r = 8,4 m
  s = 12,1 m

7. Ein Kegel ist 24,0 cm hoch. Die Grundfläche hat einen Radius von 7,0 cm.
  a) Berechne die Länge einer Mantellinie.
  b) Ermittle den Mantelflächeninhalt und den Oberflächeninhalt.

8. Berechne den Oberflächeninhalt des Kegels.
  a) r = 2,5 cm
  h = 4,7 cm
  b) d = 9,2 cm
  h = 9,5 cm
  c) s = 7,08 m
  h = 5,25 m
  d) r = 3,80 m
  s = 5,70 m
  e) d = 654 mm
  s = 54,4 cm

9. Bei einem Kegel soll r der Radius, h die Körperhöhe, s die Länge einer Mantellinie sowie A_M der Mantelflächeninhalt und A_G der Grundflächeninhalt sein.
Berechne aus den gegebenen Größen alle anderen Größen.
Fertige eventuell eine Skizze an. Markiere gegebene und gesuchte Größen.
  a) r = 2,5 cm
  h = 6,0 cm
  b) r = 15,0 cm
  s = 3,9 dm
  c) s = 6,50 dm
  h = 25,0 cm
  d) s = 20 cm
  A_M = 300 cm²
  e) A_G = 715 cm²
  s = 23 cm

10. Gegeben sind
  (1) das Netz
  (2) das Zweitafelbild eines Kegels.
  Berechne jeweils den Oberflächeninhalt.

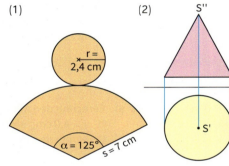

Maßstab 1 : 200

11.
Aus Pappe soll eine Zuckertüte hergestellt werden.
Für Verschnitt und Klebefalze rechnet man 9 % hinzu.
Wie viel Quadratdezimeter Pappe sind zur Herstellung erforderlich?

12. Auf einen Turm wird ein kegelförmiges Dach mit dem Umfang u = 25 m gesetzt. Die Länge der Dachsparren beträgt 6,50 m.
  a) Der Turm ist bis zur Dachspitze 32,5 m hoch.
    Wie hoch ist das Dach?
  b) Eine Firma berechnet für 1 m² Dachfläche 115 €.
    Wie teuer wird das Decken des Daches, wenn noch die Mehrwertsteuer dazu kommt?

Mehrwertsteuer: 19 %

13. Der Turm der Windmühle hat (angenähert) ein kegelförmiges Dach, das mit Dachpfannen gedeckt ist. Der Durchmesser beträgt 9,25 m, die Höhe des Daches 2,50 m.
Wie viel Quadratmeter Dachpfannen (ohne Überdeckung) wurden für zwei solche Dächer benötigt?

14. Bei einem Kegel mit dem Radius $r = 6\,\text{cm}$ ist die Größe A_M der Mantelfläche doppelt so groß wie die Grundfläche A_G.
 a) Berechne die Länge s der Mantellinie und vergleiche sie mit dem Radius r.
 b) Berechne die Höhe h des Kegels.

15. a) Das Bild rechts zeigt eine Parkanlage mit gleichgroßen Doppelkegeln, die auf Kreisflächen liegen. Wie viel Quadratmeter Blech wurden zur Herstellung eines der abgebildeten Doppelkegel benötigt? Schätze ab.
 b) Vergleiche die Fläche eines Kegelmantels mit der darunter liegenden (inneren) Kreisfläche.
 c) Unter welcher Bedingung ist die Fläche des Kegelmantels genauso groß wie die darunter liegende innere Kreisfläche?

 16. a) Entscheidet, ob die Aussage wahr oder falsch ist. Begründet.
 (1) Wird der Radius eines Kegels halbiert, so halbiert sich auch die Größe der Mantelfläche.
 (2) Wird die Körperhöhe eines Kegels verdoppelt, so verdoppelt sich auch die Mantelfläche.
 (3) Wird die Größe der Grundfläche eines Kegels verdoppelt und die Höhe bleibt, so verdoppelt sich auch die Größe der Oberfläche.
 b) Untersucht weitere Zusammenhänge.

17. a) Gegeben ist ein Kegel mit der Höhe h und der Länge s der Mantellinie.
 Gib eine Formel an, mit der man den Mantelflächeninhalt A_M des Kegels berechnen kann.
 b) Gegeben ist ein Kegel mit der Höhe h und der Grundfläche A_G.
 Leite eine Formel her, mit der man die Länge s der Mantellinie berechnen kann.
 c) Gegeben ist ein Kegel mit der Höhe h und dem Mantelflächeninhalt A_M.
 Leite eine Formel zur Berechnung des Grundflächeninhalts A_G her.

zu a) 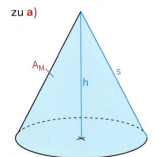 zu b) 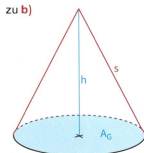 zu c)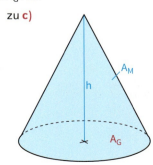

VOLUMEN DER PYRAMIDE UND DES KEGELS

EINSTIEG

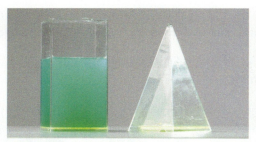 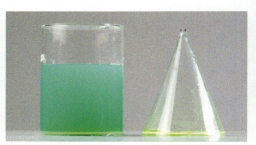

Auf dem linken Foto siehst du einen pyramidenförmigen und einen quaderförmigen Behälter, jeweils mit gleicher Grundfläche und gleicher Höhe.
Auf dem rechten Foto findest du einen kegelförmigen und einen zylinderförmigen Behälter. Auch diese beiden Behälter besitzen gleich große Grundflächen und Höhen.

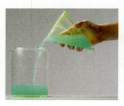

» Schätzt und überprüft, wie oft man den Inhalt des pyramidenförmigen Behälters in den Quader gießen kann.
» Schätzt und überprüft, wie oft man den Inhalt des kegelförmigen Behälters in den Zylinder gießen kann.
» Stellt für das Volumen der Pyramide und des Kegels eine Formel auf.

INFORMATION

Für das **Volumen V einer Pyramide** mit dem Grundflächeninhalt A_G und der Höhe h gilt:

$V = \frac{1}{3} \cdot A_G \cdot h$ bzw. $V = \frac{A_G \cdot h}{3}$

Beispiel: rechteckige Grundfläche:
a = 3,0 cm; b = 4,0 cm
Pyramidenhöhe: h = 3,5 cm
$V = \frac{1}{3} \cdot (3,0\,cm \cdot 4,0\,cm) \cdot 3,5\,cm$
$V = \frac{1}{3} \cdot 12,0\,cm^2 \cdot 3,5\,cm$
$\underline{V = 14,0\,cm^3}$

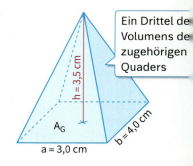

Ein Drittel des Volumens des zugehörigen Quaders

Für das **Volumen V eines Kegels** mit dem Grundflächeninhalt A_G und der Höhe h gilt:

$V = \frac{1}{3} \cdot A_G \cdot h$ bzw. $V = \frac{A_G \cdot h}{3}$

Bezeichnet r den Radius der Grundfläche, so gilt insbesondere:

$V = \frac{1}{3} \cdot \pi r^2 \cdot h$ bzw. $V = \frac{\pi r^2 \cdot h}{3}$

Beispiel: r = 7,0 cm; h = 12,0 cm
$V = \frac{1}{3} \cdot \pi \cdot (7,0\,cm)^2 \cdot 12,0\,cm$
$V = \pi \cdot 196,0\,cm^3$
$\underline{V \approx 615,8\,cm^3}$

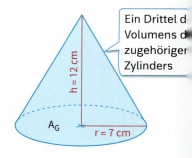

Ein Drittel des Volumens des zugehörigen Zylinders

Pyramide – Kegel – Kugel **169**

FESTIGEN UND WEITERARBEITEN

1. a) Berechne das Volumen der Pyramide.
  (1) Quadratische Grundfläche: a = 7,5 cm; Pyramidenhöhe: h = 6,4 cm
  (2) Rechteckige Grundfläche: a = 27 cm; b = 23 cm; Pyramidenhöhe: h = 39 cm
b) Stelle eine Formel auf, mit der man aus den gegebenen Größen das Volumen einer Pyramide berechnen kann.
  (1) Quadratische Grundfläche mit der Seitenlänge a; Pyramidenhöhe h
  (2) Rechteckige Grundfläche mit den Seitenlängen a und b; Pyramidenhöhe h
c) Stelle die in Teilaufgabe b) aufgestellten Formeln nach jeder Variablen um.

2. Wie ändert sich das Volumen einer Pyramide, wenn
  a) die Größe der Grundfläche verdoppelt, verdreifacht, ... wird;
  b) die Höhe verdoppelt, verdreifacht, ... wird?

3. Berechne das Volumen des Kegels.
  a) r = 3,0 cm   **b)** r = 8,9 cm   **c)** d = 3,50 m   **d)** A_G = 8,4 dm²   **e)** r = 51 mm
  h = 9,0 cm   h = 4,3 cm   h = 4,75 m   h = 7,6 dm   s = 13 cm

4. Das kegelförmige Werkstück aus Stahl hat folgende Abmessungen:
Durchmesser d = 84 mm;
Länge einer Mantellinie s = 123 mm.
1 cm³ des Stahls hat die Masse 7,8 g.
Berechne die Masse des Werkstücks.

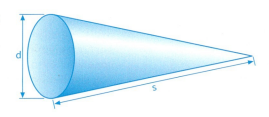

Nutze die Dichtetabelle im Tafelwerk.

5. Berechne die Masse des Körpers.
  a) Pyramide; A_G = 25 cm²; h = 5 cm; Aluminium
  b) Kegel; d = 4,0 cm; h = 7,0 cm; Stahl
  c) Kegel; h = 4,0 cm; s = 7,0 cm; Kupfer
  d) quadratische Pyramide; a = 5,0 cm; s = 25 cm; Stahl

6. Zeige: Für das Volumen eines Kegels gilt: $V = \frac{\pi d^2}{12} \cdot h$.

7. *Berechnen von Höhe bzw. Radius (bei vorgegebenem Volumen)*
Du kannst die Formel $V = \frac{1}{3} \pi r^2 \cdot h$ vorher auch nach der gesuchten Größe umstellen.
  a) Ein Kegel hat das Volumen V = 25,447 cm³ und den Radius r = 1,8 cm. Wie hoch ist der Kegel?
  b) Ein Kegel hat das Volumen V = 207,844 cm³ und die Höhe h = 5,9 cm. Welchen Radius hat seine Grundfläche?

8. Untersucht, wie sich das Volumen eines Kegels ändert, wenn man
  a) die Höhe verdoppelt, verdreifacht, ...;
  b) den Radius verdoppelt, verdreifacht, ...;
  c) den Radius und die Höhe verdoppelt, verdreifacht, ...;
  d) den Radius verdoppelt und die Höhe halbiert?

9. *Sinnvolle Genauigkeit*
Die Maße einer quadratischen Pyramide sind mit der Grundkantenlänge a = 127 mm ± 0,5 mm und der Höhe h = 158 mm ± 0,5 mm angegeben.
  a) Berechne den möglichen Höchstwert und den möglichen Mindestwert für das Volumen der Pyramide.
  b) Berechne das Volumen einer quadratischen Pyramide mit a = 127 mm und h = 158 mm. Vergleiche mit den Ergebnissen in Teilaufgabe a). Runde dann sinnvoll.

ÜBEN

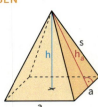

10. Berechne das Volumen der quadratischen Pyramide.
   a) a = 8,0 cm   b) a = 7,5 m   c) a = 87,5 cm   d) a = 6,74 m   e) a = 37 mm
      h = 7,0 cm   h = 9,7 m   h = 64,7 cm   h = 3,85 m   h = 6,8 cm

11. Berechne das Volumen der Pyramide.
   a) Quadratische Grundfläche: a = 6,75 m; Körperhöhe: h = 5,85 m
   b) Rechteckige Grundfläche: a = 6,84 m; b = 5,73 m; Körperhöhe: h = 4,90 m

12. Die größte Pyramide ist die um 2600 v. Chr. erbaute Cheopspyramide. Sie war ursprünglich 145,0 m hoch, die Seitenlänge der quadratischen Grundfläche betrug ca. 230,3 m.
   a) Berechne die ursprüngliche Größe der Grundfläche. Gib das Ergebnis in Hektar an.
   b) Berechne das ursprüngliche Volumen der Cheopspyramide.
   c) Heute beträgt die Länge der Grundkante nur noch ungefähr 225 m, die Höhe nur ungefähr 140 m.
   Wie viel Kubikmeter Stein sind inzwischen verwittert? Gib diesen Anteil auch in Prozent an.

13. Ein Turm mit quadratischer Grundfläche erhält ein pyramidenförmiges Dach mit der Grundkantenlänge a = 6,75 m und der Höhe h = 8,25 m.
   a) Wie groß ist der Dachraum?
   b) Zeichne ein Schrägbild des Daches. Wähle einen geeigneten Maßstab.

14. a) Eine quadratische Pyramide hat das Volumen 256 cm³ und die Grundkantenlänge 8 cm. Wie hoch ist die Pyramide?
   b) Eine quadratische Pyramide hat das Volumen 216 cm³ und die Höhe h = 8 cm. Wie lang ist eine Grundkante der Pyramide?
   c) Eine Rechteckpyramide hat das Volumen 384 cm³ und die Höhe h = 13 cm. Die Länge der Grundkante a verhält sich zur Länge der Grundkante b wie 3:2. Berechne a und b.

15. *Oktaeder*
Das *Oktaeder* ist eine „Doppelpyramide", dessen 8 Seitenflächen gleichseitige Dreiecke sind.
   a) Wie viele Ecken, Kanten und Seiten hat das Oktaeder?
   b) Felix meint, dass er das Volumen des Oktaeders mit der Formel $V = 2 \cdot \frac{1}{3} \cdot a^2 \cdot h$ berechnen kann.
   Hat er recht? Begründe.
   c) Ein von Tina gebautes Drahtmodell eines Oktaeders hat eine gesamte Kantenlänge von 96,0 cm.
   Berechne die Höhe und das Volumen des Oktaeders.

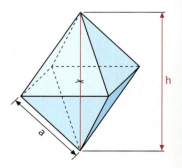

16. Berechne das Volumen des Kegels.
   a) r = 4,9 cm   b) d = 7,68 m   c) d = 12,75 m   d) r = 342 mm   e) d = 627 mm
      h = 3,7 cm   h = 4,76 m   h = 13,45 m   s = 585 mm   s = 48,9 cm

Pyramide – Kegel – Kugel

17. Ein kegelförmig aufgeschütteter Sandhaufen ist 1,50 m hoch und hat einen Durchmesser von 2,20 m.
   a) Wie viel Kubikmeter Sand sind aufgeschüttet?
   b) Welche Masse hat der Sandberg
   (Dichte: $\varrho = 1{,}6 \frac{t}{m^3}$)

18. Der Poás, ein Vulkan in Costa Rica, hat zwei Kraterseen. Der nördliche Kratersee hat näherungseise die Form eines Kegels. Er hat einen Umfang von ca. 4,7 km und ist in der Mitte ungefähr 300 m tief.
Schätze ab, wie viel Kubikmeter Wasser der Kratersee fasst.

19. a) Ein Kegel hat das Volumen $V = 261{,}8\,cm^3$ und den Radius $r = 5{,}0\,cm$. Wie hoch ist der Kegel?
   b) Ein Kegel hat das Volumen $V = 339{,}3\,cm^3$ und die Höhe $h = 9{,}0\,cm$. Welchen Radius hat der Kegel?
   c) Ein Kegel hat das Volumen $V = 804{,}248\,cm^3$ und den Durchmesser $d = 16\,cm$. Berechne r und h.

20. Zu wie viel Prozent ist das Sektglas jeweils ungefähr gefüllt, wenn die Füllhöhe
   (1) 6 cm,   (2) 4 cm,   (3) 3 cm,   (4) 8 cm,   (5) 10 cm   beträgt? Schätze zuerst.
   Zeichne dann

21. Von einer Pyramide bzw. einem Kegel wurde in halber Höhe das obere Stück abgeschnitten. Wie viel Prozent des Pyramidenvolumens bzw. Kegelvolumens bleiben noch übrig?

22. Ein Zeichendreieck (Maße im Bild) rotiert
   (1) um die kürzere Kathete;
   (2) um die längere Kathete.
   Als „Rotationskörper" entsteht jeweils ein Kegel.
   Berechnet das Volumen jedes Kegels. Stellt zunächst eine Formel auf.

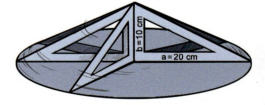

23. *Regelmäßige sechseckige Pyramide*
Der Dachraum eines Ausstellungspalvillons hat die Form einer regelmäßigen sechseckigen Pyramide mit der Höhe $h = 3{,}75\,m$ und der Grundkantenlänge $a = 6{,}15\,m$.
Berechne das Volumen des Dachraums.

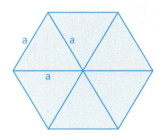

KUGEL – VOLUMEN UND OBERFLÄCHENINHALT

EINSTIEG

Volumen der Kugel

Das Bild zeigt drei Glasbehälter: einen Zylinder, eine Halbkugel und einen Kegel, jeweils mit gleicher Grundfläche und gleicher Höhe.
Wir wissen bereits, dass der Inhalt des Kegels 3-mal in den Zylinder passt.

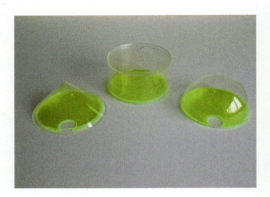

» Wie oft passt der Inhalt des Kegels in die Halbkugel? Schätze.
» Füllt man den Inhalt der Halbkugel und den Inhalt des Kegels in den Zylinder, so ist dieser dann exakt voll.
Leite hieraus eine Formel her für die Berechnung des Volumens
(1) einer Halbkugel;
(2) einer Kugel.

INFORMATION

Für das **Volumen V einer Kugel** mit dem Kugelradius r gilt:

$V = \frac{4}{3} \cdot \pi \, r^3$

Beispiel: r = 5 cm
$V = \frac{4}{3} \cdot \pi \cdot r^3$
$V = \frac{4}{3} \cdot \pi \cdot (5\,\text{cm})^3$
$\underline{\underline{V \approx 524\,\text{cm}^3}}$

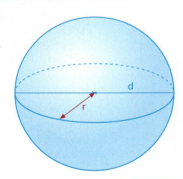

FESTIGEN UND WEITERARBEITEN

1. a) Wie groß ist das Volumen einer Kugel mit dem Durchmesser 2 m?
 b) In der Technik wird häufig mit dem Durchmesser d gerechnet. Gib eine Formel für das Volumen der Kugel bei gegebenem Durchmesser d an.

2. a) Berechne das Volumen der Kugel.
   (1) r = 38 mm   (3) r = 7,8 cm   (5) d = 12,5 dm
   (2) r = 12,75 m   (4) d = 27,0 cm   (6) d = 19 mm
 b) Für ein Kugellager werden Stahlkugeln mit 12 mm Durchmesser benötigt. 1 cm³ des Stahls wiegt 7,9 g. Wie viel wiegt eine Kugel?
 c) Eine Blumenschale hat die Form einer Halbkugel. Der Durchmesser beträgt 0,85 m. Wie viel Kubikmeter Blumenerde fasst die Schale?

Pyramide – Kegel – Kugel

3. *Berechnen des Radius (bei gegebenem Volumen)*
   a) Das Volumen einer Kugel beträgt 904,78 cm³.
      Wie groß ist der Radius?
   b) Stelle die Formel $V = \frac{4}{3}\pi r^3$ nach der Variablen r um.

$$V = 250,0 \text{ cm}^3$$
$$V = \frac{4}{3}\pi r^3$$
$$250,0 \text{ cm}^3 = \frac{4}{3}\pi r^3$$
$$r^3 = \frac{3 \cdot 250,0 \text{ cm}^3}{4\pi}$$
$$r = \sqrt[3]{\frac{3 \cdot 250,0 \text{ cm}^3}{4\pi}}$$
$$r \approx 3,9 \text{ cm}$$

4. Wie verändert sich das Volumen einer Kugel wenn man
   a) den Radius verdoppelt, verdreifacht, …;
   b) den Durchmesser verdoppelt, verdreifacht, …?

5. *Sinnvolle Genauigkeit*
   Der Radius einer Kugel ist in einer Technikzeitschrift mit 236 mm ± 0,5 mm angegeben.
   a) Berechne den möglichen Höchstwert und den möglichen Mindestwert für das Volumen der Kugel.
   b) Berechne das Volumen einer Kugel mit dem Radius r = 236 mm.
      Vergleiche mit den Ergebnissen in Teilaufgabe a).
      Runde dann sinnvoll.

ÜBEN

6. Die abgebildeten Körper sind näherungsweise Kugeln. Berechne ihr Volumen.

d = 22 cm   d = 34 m   d = 12 700 km

1 dm³ = 1 ℓ

7. Berechne das Volumen der Kugel. Gib das Volumen auch in Liter an.
   a) r = 5,5 cm   c) d = 68,0 m   e) r = 2,75 m   g) r = 536 mm   i) d = 1,35 m
   b) r = 47 mm   d) d = 1,47 m   f) r = 25,7 dm   h) d = 33 mm   j) r = 7,26 m

8. a) Wie groß ist das Volumen einer Kugel mit dem Radius 1 m?
   b) Wie groß ist das Volumen einer Kugel mit dem Durchmesser 1 m?
   c) Wie groß ist das Volumen einer Kugel mit dem Umfang 1 m?
   d) Wie groß ist das Volumen einer Kugel, deren Querschnitt durch den Mittelpunkt den Flächeninhalt 1 m² hat?
   e) Wie groß ist der Radius einer Kugel mit dem Volumen 1 m³?

9. Eine zylinderförmige Vase mit einem Innendurchmesser von 6,0 cm ist zum Teil mit Wasser gefüllt. Acht gleich große farbige Zierkugeln aus Porzellan (Dichte: $2,3 \frac{g}{cm^3}$) mit einem Radius von jeweils 0,9 cm werden in die Vase gegeben.
   a) Berechne das Volumen der acht Zierkugeln.
   b) Um wie viel Gramm nimmt die Masse des Vaseninhalts durch das Hineinlegen der acht Kugeln zu?
   c) Um wie viel Zentimeter steigt der Wasserspiegel im Zylinder durch das Hineinlegen der acht Kugeln?

10. Auf dem Foto siehst du einen Springbrunnen, in dessen Mitte sich eine Kugel aus Granit befindet. Die Kugel hat einen Durchmesser von 1,20 m.
1 cm³ Granit wiegt 2,8 g.
Wie viel Kilogramm wiegt die Kugel?

11. Drei gleich große Metallkugeln haben den Durchmesser d = 4,5 cm, aber unterschiedliche Massen.
Kugel 1: m ≈ 350 g
Kugel 2: m ≈ 500 g
Kugel 3: m ≈ 130 g
Aus welchen Metallen könnten die Kugeln bestehen?
Verwende dein Tafelwerk.

12. „Hans im Glück" bekam für treue Dienste einen Goldklumpen, der etwa so groß wie sein Kopf war. Nimm an, der Klumpen hätte die Form einer Kugel (d = 15 cm).
  a) Welche Masse hatte Hans an der Goldkugel zu tragen?
  b) Wie viel Euro wäre die Goldkugel heute wert?

13. Es gibt sehr berühmte und kostbare Perlen, die in Museen aufbewahrt werden. Echte Perlen haben eine Dichte von etwa 2,7 $\frac{g}{cm^3}$ und ihre Masse wird in Karat oder Grains angegeben.
1 Karat sind 4 Grains oder 200 mg.
  a) Ein schottischer Perlenfischer fand 1967 im River Tay eine fast kugelförmige Perle mit einem Durchmesser von 11,6 mm.
     Berechne die Masse dieser Perle in Karat und in Grains.
  b) Die größte bisher gefundene Perle soll eine Masse von 500 Grains haben.
     Wie groß ist ihr Durchmesser, wenn wir annehmen, dass diese Perle kugelförmig ist?

14. In der Nähe von Göttingen diente die abgebildete Stahlkugel dem Geophysiker Ludger Mintrop ab 1908 zur Erzeugung künstlicher Erdbeben. Er ließ sie von einem 14 m hohen Gerüst auf die Erde fallen. Die dadurch ausgelösten Erdbewegungen wurden ausgewertet.
Schätze die Masse der Stahlkugel.
Beschreibe dein Vorgehen.

15. Sven behauptet: „Das Volumen einer Kugel kann man ohne großen Fehler schneller mit der Näherung V ≈ 4 · r³ berechnen."
Um wie viel Prozent weicht die Näherung vom korrekten Wert ab?

16. Die abgebildete Holzscheibe rotiert um die rote Achse. Berechne das Volumen des entstehenden Rotationskörpers.
Stelle zunächst eine Formel auf.

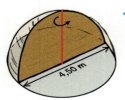

Pyramide – Kegel – Kugel   **175**

Oberflächeninhalt der Kugel

EINSTIEG

Die Oberfläche einer Kugel ist eine gekrümmte Fläche, die man nicht in die Ebene abwickeln kann. Die Formel für die Oberfläche kann man aber durch folgenden Versuch veranschaulichen. Man benötigt dazu Halbkugeln, z. B. aus Styropor, und eine lange Schnur.
(1) Zunächst umwickelt man die obere Halbkugel mit einer Schnur, bis die Oberfläche völlig bedeckt ist.
(2) Auf die gleiche Weise wird die Schnittfläche der Halbkugel mit einer Schnur gleicher Dicke bedeckt.
(3) Werden nun die Längen der beiden Schnüre verglichen, stellt man fest, dass die eine Schnur doppelt so lang ist wie die andere.

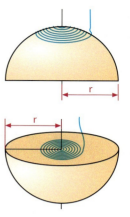

» Was bedeutet dies für den Flächeninhalt der halben Kugeloberfläche?
» Gib eine Formel für den Oberflächeninhalt einer Kugel an.

   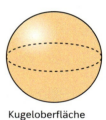

Kreisfläche   halbe Kugeloberfäche   Kugeloberfläche
A_{Kreis} $A_{OHK} = 2 \cdot A_{Kreis}$ $A_{OK} = 4 \cdot A_{Kreis}$

INFORMATION

Für den **Oberflächeninhalt A_O einer Kugel** mit dem Kugelradius r gilt:
$A_O = 4 \cdot \pi r^2$

Beispiel: r = 5 cm
$A_O = 4 \pi r^2$
$A_O = 4 \cdot \pi \cdot (5\,cm)^2$
$A_O \approx 314\,cm^2$

FESTIGEN UND WEITERARBEITEN

1. In der Technik wird häufig mit dem Durchmesser d gerechnet.
Begründe: Für den Oberflächeninhalt der Kugel gilt $A_O = \pi d^2$.

2. Berechne den Oberflächeninhalt der Kugel.
  a) r = 26 mm   e) d = 36 mm
  b) r = 5,74 m   f) d = 3,7 cm
  c) r = 8,27 m   g) d = 2,75 cm
  d) r = 245 mm   h) d = 0,90 dm

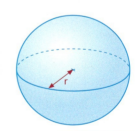

r = 12 cm $A_O = 4 \pi r^2$
$A_O = 4 \pi \cdot (12\,cm)^2$
$A_O = \pi \cdot 576\,cm^2$
$A_O = 1810\,cm^2$
$A_O = 18,1\,dm^2$ 1 dm² = 100 cm²

3. *Berechnen des Radius (bei gegebener Größe der Oberfläche)*
Die Oberfläche einer Kugel beträgt 804,25 cm². Wie groß ist der Radius?

4. *Sinnvolle Genauigkeit*
Der Radius einer Kugel ist in einer technischen Zeichnung mit 236 mm ± 0,5 mm angegeben.
a) Berechne den möglichen Höchstwert und den möglichen Mindestwert für den Oberflächeninhalt der Kugel.
b) Berechne den Oberflächeninhalt einer Kugel mit dem Radius r = 236 mm. Vergleiche mit den Ergebnissen in Teilaufgabe a). Runde dann sinnvoll.

5. Untersucht, wie sich der Oberflächeninhalt der Kugel verändert, wenn man
(1) den Radius, (2) den Durchmesser verdoppelt, verdreifacht, vervierfacht ...?

ÜBEN

6. Berechne den Oberflächeninhalt der Kugel.
a) r = 7,5 cm   c) d = 12,0 m   e) r = 4,75 m   g) r = 315 mm   i) r = 1,85 m
b) r = 35 mm   d) d = 1,35 m   f) r = 25,3 dm   h) r = 7,13 m   j) r = 35,4 cm

7. A_O ist der Oberflächeninhalt einer Kugel. Berechne den Radius.
a) $A_O = 746 \text{ cm}^2$ c) $A_O = 9,08 \text{ m}^2$ e) $A_O = 5,3 \cdot 10^8 \text{ m}^2$
b) $A_O = 1\,846 \text{ m}^2$ d) $A_O = 8,4 \cdot 10^6 \text{ km}^2$ f) $A_O = 7,2 \cdot 10^9 \text{ m}^2$

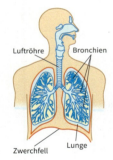

8. Die Lunge eines Menschen enthält ungefähr 400 000 000 (kugelförmige) Lungenbläschen. Ein Lungenbläschen hat einen Durchmesser von 0,2 mm.
Wie groß ist die Oberfläche aller Lungenbläschen eines Menschen?
Gib das Ergebnis in einer geeigneten Einheit an.
Vergleiche das Ergebnis mit der Grundfläche deines Klassenzimmers.

9. Die Kugel des Berliner Fernsehturms wurde für die Dauer der Fußballweltmeisterschaft 2006 vollständig mit Folie beklebt, sodass der Eindruck eines überdimensionalen Fußballs entstand.
Wie viel Quadratmeter Folie mussten wohl verwendet werden?
Hinweis: Die roten und weißen Markierungsstreifen des Sendemastes haben jeweils eine Höhe von 6 m.

10. a) Wie groß ist der Oberflächeninhalt einer Kugel mit dem Radius 1 m?
b) Wie groß ist der Oberflächeninhalt einer Kugel mit dem Umfang 1 m?
c) Wie groß ist der Radius einer Kugel mit dem Oberflächeninhalt 1 m²?

11. Der Weltrekord für ein zusammenhängendes Stück Apfelschale liegt bei 52,51 m. Der geschälte Apfel wog 567 g und hatte einen Umfang von 47 cm. Es dauerte $11\frac{1}{2}$ h, ihn zu schälen.
Welche durchschnittliche Breite hatte der geschälte Streifen?

Pyramide – Kegel – Kugel **177**

12. a) Wie viel Quadratmeter Stoff braucht man für die Hülle eines kugelförmigen Freiballons mit dem Durchmesser d = 12,75 m?
 b) Für die kugelförmige Hülle eines anderen Freiballons wurden 415 m² Stoff verbraucht. Wie viel Kubikmeter Gas fasst der Ballon?

13. Die Größe eines Handballs wird durch seinen Umfang u angegeben.
 Jugendhandball: u = 54 cm
 Männerhandball: u = 59 cm
 Wie viel Quadratzentimeter Leder werden pro Ball verarbeitet?
 Rechne zur Oberfläche 25 % für Verschnitt hinzu.

14. Aus einem Wasserhahn tropft alle drei Sekunden ein kugelförmiger Wassertropfen mit dem Durchmesser 4 mm.
 Wie viel Liter Wasser werden dadurch in einem Monat verschwendet?

15. Der mittlere Erdradius beträgt ca. 6 370 km.
 a) Die durchschnittliche Dichte der Erde beträgt 5,56 $\frac{g}{cm^3}$.
 Berechne die Masse der Erde.
 b) Hannas Vater fährt täglich 140 km zur Arbeit und zurück. Er sagt: „In 1$\frac{1}{2}$ Jahren schaffe ich es einmal rund um den Äquator."
 Was meinst du dazu?
 c) 70,8 % der Erdoberfläche sind mit Wasser bedeckt.
 Wie viel Liter Wasser sind das bei einer durchschnittlichen Meerestiefe von 3 500 m?

16. a) Der Radius einer Kugel (r = 5 cm) wird um 10 % verlängert.
 Um wie viel Prozent nehmen das Volumen V und der Oberflächeninhalt A_O zu?
 b) Der Radius einer Kugel (r = 5 cm) wird um 10 % verkürzt.
 Um wie viel Prozent nehmen das Volumen V und der Oberflächeninhalt A_O ab?
 c) Rechnet die Teilaufgaben a) und b) auch mit anderen Radien und vergleicht.

17. Der Reaktor eines Atomkraftwerkes ist von einer kugelförmigen Sicherheitshülle aus Stahl (im Bild blau) umgeben. Ihre Abmessungen betragen:
 innerer Kugeldurchmesser 56 m,
 Wanddicke 30 mm.
 a) Berechne das Volumen des Innenraumes.
 b) Wie groß ist
  (1) die innere Wandfläche,
  (2) die äußere Wandfläche
  der Kugel?
 c) Wie viel Tonnen Stahl werden für die Sicherheitshülle benötigt?
 1 dm³ des hier verwendeten Stahls wiegt 7,94 kg.

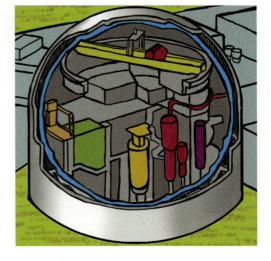

Stahl kann geringfügig unterschiedliche Dichten haben.

PUNKTE SAMMELN

★★
Eine Eiskugel hat einen Durchmesser von ca. 4 cm.
Wie viele Kugeln kann man aus 1 Liter Eis herstellen?

★★★
Aus 3 Liter Stracciatella-Creme sollen ca. 50 Eiskugeln hergestellt werden. Welchen Durchmesser haben die Kugeln?

★★★★
Es sollen kegelförmige Eistüten aus Waffelteig hergestellt werden. Die obere Öffnung der Eistüte soll einen Durchmesser von 4 cm haben. Die Tüte soll ca. 12 cm hoch sein.
Wie viel Quadratzentimeter Waffelteig braucht man ca. für eine Tüte?

★★
Ein Rundzelt ist 2,50 m hoch, der Durchmesser der Grundfläche beträgt $\frac{2}{3}$ der Höhe. Die Zeltplane hat eine Masse von 280 g pro Quadratmeter. Wie schwer ist die Zeltplane?

★★★
Ein Kuppelzelt hat eine Grundfläche von ca. 18 m².
Wie hoch ist das Zelt?
Wie groß ist der eingeschlossene Raum?
Wie groß ist die Zeltplane?

★★★★
Ein Partyzelt soll eine Grundfläche von ca. 40 m² haben. Die Seitenhöhe soll so groß sein, dass man überall gut stehen kann. Damit der Regen gut ablaufen kann, wird darüber ein fast pyramidenförmiges Spitzdach aufgesetzt. Schätze, welche Maße das Zelt haben könnte. Wie viel Quadratmeter Zeltplane werden dann benötigt?

VERMISCHTE UND KOMPLEXE ÜBUNGEN

1. Welche Figur ist ein Pyramidennetz?

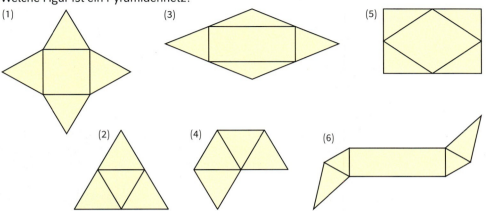

2. Skizziere ein Schrägbild der Pyramide und berechne das Volumen.
Du kannst vorher eine Formel mit den gegebenen Größen aufstellen.
a) Die Grundfläche der Pyramide ist ein Quadrat mit der Seitenlänge $a = 37{,}5\ cm$.
Die Pyramide hat die Körperhöhe $h = 42{,}5\ cm$.
b) Die Grundfläche der Pyramide ist ein gleichschenkliges Dreieck mit der Basislänge
$g = 17{,}8\ cm$ und der Höhe $h_g = 23{,}5\ cm$. Die Pyramide ist $34{,}4\ cm$ hoch.
c) Die Grundfläche der Pyramide ist ein rechtwinkliges Dreieck mit den Kathetenlängen
$a = 67\ cm$ und $b = 83\ cm$. Die Körperhöhe beträgt $120\ cm$.
d) Die Grundfläche der Pyramide ist ein regelmäßiges Sechseck mit der Seitenlänge
$a = 8{,}0\ cm$. Die Höhe h der Pyramide beträgt $12{,}0\ cm$.

3. Ein Kegel hat den Radius $r = 27\ cm$ und die Körperhöhe $h = 43\ cm$.
a) Skizziere Schrägbild und Zweitafelbild.
b) Berechne das Volumen und den Oberflächeninhalt.

4. Berechne die fehlenden Größen einer quadratischen Pyramide.

	Kantenlänge a	Körperhöhe h	Höhe h_a einer Seitenfläche	Mantelflächen-inhalt A_M	Oberflächen-inhalt A_O	Volumen V
a)	7,4 cm	12,3 cm				
b)	5,9 cm		9,7 cm			
c)		15,3 cm	18,4 cm			
d)			7,6 cm	124,3 cm²		
e)		6,7 cm				25,1 cm³
f)	14,8 cm					453,0 cm³
g)	9,4 cm				300 cm²	

... zuerst eine Skizze.

5. Auf einen Zylinder mit dem Radius r und der Höhe $2r$ wird ein Kegel mit dem Radius r der Grundfläche und der Höhe $2r$ aufgesetzt.
Stelle eine Formel zur Berechnung des Volumens V und des Oberflächeninhalts A_O auf.

6. Aus den Blechteilen der Abbildung werden offene Behälter hergestellt.
Wie groß sind Fassungsvermögen und Materialverbrauch für einen Behälter?

a)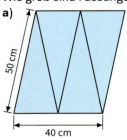

b)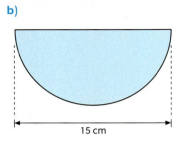

7. Eine Biogasanlage besteht u. a. aus den abgebildeten kreisrunden Bioreaktoren, in denen der Gärprozess stattfindet. Sie werden jeweils oben mit einer kegelförmigen Folie abgedichtet.
Wie viel Quadratmeter Folie ist insgesamt etwa für diese Biogasanlage erforderlich gewesen? Beschreibe deine Überlegungen.

8. In einer Spielwarenfabrik werden aus würfelförmigen Holzklötzen mit der Kantenlänge 3,5 cm Bausteine heraus gefräst.
Die Bausteine sollen (1) kugel-, (2) kegel- oder (3) zylinderförmig sein.
a) Berechnet den prozentualen Abfall.
b) Maria behauptet: „Es spielt keine Rolle, welche Maße der Würfel hat. Bei der Herstellung der Kugel bleibt der prozentuale Abfall immer gleich."
Was meint ihr dazu? Begründet eure Meinung.
c) Vergleicht auch die Größen der Oberflächen.

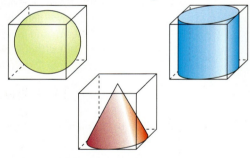

9. Zeichne zu dem Aufriss mindestens zwei verschiedene Grundrisse. Beschrifte auch die Eckpunkte.
Beschreibe die Körper möglichst genau und gib ihre Namen an.

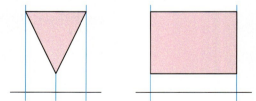

1 cm³ Glas wiegt 2,5 g.

10. Die Überdachung eines Informationsstandes besteht aus neun quadratischen Glaspyramiden ohne Boden.
Wie viel wiegt das Glasdach, wenn Fensterglas von 1 cm Dicke verwendet wurde?

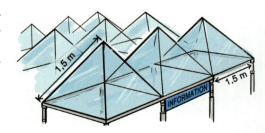

11. Berechne die fehlenden Größen eines Kegels.

	Radius r	Höhe h	Länge s einer Mantellinie	Mantelflächeninhalt A_M	Oberflächeninhalt A_O	Volumen V
a)	6,2 cm	19,4 cm				
b)	4,8 cm		6,9 cm			
c)		13,9 cm	18,5 cm			
d)			8,8 cm	124,9 cm²		
e)		4,3 cm				20,4 cm³
f)	8,4 cm				600 cm²	
g)	12,4 cm					345,0 cm³

 Eine Outdoor-Firma stellt Pyramidenzelte her. Wie viel Zeltplane benötigt sie für das Außenzelt und die Bodenplane des Pyramidenzelts?

 Mache einen Entwurf für ein kleines Pyramiden- oder Kuppelzelt für 2 Personen, das zum Wandern geeignet ist. Welche Maße sollte das Zelt haben? Wie viel Zeltplane wird benötigt?

 12.

Kuppelzelt

Pyramidenzelt mit quadratischer Grundfläche, Seitenlänge 2,20 m, Höhe 1,80 m

 Die Firma möchte auch Kuppelzelte herstellen. Ihr Innenraum soll die gleiche Größe wie das Pyramidenzelt haben. Welche Maße kann das Kuppelzelt haben?

 Für das Pyramidenzelt wird ein Innenzelt hergestellt, das auch den Boden bedecken soll. Die Grundkante und die Höhe sollen jeweils 90 % der Maße des Außenzelts betragen. Wie viel Stoff braucht man für das Innenzelt?

13. Die Abbildung rechts zeigt einen Köhlerhaufen zur Herstellung von Holzkohle.
a) Wie viel Kubikmeter Holz liegen ungefähr auf dem Köhlerhaufen? Beschreibe deine Überlegungen.
b) Informiere dich über die Herstellung von Holzkohle in einem Köhlerhaufen.

WAS DU GELERNT HAST

$d^2 = a^2 + a^2$
$h_a^2 = h^2 + \left(\frac{a}{2}\right)^2$
$s^2 = h^2 + \left(\frac{d}{2}\right)^2$
$s^2 = h_a^2 + \left(\frac{a}{2}\right)^2$

Pyramide

Oberflächeninhalt: $A_O = A_G + A_M$

Volumen: $V = \frac{1}{3} \cdot A_G \cdot h$

Längen können mit dem Satz des Pythagoras berechnet werden.
In der Pyramide erkennt man vier verschiedene rechtwinklige Dreiecke.

Mantelfläche: 4 gleichschenklige Dreiecke

Grundfläche

Gegeben: Quadratische Pyramide mit $a = 9\,\text{cm}$, $h = 6\,\text{cm}$

Höhe h_a einer Seitenfläche:
$h_a^2 = h^2 + \left(\frac{a}{2}\right)^2$
$h_a^2 = (6\,\text{cm})^2 + (4,5\,\text{cm})^2$
$\underline{h_a = 7,5\,\text{cm}}$

Mantelflächeninhalt A_M:
$A_M = 4 \cdot \frac{a \cdot h_a}{2} = 4 \cdot \frac{9\,\text{cm} \cdot 7,5\,\text{cm}}{2}$
$\underline{A_M = 135\,\text{cm}^2}$

Oberflächeninhalt A_O:
$A_O = a^2 + A_M = (9\,\text{cm})^2 + 135\,\text{cm}^2$
$\underline{A_O = 216\,\text{cm}^2}$

Volumen V:
$V = \frac{1}{3} \cdot a^2 \cdot h = \frac{1}{3} \cdot (9\,\text{cm})^2 \cdot 6\,\text{cm}$
$\underline{V = 162\,\text{cm}^3}$

Kegel

Oberflächeninhalt: $A_O = A_G + A_M$
Mantelflächeninhalt: $A_M = \pi \cdot r \cdot s$
Volumen: $V = \frac{1}{3} \cdot A_G \cdot h$
Satz des Pythagoras: $s^2 = r^2 + h^2$

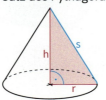

Gegeben: $r = 5\,\text{cm}$, $h = 7\,\text{cm}$

Mantellinie s:
$s^2 = r^2 + h^2 = (5\,\text{cm})^2 + (7\,\text{cm})^2$
$\underline{s = 8,60\,\text{cm}}$

Mantelflächeninhalt A_M:
$A_M = \pi \cdot r \cdot s$
$A_M = \pi \cdot 5\,\text{cm} \cdot 8,6\,\text{cm}$
$\underline{A_M = 135,09\,\text{cm}^2}$

Oberflächeninhalt A_O:
$A_O = \pi \cdot (5\,\text{cm})^2 + 135,09\,\text{cm}^2$
$\underline{A_O = 213,63\,\text{cm}^2}$

Volumen V:
$V = \frac{1}{3} \cdot \pi \cdot r^2 \cdot h = \frac{1}{3} \cdot \pi \cdot (5\,\text{cm})^2 \cdot 7\,\text{cm}$
$\underline{V = 183,26\,\text{cm}^3}$

Kugel

Oberflächeninhalt: $A_O = 4 \cdot \pi \cdot r^2$
Volumen: $V = \frac{4}{3} \cdot \pi \cdot r^3$

Gegeben: $r = 5\,\text{cm}$

Oberflächeninhalt A_O:
$A_O = 4 \cdot \pi \cdot (5\,\text{cm})^2$
$\underline{A_O = 314,16\,\text{cm}^2}$

Volumen V:
$V = \frac{4}{3} \cdot \pi \cdot (5\,\text{cm})^3$
$\underline{V = 523,60\,\text{cm}^3}$

BIST DU FIT?

1. Gegeben ist ein Kegel mit r = 2,4 cm und h = 6,0 cm.
  (1) Skizziere ein Schrägbild des Kegels.
  (2) Berechne das Volumen und den Oberflächeninhalt des Kegels.
  (3) Zeichne ein Zweitafelbild des Kegels.

2. Gegeben ist eine quadratische Pyramide mit a = 3,8 cm und h = 5,0 cm.
  (1) Zeichne ein Schrägbild der Pyramide.
  (2) Berechne das Volumen und den Oberflächeninhalt der Pyramide.
  (3) Zeichne ein Netz der Pyramide.

3. Bei einer Kugel ist r der Radius, A_O der Oberflächeninhalt, V das Volumen und d der Durchmesser.
  Berechne aus den gegebenen Größen alle anderen.
  a) d = 8,2 cm   b) A_O = 33,93 dm²   c) V = 381,7 m³

4. Berechne die Größe der Dachfläche und die Größe des Dachraumes.
  a) Satteldach   b) Turmdach   c) Kegeldach   d) Kuppeldach

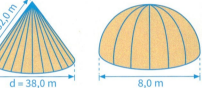

5. Bei einem Kegel ist r der Radius, h die Höhe, s die Länge einer Mantellinie, V das Volumen und A_O der Oberflächeninhalt.
  Berechne aus den gegebenen Größen alle anderen.
  a) r = 0,45 m   b) h = 84 cm   c) h = 34 cm   d) r = 8,5 cm   e) d = 7,8 cm
     s = 117 cm   s = 9,1 dm   V = 1 580 cm³   V = 2,0 ℓ A_O = 106,2 cm²

6. Bei einer quadratischen Pyramide soll a die Kantenlänge der Grundfläche, h die Körperhöhe, h_a die Höhe der Seitenfläche, A_O der Oberflächeninhalt und V das Volumen sein.
  Berechne aus den gegebenen Größen alle anderen.
  a) a = 7,3 cm   b) a = 14,3 cm   c) a = 15,5 cm
     h_a = 9,2 cm   h = 17,4 cm   V = 973,44 cm³

7. Familie Kramer hat im Garten einen zylinderförmigen Swimmingpool mit dem Durchmesser 4,5 m. Das Wasser steht darin etwa 1,2 m hoch. Im Prospekt wird die Leistung des Filters mit rund 3,8 $\frac{m^3}{h}$ angegeben.
  Wie lange dauert es, bis die gesamte Wasserfüllung gefiltert ist?

8. Eine Firma hat sich auf die Herstellung von sehr kleinen Titankugeln für die Medizintechnik spezialisiert. Das Angebot reicht von den kleinsten mit einem Durchmesser von 50 μm = 0,050 mm bis zu den größten mit einem Durchmesser von 3 mm.
  Wie viele von den kleinsten Kugeln sind genauso schwer wie eine von den größten?

KAPITEL 8
ZUFALL UND WAHRSCHEINLICHKEIT

Glücksspiele

» Welches Spiel ist auf dem Bild zu erkennen? Beschreibe den Spielstand. Welche Farbe wird voraussichtlich gewinnen?
» Maik hat schon fünfmal keine Sechs gewürfelt.
„Jetzt muss aber endlich die Sechs kommen", behauptet er.
» Lena hat dreimal hintereinander eine Sechs gewürfelt und meint:
„Das ist halt Können."
» Nenne Spiele, bei denen es vom Zufall abhängt, ob man gewinnt oder verliert.
» Kennst du auch Spiele, bei denen Zufall *und* Können eine Rolle spielen?

Der Zufall entscheidet

Zu allen Zeiten haben Vorgänge, deren Ergebnisse nicht vorhersehbar waren, die Menschen fasziniert. Mit Spielen versuchten Menschen, ihr Schicksal vorherzusehen oder eine göttliche Weisung zu erhalten. Die Strategie einer Schlacht konnte z. B. vom Ausgang eines Spiels abhängen.

Astragale und Würfel

Achilles und Ajax beim Würfelspiel

» Was kannst du auf den Bildern erkennen?
Erkundige dich, was Astragale sind.
» Nenne und beschreibe Beispiele, bei denen man auch heute noch den Zufall entscheiden lässt.

Wettervorhersage

» Worum geht es in dem Zeitungsbericht?
» Was kann man unter *Wahrscheinlichkeit von 63 %* verstehen?
» Wie könnten die Wetterforscher zu dieser Wahrscheinlichkeitsangabe gekommen sein?
» Erkundige dich, was man unter *Regenwahrscheinlichkeit* versteht.

Bauernregeln wissenschaftlich belegt
„Regnet es am Siebenschläfertag (27. Juni), es noch 7 Wochen regnen mag."
Solche Bauernregeln für die Wettervorhersage wurden lange eher belächelt als ernst genommen. Nun aber liegt der wissenschaftliche Beweis vor: Ende Juni/Anfang Juli stabilisiert sich die Wetterlage in Europa – tatsächlich bleibt das Wetter sieben Wochen lang so wie am 27. Juni (mit einer Wahrscheinlichkeit von 63 %).

IN DIESEM KAPITEL LERNST DU ...

... was Zufallsexperimente sind.
... was man unter Wahrscheinlichkeit versteht.
... wie man bei Zufallsexperimenten Wahrscheinlichkeiten berechnen oder näherungsweise bestimmen kann.

ZUFALLSEXPERIMENTE UND WAHRSCHEINLICHKEIT

Zufall oder nicht?

EINSTIEG

Jannik und Lucas spielen *Mensch ärgere Dich nicht*. Der blaue Spielstein von Jannik ist kurz vor dem Ziel. Davor steht noch der rote Spielstein von Lucas.
Jannik ist mit Würfeln dran.

» Welche Würfelergebnisse sind möglich? Welche davon sind günstig für Jannik?
» Wie groß ist die Chance, dass Jannik seinen Spielstein in Sicherheit bringt?
» Wie groß ist Janniks Chance, den Stein von Lucas zu schlagen?

AUFGABE

1. Anna und Sarah streiten sich, wer den Abwasch übernehmen soll.
Können sich die beiden
(1) mit einer Münze,
(2) mit einem Würfel,
(3) mit dem Spielstein einigen?

Münze　　Würfel　　Spielstein

Lösung
Anna und Sarah überlassen die Entscheidung darüber, wer den Abwasch übernimmt, dem Zufall.

(1) *Werfen einer Münze:*
Die möglichen Ergebnisse sind Wappen oder Zahl. Keines der beiden Ergebnisse ist beim Werfen bevorzugt. Man sagt: Beide Ergebnisse haben die gleiche Chance.
Anna und Sarah könnten sich z. B. so einigen: „Bei Wappen wäscht Sarah ab, bei Zahl Anna."

(2) *Werfen eines Würfels:*
Die möglichen Ergebnisse sind die Augenzahlen 1, 2, 3, 4, 5, 6. Bei einem guten Würfel hat jede Augenzahl die gleiche Chance.
Anna und Sarah könnten sich z. B. so einigen: „Bei den geraden Augenzahlen 2, 4 und 6 wäscht Sarah ab, bei den ungeraden Augenzahlen Anna."

(3) *Werfen eines Spielsteines:*
Die möglichen Ergebnisse sind: *Seitenlage* oder *Kopf nach oben*.
Angenommen die beiden Mädchen würden vereinbaren: „Bei *Seitenlage* wäscht Sarah ab, bei *Kopf nach oben*

Anna." Dann wäre Anna bevorzugt. Der Spielstein fällt nämlich sehr viel häufiger auf die Seitenlage als mit dem Kopf nach oben. Daher haben die beiden Ergebnisse nicht die gleiche Chance.
Der Zufall würde auch hier entscheiden, aber es wäre keine faire Entscheidung. Die *Wahrscheinlichkeit,* dass Sarah abwaschen müsste, wäre viel größer.

FESTIGEN UND WEITERARBEITEN

2. Gib jeweils die möglichen Ergebnisse an. Entscheide, ob alle Ergebnisse die gleiche Chance haben.
(1) Prüfen einer LED-Lampe
(2) Werfen einer Münze
(3) Werfen eines Legosteins
(4) Schießen auf eine Torwand

INFORMATION

Zufallsexperimente
Das Werfen einer Münze, eines Spielsteins, eines Würfels oder das Drehen eines Glücksrads sind *Zufallsexperimente*:
- Man kann nicht vorhersagen, welches **Ergebnis** eintritt; es hängt vom Zufall ab.
- Aber schon vor dem Versuch kann man alle **möglichen Ergebnisse** angeben.
  Man fasst sie zu der **Ergebnismenge S** des Zufallsexperiments zusammen.
  Beispiele:
  Werfen eines Würfels: S = {1; 2; 3; 4; 5; 6}
  Werfen einer Münze: S = {Wappen; Zahl}
- Ein Zufallsexperiment kann unter gleichen Bedingungen beliebig oft wiederholt werden.

ÜBEN

3. Gib für jedes Zufallsexperiment alle möglichen Ergebnisse an. Entscheide, ob die Ergebnisse die gleiche Chance des Eintreffens haben.
(1) Werfen eines Kronkorkens
(2) Werfen eines Bierdeckels
(3) Werfen einer Streichholzschachtel
(4) Werfen eines Knopfes
(5) Werfen einer Reißzwecke
(6) Drehen eines Glücksrades

4. Zufall oder nicht? Begründe.
(1) Julias Vater hat im Lotto gewonnen.
(2) Wasser siedet bei 100 °C.
(3) Der Zug fährt um 8:47 Uhr ab.
(4) Daniel wirft eine Münze. Sie zeigt Zahl.

5. Geschick, Zufall oder beides? Begründe.
(1) Janina zieht ein Gewinnlos.
(2) Tim hat dreimal hintereinander eine 6 gewürfelt.
(3) Christoph gewinnt beim Skatspiel.
(4) Niklas trifft eine Dose bei einer Wurfbude.

6. Ein Würfel und eine Münze werden gleichzeitig geworfen. Wenn der Würfel die Augenzahl 3 und die Münze das Wappen zeigt, so kann man dieses Ergebnis durch (3|W) angeben. Schreibe alle möglichen Ergebnisse dieses Zufallsexperiments auf.

7. Bei einem Fußballspiel kennt man den Ausgang vor dem Beginn nicht. Es kann die Heimmannschaft gewinnen oder die Auswärtsmannschaft oder das Spiel endet mit einem Unentschieden. Ist es sinnvoll, ein Fußballspiel als Zufallsexperiment zu betrachten? Begründe deine Ansicht.

8. Anne zieht zwei der verdeckt liegenden Zahlkärtchen links.
a) Anne betrachtet die Summe der beiden Zahlen als Versuchsergebnis. Schreibe alle möglichen Ergebnisse auf.
b) Anne betrachtet das Produkt der beiden Zahlen als Versuchsergebnis. Schreibe alle möglichen Ergebnisse auf.

Wahrscheinlichkeit bei Zufallsexperimenten

EINSTIEG

Auf seiner Geburtstagsfeier will Aaron kleine Gewinne mit Würfelspielen verteilen.
Im Internet hat er Würfel entdeckt.

Tetraeder (Vier-Flächen-Körper) *Hexaeder* (Sechs-Flächen-Körper) *Oktaeder* (Acht-Flächen-Körper) *Dodekaeder* (Zwölf-Flächen-Körper) *Ikosaeder* (Zwanzig-Flächen-Körper)

» Bei einem Spiel soll gewinnen, wer eine Primzahl würfelt.
  Aaron überlegt, bei welchem Würfel dies besonders schwierig ist.
» Überlegt euch selbst Regeln für einen Gewinn und vergleicht die Gewinnchancen bei den verschiedenen Würfeln.

AUFGABE

1. Sophie und Maria haben zwei Glücksräder gebaut, mit denen sie Gewinne auslosen wollen.

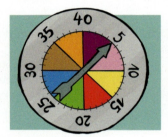 

Sophies Glücksrad
„Durch 4 teilbare Zahl gewinnt."

Marias Glücksrad
„Rot gewinnt."

a) Welches Glücksrad hat die größere Gewinnchance?
b) Sophies Glücksrad wird 600-mal gedreht.
Wie oft erwartest du eine Zahl, die durch 4 teilbar ist? Begründe.

Lösung

a) (1) Sophies Glücksrad hat 40 mögliche Ergebnisse: 1, 2, 3, …, 40.
Von den 40 Zahlen sind 10 Gewinnzahlen: 4, 8, 12, 16, 20, 24, 28, 32, 36, 40.
Alle 40 Zahlen sind im gleichen Abstand auf dem Glücksrad verteilt.
Jede Zahl hat die gleiche Chance.
Wir können also in $\frac{10}{40}$ aller Fälle mit einer Gewinnzahl rechnen.
Man sagt: Die Wahrscheinlichkeit zu gewinnen beträgt $\frac{10}{40} = \frac{1}{4} = 25\,\%$.

(2) Marias Glücksrad hat vier mögliche Ergebnisse: Rot, Blau, Gelb oder Grün.
Da die Kreisausschnitte *nicht* gleich groß sind, haben die möglichen Ergebnisse hier unterschiedlich große Gewinnchancen.
Der rote Kreisausschnitt ist am größten. Das Ergebnis Rot hat somit die größte Gewinnchance.
Wir sagen auch, die Wahrscheinlichkeit für das Ergebnis Rot ist am größten.
Der Anteil des roten Kreisausschnitts am ganzen Kreis beträgt $\frac{1}{3}$ (ca. 33 %). Dieser Anteil gibt die Wahrscheinlichkeit dafür an, dass das Ergebnis Rot eintritt.

Ergebnis: Marias Glücksrad hat die größere Gewinnchance.

b) *1. Möglichkeit*
Bei dem Glücksrad sind alle 40 Zahlen gleichwahrscheinlich.
Wir erwarten somit, dass jede Zahl in etwa gleich oft vorkommt: 600 : 40 = 15.
Das Glücksrad hat 10 durch 4 teilbare Zahlen: 10 · 15 = 150.

2. Möglichkeit
Die Wahrscheinlichkeit für eine durch 4 teilbare Zahl beträgt $\frac{1}{4}$ (Teilaufgabe a)).
Deshalb erwarten wir, dass in etwa einem Viertel aller Fälle die Zahl durch 4 teilbar ist:
$\frac{1}{4}$ von 600 = 150.

Ergebnis: Bei 600 Versuchen erwarten wir, dass 150-mal eine durch 4 teilbare Zahl vorkommt.

INFORMATION

(1) Ereignis bei einem Zufallsexperiment
Einzelne **Ergebnisse** eines Zufallsexperiments kann man zu einem **Ereignis** zusammenfassen.
Beispiel:
Zu dem Ereignis *Augenzahl ist gerade* gehören die Ergebnisse 2, 4 und 6.
Die zugehörige **Ereignismenge E** ist E = {2; 4; 6}.

Pierre Simon Laplace
(1749 – 1827)
franz. Mathematiker

(2) Chancengleichheit – Laplace-Experiment
Bei manchen Versuchen, z. B. *Werfen eines Würfels,* haben alle Ergebnisse die gleiche Chance.
Solche Zufallsexperimente heißen **Laplace-Experiment**. Sie sind nach dem französischen Mathematiker Laplace benannt worden. Für Laplace-Experimente gilt:

Wahrscheinlichkeit eines Ereignisses = $\frac{\text{Anzahl der günstigen Ergebnisse}}{\text{Anzahl der möglichen Ergebnisse}}$

Es ist üblich, die Wahrscheinlichkeit eines Ereignisses E mit P(E) abzukürzen.
Beispiel:
Die **möglichen Ergebnisse** beim Werfen eines Würfels sind: 1, 2, 3, 4, 5, 6.
Zu dem Ereignis E: *Die Augenzahl ist größer als 4* gehören die **günstigen Ergebnisse** 5 und 6.
Wir erhalten somit: $P(E) = \frac{2}{6} = \frac{1}{3} \approx 33{,}3\,\%$.

(3) Wahrscheinlichkeit bei Glücksrädern
Bei Glücksrädern gibt der Anteil des Kreisausschnitts am ganzen Kreis die Wahrscheinlichkeit des zugehörigen Ergebnisses an. Für das Glücksrad rechts gilt:

Ergebnis	Rot	Grün	Blau	Gelb
Wahrscheinlichkeit	25 %	50 %	12,5 %	12,5 %

P(Rot) = $\frac{1}{4}$ = 25 % bedeutet: Wird das Glücksrad häufig gedreht, so erwartet man in etwa einem Viertel der Fälle das Ergebnis Rot.

FESTIGEN UND WEITERARBEITEN

2. Betrachte Marias Glücksrad auf Seite 188.
a) Wie groß ist die Wahrscheinlichkeit (Gewinnchance) für (1) gelb, (2) grün, (3) blau?
b) Das Glücksrad wird 300-mal gedreht.
Wie oft erwartest du die einzelnen Farben? Begründe.

3. Gib zu dem Spiel die Gewinnchance (Wahrscheinlichkeit) mithilfe eines Bruches an:
  a) Werfen einer Münze, Wappen gewinnt;
  b) Werfen eines Würfels, Primzahl gewinnt;

4. In einer Lostrommel sind 150 Nieten, 45 Trostpreise und 5 Hauptgewinne.
Wie groß ist die Chance,
  (1) einen Trostpreis,   (2) einen Hauptgewinn,   (3) eine Niete zu ziehen?

ÜBEN

5. a) Was kannst du über die Gewinnchancen der einzelnen Zahlen sagen? Begründe.
  b) Wie groß ist die Wahrscheinlichkeit für
    (1) eine gerade Zahl,
    (2) eine Zahl größer als 4,
    (3) eine Primzahl,
    (4) eine Quadratzahl?
  c) Das Glücksrad wird 200-mal gedreht.
  Wie oft erwartest du
    (1) die Zahl 4,   (2) eine Primzahl?

6. Ein Würfel wird geworfen.
  a) Gib zu folgenden Ereignissen die günstigen Ergebnisse an und berechne die Wahrscheinlichkeiten.
    (1) Die Zahl ist ungerade.   (4) Die Zahl ist eine Quadratzahl.
    (2) Die Zahl ist ein Vielfaches von 3. (5) Die Zahl ist höchstens 4.
    (3) Die Zahl ist nicht 3.   (6) Die Zahl ist mindestens 3.
  b) Gib ein weiteres Ereignis E mit der Wahrscheinlichkeit $P(E) = \frac{5}{6}$ an.
  c) Gib zu E = {1; 2; 3} ein Ereignis an.

7. Lisa würfelt fünfmal hintereinander und erhält die Augenzahlen 2, 5, 3, 4 und 6.
Mit welcher Wahrscheinlichkeit erhält sie beim nächsten Wurf eine 1? Begründe.

8. Eine Klasse besteht aus 16 Mädchen und 14 Jungen. Jeder schreibt seinen Namen auf einen Zettel und wirft ihn in einen Topf. Für das Verlosen einer Freikarte wird dann ein Zettel gezogen.
Wie groß ist die Wahrscheinlichkeit, dass ein Junge eine Freikarte erhält?

9. In einer Tüte befinden sich 15 blaue, 25 rote und 10 grüne Schokolinsen. Eine Schokolinse wird verdeckt gezogen.
Bestimme die Wahrscheinlichkeit für das Ziehen einer
  a) roten Schokolinse,
  b) grünen Schokolinse,
  c) blauen Schokolinse,
  d) Schokolinse, die nicht grün ist.

10. In einem Behälter befinden sich 6 grüne und eine unbekannte Anzahl blauer Kugeln. Die Wahrscheinlichkeit für das Ziehen einer blauen Kugel ist:
(1) $\frac{1}{2}$;   (2) $\frac{1}{3}$;   (3) $\frac{2}{3}$;   (4) $\frac{1}{4}$.
Wie viele blaue Kugeln sind jeweils in dem Behälter?

WAHRSCHEINLICHKEIT UND RELATIVE HÄUFIGKEIT

EINSTIEG Ein roter und ein blauer Würfel werden gleichzeitig geworfen. Als Ergebnis nehmen wir die Summe der beiden Augenzahlen. Der Versuch soll 900-mal wiederholt werden.

Augensumme 5

» Notiert alle möglichen Ergebnisse.
» Gebt begründete Prognosen ab, wie oft ihr die verschiedenen Augensummen erwartet.
» Führt den Versuch 900-mal durch.
  Teilt dazu eure Klasse z. B. in 9 kleine Gruppen ein und tragt die Listen nachher zusammen. So muss jede Gruppe nur 100 Versuche durchführen.
» Erklärt eure Ergebnisse.
  Die Tabelle kann euch dabei helfen.

Blauer Würfel

Roter Würfel	⚀	⚁	⚂	⚃	⚄	⚅
⚀	2	3	4	5		
⚁	3	4				
⚂						
⚃						
⚄						
⚅						

INFORMATION

(1) Absolute Häufigkeit
Wie häufig ein Ergebnis vorkommt, können wir z.B. mit Strichen in einer Tabelle protokollieren. Die dort angegebenen Anzahlen sind die **absoluten Häufigkeiten**.

(2) Relative Häufigkeit
Die **relative Häufigkeit** gibt den Anteil eines Ergebnisses im Verhältnis zur Gesamtzahl an.
Es gilt: $\text{relative Häufigkeit} = \frac{\text{absolute Häufigkeit}}{\text{Gesamtzahl}}$

AUFGABE

1. a) Beim Sportfest spielen die Klassen 8a und 8b gegeneinander Fußball. Für die Seitenwahl wird normalerweise eine Münze geworfen. Da aber keine Münze verfügbar ist, schlägt der Spielführer der Klasse 8a vor, einen Kronkorken zu werfen. Die Klasse 8b ist damit nicht einverstanden. Versetzt euch in die Situation.
Was würdet ihr machen?
Ist die Seitenwahl mit einem Kronkorken fair?

b) Bei einer Versuchsreihe mit einem Kronkorken wurden folgende Ergebnisse erzielt:

Anzahl der Würfe	30	60	90	120	150	180	210	240	270	300
Häufigkeit von: ⌒	14	33	54	68	91	106	122	137	157	174
Häufigkeit von: ⌵	16	27	36	52	59	74	88	103	113	126

Bestimme aus der Tabelle die relativen Häufigkeiten und zeichne für beide Ergebnisse einen Graphen der Zuordnung *Anzahl der Würfe → relative Häufigkeit*.
Beschreibe die Graphen. Was fällt dir auf?

Lösung

a) Ein Kronkorken ist im Vergleich zu einer Münze nicht regelmäßig geformt. Beide Lagen sind daher vermutlich nicht gleichwahrscheinlich. Nur eine lange Versuchsreihe könnte die mögliche Vermutung, dass der Kronkorken aufgrund seines Schwerpunkts eher auf dem Rücken landet, bestätigen oder widerlegen.

b) Wir erhalten folgende relative Häufigkeiten:

Anzahl der Würfe	30	60	90	120	150	180	210	240	270	300
Relative Häufigkeit für: 🔺	47 %	55 %	60 %	57 %	61 %	59 %	58 %	57 %	58 %	58 %
Relative Häufigkeit für: 🔻	53 %	45 %	40 %	43 %	39 %	41 %	42 %	43 %	42 %	42 %

Bei z. B. 30 Würfen ist das Ergebnis *Kronkorken liegt auf dem Rücken* insgesamt 14-mal eingetreten. Der Anteil ist also $\frac{14}{30} \approx 0{,}47 = 47\,\%$.

Die Veränderung der relativen Häufigkeit in Abhängigkeit der Anzahl der Würfe kannst du auch aus dem Graphen der Zuordnung *Anzahl der Würfe → relative Häufigkeit* entnehmen.

Zu Beginn gibt es noch große Schwankungen bei der relativen Häufigkeit, mit wachsender Wurfanzahl wird diese aber gleichmäßiger.

Die *Rückenlage* tritt bei ca. 58 % der Würfe ein, die *Zackenlage* bei ca. 42 %.

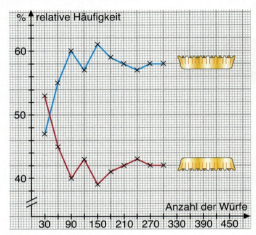

Diese Werte können näherungsweise als Wahrscheinlichkeit für diese Ergebnisse angesehen werden.

INFORMATION

Wahrscheinlichkeit bei Zufallsexperimenten

(1) Die Wahrscheinlichk P eines Ergebnisses gibt an:
- die Gewinnchance bei einem Spiel, dessen Ergebnis nur vom Zufall abhängt;
- die relative Häufigkeit, die man bei langen Versuchsreihen erwarten kann.

(2) Bei *Laplace-Experimenten* kann man Wahrscheinlichkeiten direkt angeben. Alle Ergebnisse sind gleichwahrscheinlich. Hat ein Laplace-Experiment n mögliche Ergebnisse, so gilt $P = \frac{1}{n}$.

(3) Ist ein Zufallsexperiment *kein Laplace-Experiment,* so kann man die Wahrscheinlichkeit eines Ergebnisses näherungsweise mit einer langen Versuchsreihe ermitteln. Dabei gilt:
Wahrscheinlichkeit P ≈ relative Häufigkeit h

(4) Wahrscheinlichkeiten kann man als Bruch, als Dezimalbruch oder in Prozent angeben.

FESTIGEN UND WEITERARBEITEN

2. Vier Schülerinnen und Schüler warfen je 100-mal eine Münze. Berechne die relative Häufigkeit von *Wappen* und von *Zahl*
(1) für jeden der vier Schüler;
(2) für alle 400 Würfe.
Vergleiche mit den Wahrscheinlichkeiten.

	Bianca	Manuela	Stefan	Uwe
Wappen	52	40	58	45
Zahl	48	60	42	55

3. a) Eine Münze wird geworfen. Wie groß ist die Chance (Wahrscheinlichkeit), dass *Wappen* auftreten wird?
Die Münze soll 300-mal geworfen werden.
Wie groß wird der Anteil von *Wappen* an der Gesamtzahl der Würfe ungefähr sein?
Wie häufig wird *Wappen* ungefähr auftreten?

b) Eine Münze ist 300-mal geworfen worden:

Anzahl der Würfe	20	40	60	80	100	120	140	160	180	200	220	240	260	280	300
Anzahl der Wappen	13	24	29	38	48	57	69	82	92	100	110	121	134	142	150
relative Häufigkeit (in %)	65	60	48	48	48	48	49	51	51	50	50	50	52	51	50

Zeichne den Graphen der Zuordnung *Anzahl der Würfe → relative Häufigkeit*.
Vergleiche die relativen Häufigkeiten.

4. Es gibt verschiedene Spielkreisel. Auf den Fotos siehst du zwei verschiedene Kreisel: Einen vierseitigen mit vier verschiedenen Symbolen und einen runden mit 12 verschiedenen Farben auf der Kreisfläche.
  a) Sind beim Drehen beide Kreisel fair? Begründe.
  b) Wie hoch ist die Wahrscheinlichkeit
   (1) bei dem vierseitigen Kreisel für die einzelnen Symbole,
   (2) beim runden Kreisel für die einzelnen Farben?
  c) Emma und Julius drehen jeder 20-mal den Kreisel. Bestimme die relativen Häufigkeiten (in %) der einzelnen Symbole (1) für Emma, (2) für Julius.

	⊘	+1	☹	☆
Emma	7	6	3	4
Julius	4	4	6	6

Welche relativen Häufigkeiten ergeben sich, wenn man die Experimente von Emma und Julius zusammenfasst (40-mal Drehen)?
  d) Überlege dir mit deinem Partner mögliche Spielregeln für die einzelnen Symbole bzw. Farben auf einem der beiden Kreisel. Ihr könnt auch selbst Kreisel bauen. Informiert euch dazu im Internet.

ÜBEN

5. Wie groß ist die Wahrscheinlichkeit für das Auftreten von Zahl beim Werfen einer 1-Cent-Münze? Wie kannst du deine Vermutung überprüfen?

6. Ein Glücksrad mit 5 gleich großen Sektoren wurde 140-mal gedreht. Die Zahlen wurden in einer Tabelle notiert.
Bestimme die relative Häufigkeit für die einzelnen Zahlen und vergleiche sie mit den Wahrscheinlichkeiten.

```
1 4 1 3 5 2 3 2 3 4 3 1 1 5 5 2 5 3 1 1
4 3 5 1 2 1 2 1 4 2 2 4 5 3 2 5 3 5 4 1
4 5 2 3 1 3 1 2 2 1 3 2 5 1 2 4 2 3 2 4
2 5 5 4 3 3 4 4 3 4 1 5 3 4 1 2 2 5 1 2
1 5 1 5 4 3 3 3 4 5 5 2 5 5 4 5 2 3 2 1
2 3 3 4 5 3 5 1 3 1 4 1 1 1 2 2 5 3 5 3
1 4 1 4 5 2 4 1 3 2 1 2 3 3 2 2 2 4 4 4
```

7. In einem Gefäß sind 5 gelbe, 3 rote und 2 grüne Kugeln. Eine Kugel wird verdeckt gezogen.
  a) Wie groß ist die Wahrscheinlichkeit
   (1) eine gelbe Kugel, (2) eine rote Kugel, (3) eine grüne Kugel zu ziehen?
  b) Überprüft die Wahrscheinlichkeiten aus Teilaufgabe a), indem ihr das Experiment 100-mal durchführt. Erklärt Abweichungen.

8. Ein Glücksrad wurde 500-mal gedreht. Dabei blieb es 198-mal auf Gelb stehen.
Wie groß wird der Anteil des gelben Kreisausschnitts ungefähr sein?
Begründe deine Vermutung.

9. Zehn Tage nach Einführung des EURO (1.1.2002) als neuer Währung berichtete die Presse:

> **Der Euro ist nicht gerecht**
> Polnische Studenten haben entdeckt, dass die belgische 1-Euro-Münze bei 1000 Würfen knapp 600-mal mit dem Kopf König Alberts II., als der „nationalen" Seite, nach oben zu liegen kam. Journalisten der Süddeutschen Zeitung kamen mit dem deutschen Euro zu einem ähnlichen Ergebnis: 250 Würfe, 141-mal Bundesadler oben.

a) Was erwartet man von einer „gerechten" Münze?
b) Führt in Zweiergruppen mit einer 1-Euro-Münze einen 250-fachen Münzwurf durch. Notiert in 10er-Schritten, mit welcher relativen Häufigkeit Zahl erscheint.
c) Fertigt einen Graphen dazu an.
   Vergleicht die Ergebnisse mit denen eurer Mitschüler.

10. Luisa und Sebastian wollen *Mensch ärgere Dich nicht* spielen. Leider ist nirgendwo ein Würfel auffindbar.
Sebastian schlägt vor: „Lass uns doch einen Lego-Vierer zum Würfeln nehmen. Oben sind vier Augen, unten ist ein Auge und die anderen Seiten beschriften wir mit 2, 3, 5 und 6."

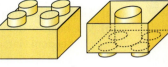
4 Augen   1 Auge

a) Was hältst du von Sebastians Idee?
   Vergleiche mit einem normalen Spielwürfel. Welche Vermutungen hast du?
b) Bei einer Versuchsreihe wurden folgende Ergebnisse erzielt:

Anzahl der Würfe	Anzahl der Würfe mit Augenzahl					
	1	2	3	4	5	6
800	383	50	46	220	53	48

Berechne die relativen Häufigkeiten und bestimme näherungsweise die Wahrscheinlichkeiten der einzelnen Augenzahlen.

c) Luisa behauptet:

> „Die Wahrscheinlichkeit, eine Fünf zu würfeln, ist größer als eine Drei zu würfeln."

Was meinst du? Begründe.

Kopf   Seite

11. Zehn Reißnägel werden in eine große Dose gelegt. Dann wird sie geschlossen und kräftig geschüttelt. Anschließend wird die Dose geöffnet und gezählt, wie viele Reißnägel in der Lage *Kopf* ⊥ liegen.

Anzahl der Versuche mit je 10 Reißnägeln	25	50	75	100	125
Anzahl der Reißnägel in der Lage *Kopf* ⊥	66	122	180	239	302

a) Bestimme die relativen Häufigkeiten.
   Gib an, wie groß die Wahrscheinlichkeit für die Lage *Kopf* ⊥ etwa ist.
   Wie groß ist die Wahrscheinlichkeit für die Lage *Seite* ⌐ ?

b) Führt ein entsprechendes Experiment selber durch.

IM BLICKPUNKT

SIMULATION VON ZUFALLSEXPERIMENTEN

Mit einem Tabellenkalkulationsprogramm kann man Zufallszahlen erzeugen. Diese Zufallszahlen kann man verwenden, um Zufallsexperimente, z. B. das Werfen einer Münze oder eines Würfels zu simulieren.

Durch Erweitern der Kalkulationstabelle ist es möglich, sehr viele solcher Simulationen durchzuführen. Schließlich kann die Kalkulationstabelle auch gleichzeitig zur Auswertung der Simulation eingesetzt werden.

1. Erstelle ein Tabellenblatt und simuliere mithilfe der Formel **=ZUFALLSBEREICH(0;1)** das zweimalige Werfen einer Münze.
Deute die Zufallszahl 0 als Wappen, die Zufallszahl 1 als Zahl.
  a) Addiere die Zufallszahlen und werte die Simulation aus:
  Summe 0 bedeutet 2-mal W
  Summe 1 bedeutet 1-mal Z, 1-mal W
  Summe 2 bedeutet 2-mal Z
  b) Erweitere das Tabellenblatt und simuliere 200-mal das zweimalige Werfen einer Münze.
  c) Vergleiche die relativen Häufigkeiten.

2. Simuliere das dreimalige Werfen einer Münze. Führe die Simulation mehrfach durch und werte sie mit deinem Kalkulationsprogramm aus.

3. Untersuche, wie häufig beim Werfen von zwei Würfeln ein Pasch vorkommt. Dabei bedeutet ein Pasch, dass beide Würfel gleiche Augenzahlen zeigen.
  • Für das Werfen eines Würfels kannst du eine Zufallszahl von 1 bis 6 erzeugen.
  • In den Zellen D4 bis D13 soll eine 1 stehen, falls ein Pasch vorliegt, ansonsten eine 0. In der Zelle D4 verwendest du dazu die folgende Funktion:
  =WENN(B4=C4;1;0).
  a) Erweitere die Tabelle und führe die Simulation mehrfach durch.
  b) Bestimme näherungsweise die Wahrscheinlichkeit für einen Pasch.

4. Beim Werfen von zwei Würfeln kannst du als Summe der Augenzahlen die Zahlen von 2 bis 12 erhalten. Simuliere mit deinem Kalkulationsprogramm das 200-malige Werfen von 2 Würfeln.
  a) Bestimme die absoluten und relativen Häufigkeiten für die Summe der Augenzahlen. Berechne daraus näherungsweise die Wahrscheinlichkeiten.
  b) Welche Summen haben gleiche Wahrscheinlichkeiten?
  c) Welche Summen haben die größten Wahrscheinlichkeiten?

WAHRSCHEINLICHKEIT EINES EREIGNISSES – SUMMENREGEL

Summenregel

EINSTIEG

Beim Werfen des Vierer-Legosteins gewinnt derjenige, dessen Augenzahl größer als 2 ist. Beim Werfen eines normalen Würfels gewinnt, wer eine gerade Zahl würfelt.

» Womit würdest du würfeln?

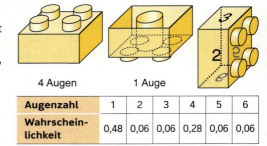

4 Augen / 1 Auge

Augenzahl	1	2	3	4	5	6
Wahrscheinlichkeit	0,48	0,06	0,06	0,28	0,06	0,06

AUFGABE

1. Das Glücksrad rechts wird gedreht.
Wie groß ist die Wahrscheinlichkeit für das Ereignis *Blau oder Rot*?

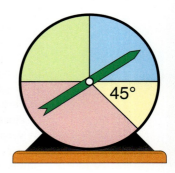

Lösung

Der Anteil des Kreisausschnitts am ganzen Kreis gibt die Wahrscheinlichkeit für die entsprechende Farbe an.
Wir können hiermit die Wahrscheinlichkeit für *Blau oder Rot* auf zwei verschiedene Weisen berechnen.

1. Möglichkeit:

Der blaue und der rote Kreisausschnitt bilden zusammen einen Winkel von 225°.
Somit gilt:
P(Blau oder Rot) = $\frac{225°}{360°}$ = 0,625 = 62,5 %.

2. Möglichkeit:

Wir berechnen die Wahrscheinlichkeiten einzeln und addieren sie.
P(Blau) = $\frac{90°}{360°}$ = 0,25 = 25 % und P(Rot) = $\frac{135°}{360°}$ = 0,375 = 37,5 %

Daraus folgt:
P(Blau oder Rot) = P(Blau) + P(Rot) = 25 % + 37,5 % = 62,5 %.

INFORMATION

Summenregel
Man erhält die Wahrscheinlichkeit eines Ereignisses E, indem man die Wahrscheinlichkeiten der zugehörigen Ergebnisse addiert.
Beispiel:
Wir betrachten beim Werfen mit dem Lego-Vierer (vgl. Einstieg oben) das Ereignis *Augenzahl ist gerade*.

gerade Augenzahlen: | 2 | 4 | 6 |
zugehörige Wahrscheinlichkeiten: | 0,06 | 0,28 | 0,06 |

P(gerade Augenzahl)   = 0,06 + 0,28 + 0,06 = 0,4 = 40 %

FESTIGEN UND WEITERARBEITEN

2. Berechne beim Werfen mit dem Lego-Vierer (vgl. Einstieg auf Seite 196) die Wahrscheinlichkeit für folgende Ereignisse:
(1) Die Zahl ist ungerade.
(2) Die Zahl ist nicht durch 3 teilbar.
(3) Die Zahl liegt zwischen 2 und 5.
(4) Die Zahl ist gerade und keine Primzahl.
(5) Die Zahl ist durch 2 oder 3 teilbar.

3. In einem Behälter sind 4 rote, 5 blaue, 3 grüne und 8 gelbe Kugeln. Eine Kugel wird verdeckt gezogen. Wie groß ist die Wahrscheinlichkeit,
(1) eine gelbe, (2) eine rote oder grüne, (3) keine blaue Kugel zu ziehen?

4. In einem Behälter sind rote und blaue Kugeln, deren Anzahl man nicht kennt. Man weiß nur: Zusammen sind es 72 Kugeln und die Wahrscheinlichkeit, eine rote Kugel zu ziehen ist
a) $\frac{3}{8}$; b) $\frac{5}{6}$; c) $\frac{9}{24}$; d) $\frac{7}{12}$; e) $\frac{2}{3}$.
Wie viele rote und wie viele blaue Kugeln sind in dem Behälter?

5. Bestimme für das Werfen eines Würfels die Wahrscheinlichkeiten. Was fällt dir auf?
a) (1) Die Augenzahl ist größer als 0; (2) Die Augenzahl hat höchstens 4 Teiler.
b) (1) Die Augenzahl ist größer als 6; (2) Die Augenzahl ist durch 3 und 4 teilbar.

INFORMATION

Sicheres Ereignis – unmögliches Ereignis

(1) Ein Ereignis, das bei einem Zufallsexperiment immer eintritt, heißt **sicheres Ereignis**. Die Wahrscheinlichkeit für ein sicheres Ereignis ist 1.
Beispiel:
Werfen eines Würfels. Die Augenzahl ist immer kleiner als 7.
P(Augenzahl ist kleiner als 7) = 1.

(2) Ein Ereignis, das bei einem Zufallsexperiment niemals eintritt, heißt **unmögliches Ereignis**. Die Wahrscheinlichkeit für ein unmögliches Ereignis ist 0.
Beispiel:
Werfen eines Würfels. Die Augenzahl ist niemals durch 5 und 2 teilbar.
P(Augenzahl ist durch 5 und 2 teilbar) = 0.

ÜBEN

6. Arne hat das abgebildete Glücksrad gebaut.
a) Begründe, warum nicht alle Ergebnisse die gleiche Chance haben.
b) Bestimme die Gewinnchance für:
(1) Primzahl, (3) alle Zahlen größer als 4,
(2) 1 oder 4, (4) alle Zahlen kleiner als 3.

7. Ein Gefäß enthält 20 Kugeln mit den Zahlen 1, 2, 3, ..., 20. Eine Kugel wird verdeckt gezogen. Bestimme die Wahrscheinlichkeiten für folgende Ereignisse:
(1) Die Zahl ist eine gerade Zahl.
(2) Die Zahl ist durch 3 teilbar.
(3) Die Zahl ist eine Primzahl.
(4) Die Zahl liegt zwischen 1 und 8.
(5) Die Zahl ist kleiner als 20.
(6) Die Zahl ist ein Vielfaches von 10.
(7) Die Zahl ist ein Teiler von 12.
(8) Eine der beiden Ziffern ist 1 oder 5.

8. Aus einem Skatblatt wird verdeckt eine Karte gezogen.

Wie groß ist die Wahrscheinlichkeit für
- a) As;
- b) rote Farbe;
- c) Karo-Karte;
- d) nicht Pik-As;
- e) Dame oder König;
- f) Herz-Dame oder Pik-König;
- g) schwarze Farbe, aber nicht König, Dame oder Bube;
- h) rote Farbe und keine Zahl?

9. Die Wahrscheinlichkeit für den Defekt einer Festplatte ist durch die Tabelle angegeben. Berechne die Wahrscheinlichkeit dafür, dass die Festplatte
- (1) 2 bis 4 Jahre funktioniert;
- (2) bis zu 5 Jahre funktioniert;
- (3) 1 bis 3 Jahre funktioniert;
- (4) länger als 4 Jahre funktioniert.

Defekt im:	Wahrscheinlichkeit
1. Jahr	0,02
2. Jahr	0,05
3. Jahr	0,12
4. Jahr	0,37
5. Jahr	0,31
6. Jahr oder später	0,13

10. In einem Becher befinden sich 6 schwarze, 4 rote und 5 weiße Kugeln. Bestimme die Wahrscheinlichkeit für das Ziehen einer
- a) weißen Kugel;
- b) gelben Kugel;
- c) schwarzen Kugel;
- d) Kugel, die nicht weiß ist.

11. Die folgenden Fragen beziehen sich auf einen idealen, völlig regelmäßigen Würfel. Wie groß ist die Wahrscheinlichkeit für das Werfen folgender Augenzahlen?
- (1) Die Augenzahl ist durch 3 teilbar.
- (2) Die Augenzahl ist eine Primzahl.
- (3) Die Augenzahl ist keine Sechs.
- (4) Die Augenzahl ist durch 2 oder 3 teilbar.

12. Ein roter und ein weißer Würfel werden gleichzeitig geworfen. Bestimme die Wahrscheinlichkeit für die untenstehenden Ereignisse.
- (1) Augensumme 5 werfen
- (2) gerade Augensumme werfen
- (3) Augensumme 13 werfen
- (4) Augensumme größer als 2 werfen
- (5) Augenprodukt gleich 12 werfen
- (6) Pasch (gleiche Augenzahl) werfen
- (7) benachbarte Augenzahlen werfen

13. In einem Becher befinden sich schwarze und weiße Kugeln. Die Wahrscheinlichkeit für das Ziehen einer weißen Kugel ist:

(1) $\frac{1}{3}$ (2) $\frac{2}{3}$ (3) $\frac{4}{7}$ (4) 1   (5) 0.

Wie viele schwarze Kugeln und wie viele weiße Kugeln können in dem Becher sein?
Gib jeweils – wenn möglich – drei Beispiele an.

14. Beim Lotto *6 aus 49* sind 49 Kugeln in der Trommel. Wie groß ist die Wahrscheinlichkeit, dass die zuerst gezogene Kugel eine Zahl mit zwei gleichen Ziffern trägt?

Wahrscheinlichkeit eines Gegenereignisses

EINSTIEG

David und Lena berechnen für das Glücksrad links auf verschiedene Weisen die Wahrscheinlichkeiten, für folgende Ereignisse:
E_1: *Die Zahl ist nicht durch 4 teilbar.*
E_2: *Die Zahl ist größer als 5.*

David: (1) $P(E_1) = \frac{9}{12} = 0{,}75 = 75\,\%$
(2) $P(E_2) = \frac{7}{12} \approx 0{,}583 = 58{,}3\,\%$

Lena: (1) $P(E_1) = 1 - \frac{3}{12} = \frac{9}{12} = 0{,}75 = 75\,\%$
(2) $P(E_2) = 1 - \frac{5}{12} = \frac{7}{12} \approx 0{,}583 = 58{,}3\,\%$

» Erkläre und vergleiche die unterschiedlichen Lösungswege.

AUFGABE

1. Für einen bestimmten Typ von LED-Lampen hat man die Wahrscheinlichkeiten für die angegebenen Betriebszeiten ermittelt.

a) Berechne auf verschiedene Weisen die Wahrscheinlichkeit dafür, dass eine LED-Lampe dieses Typs länger als 3000 Stunden leuchtet.

b) Berechne möglichst vorteilhaft die Wahrscheinlichkeit dafür, dass die Betriebszeit einer Lampe höchstens 12 000 h beträgt.

Betriebszeiten	Wahrscheinlichkeit
0 h – 3000 h	0,03
über 3000 h – 6000 h	0,09
über 6000 h – 9000 h	0,20
über 9000 h – 12 000 h	0,54
über 12 000 h	0,14

Lösung

a) Ereignis E: *Die LED-Lampe leuchtet länger als 3000 Stunden.*
   1. Möglichkeit:
   Wir addieren die Wahrscheinlichkeiten der Betriebszeiten, die zu diesem Ereignis gehören. Das sind in der Tabelle alle Werte außer 0,03:
   $P(E) = 0{,}09 + 0{,}20 + 0{,}54 + 0{,}14 = 0{,}97 = 97\,\%$
   2. Möglichkeit:
   Wie betrachten das sogenannte Gegenereignis $\overline{E}$, das besagt, dass E nicht eintritt.
   Gegenereignis $\overline{E}$: *Die LED-Lampe hält nur 0 bis 3000 Stunden.*
   Der Tabelle entnehmen wir: $P(\overline{E}) = 0{,}03 = 3\,\%$
   Die Summe der Wahrscheinlichkeiten von Ereignis und Gegenereignis ist 1 bzw. 100 %.
   Somit gilt: $P(E) = 1 - P(\overline{E}) = 0{,}97 = 97\,\%$
   Ergebnis: Die Wahrscheinlichkeit, dass eine LED-Lampe länger als 3000 Stunden leuchtet, beträgt 97 %.

b) Ereignis E: *Die LED-Lampe leuchtet höchstens 12 000 Stunden.*
   Gegenereignis $\overline{E}$: *Die LED-Lampe leuchtet länger als 12 000 Stunden.*
   Der Tabelle entnehmen wir: $P(\overline{E}) = 0{,}14$
   Somit erhalten wir: $P(E) = 1 - P(\overline{E}) = 1 - 0{,}14 = 0{,}86 = 86\,\%$
   Ergebnis: Die LED-Lampe leuchtet mit einer Wahrscheinlichkeit von 86 % höchstens 12 000 Stunden.

INFORMATION

$\overline{E}$ gelesen: E quer

Ist ein Ereignis E gegeben, so besagt das **Gegenereignis $\overline{E}$**, dass E nicht eintritt.
Manchmal ist es einfacher, die Wahrscheinlichkeit eines Ereignisses E über das Gegenereignis $\overline{E}$ zu berechnen.
Es gilt: $P(E) + P(\overline{E}) = 1$ bzw. $P(E) = 1 - P(\overline{E})$

FESTIGEN UND WEITERARBEITEN

2. Ein Würfel wird geworfen. Gib für das Ereignis und das zugehörige Gegenereignis jeweils die Ereignismenge an. Beschreibe das Gegenereignis auch mit Worten.
Berechne die Wahrscheinlichkeit des Ereignisses mithilfe des Gegenereignisses.
Die Augenzahl ist
a) ungerade;
b) eine Primzahl;
c) größer als 3;
d) kleiner als 5;
e) nicht durch 5 teilbar;
f) durch 2 oder durch 3 teilbar;
g) kleiner als 3 oder größer als 5;
h) eine Primzahl und gerade.

ÜBEN

3. a) Das Wetteramt gibt die Regenwahrscheinlichkeit für den nächsten Tag mit 25 % an. Wie groß ist die Wahrscheinlichkeit, dass es am nächsten Tag nicht regnen wird?
b) Bei einer Produktion von Tongefäßen sind erfahrungsgemäß 20 % Ausschuss. Wie groß ist die Wahrscheinlichkeit, dass ein zufällig aus der Produktion herausgenommenes Tongefäß brauchbar ist?

4. Aus einem Skatblatt wird verdeckt eine Karte gezogen.

Beschreibe das Gegenereignis jeweils mit Worten und berechne mithilfe des Gegenereignisses die Wahrscheinlichkeit dafür, dass die gezogene Karte
(1) Kreuz ist;
(2) kein König ist;
(3) Karo, Herz oder Kreuz ist;
(4) schwarz oder eine Dame ist;
(5) rot und kein Bube ist;
(6) weder Pik noch König noch Bube ist.

5. Die Tabelle gibt die Wahrscheinlichkeit für das Reißen des Zahnriemens eines bestimmten Automodells an.

Laufleistung	Wahrscheinlichkeit
0 km – 30 000 km	0,02
über 30 000 km – 60 000 km	0,09
über 60 000 km – 90 000 km	0,14
über 90 000 km – 120 000 km	0,25
über 120 000 km – 150 000 km	0,21
über 150 000 km	

a) Mit welcher Wahrscheinlichkeit reißt der Zahnriemen erst bei einer Laufleistung von über 150 000 km?
b) Berechne die Wahrscheinlichkeit dafür, dass der Zahnriemen
(1) mehr als 60 000 km hält;
(2) höchstens 120 000 km hält;
(3) mehr als 60 000 km und höchstens 120 000 km hält.

IM BLICKPUNKT

MÄDCHEN ODER JUNGE

Mädchen oder Junge? Diese spannende Frage stellen sich immer wieder werdende Eltern zu Beginn einer Schwangerschaft. Sieht man von Mehrlingsgeburten ab, so liegt ein Zufallsversuch mit der Ergebnismenge S = {Mädchen; Junge} vor.
Zunächst wird man sicherlich vermuten, dass beide Geschlechter gleichberechtigt sind, dass also die Wahrscheinlichkeit für eine Jungengeburt genauso groß ist wie die Wahrscheinlichkeit für eine Mädchengeburt.
Aber ist das tatsächlich so?

1. In einer Stadt wurden 2018 insgesamt 2195 Kinder geboren, davon waren 1103 Jungen.
   a) Wie hoch ist der Anteil der Mädchen, wie hoch der Anteil der Jungen?
   b) Was kann man feststellen, wenn man weitere Daten der Stadt betrachtet?

Jahr	2014	2015	2016	2017
Geburten	2058	2012	2052	2125
Jungen	1066	1066	1056	1122

2. Der schottische Mathematiker und Arzt John Arbuthnot (1667–1735) betrachtete Taufregister aus London und fand heraus, dass in 82 aufeinander folgenden Jahren immer mehr Jungen als Mädchen geboren wurden. Was konnte er hieraus über die Wahrscheinlichkeit für die Geburt eines Jungen bzw. eines Mädchen schließen?

PARIS
in 26 Jahren
unter
493 472 Geburten
251 257 Jungen

LONDON
von 1664–1757 waren
737 629 Jungen- und 698 958 Mädchengeburten verzeichnet

3. Auch Pierre Simon de Laplace (1749 – 1827) untersuchte anhand der Geburtsregister in Paris und London die Frage, ob eine Jungengeburt wahrscheinlicher ist als eine Mädchengeburt und wie groß die Wahrscheinlichkeiten sind.
   a) Vergleicht die Zahlen aus Paris mit den Zahlen aus London.
   b) Laplace konnte sich zunächst die unterschiedlichen Ergebnisse in Paris und London nicht erklären. Erst durch die Untersuchung der Anzahl der von der Landbevölkerung in Paris ausgesetzten Kinder, die mit in das Geburtsregister eingetragen wurden, fand er eine Erklärung. Wie könnte diese Erklärung ausgesehen haben?
   c) Laplace schätzte aufgrund seiner Untersuchungen, dass auf 18 Jungen 17 Mädchen kommen. Wie groß ist damit die geschätzte Wahrscheinlichkeit für eine Jungengeburt? Vergleiche mit den Daten in Aufgabe 1.

4. Betrachtet die nebenstehende Bevölkerungsstatistik. Jemand behauptet:
„Wie man anhand der Statistik sofort sieht, werden in Deutschland offensichtlich mehr Mädchen als Jungen geboren."
Begründet eure Meinung.

Bevölkerung in Deutschland nach Geschlecht

Jahr	2017	2018
männlich	40 540 000	40 610 000
weiblich	42 090 000	42 080 000

5. Aktuelle Bevölkerungsdaten über eine Stadt bzw. euren Landkreis bekommt ihr über das Internet. Besorgt euch die entsprechenden Daten.
Was kann man mithilfe dieser Daten über die Anteile von Jungen und Mädchen sagen? Vergleicht auch mit den Untersuchungen von Laplace.

PUNKTE SAMMELN

Das Roulette ist ein altes Glücksspiel, dessen Erfindung häufig dem französischen Mathematiker Blaise Pascal (1623–1662) zugeschrieben wird.
Rechts siehst du einen Roulettekessel. Nach dem Drehen des Rouletterads wird eine Kugel in den Kessel geworfen, die dann in einem der Zahlenfächer 0 bis 36 liegen bleibt.

Leon behauptet: „Die Wahrscheinlichkeit, dass die Kugel in einem roten Fach liegen bleibt, beträgt 50 %."
Hat Leon recht? Begründe.

Die Kugel bleibt viermal hintereinander in einem roten Fach liegen.
Maria meint: „Beim nächsten Spiel ist es wahrscheinlicher, dass die Kugel in einem schwarzen Fach liegen bleibt."
Nimm dazu Stellung.

★★★★

Bleibt die Kugel in dem Fach mit der Null liegen, gewinnt die Spielbank.
Wie oft kann man bei 500 Spielen damit rechnen?

In einem Behälter sind 4 blaue, 6 rote, 8 gelbe, 3 grüne und 4 weiße Kugeln.

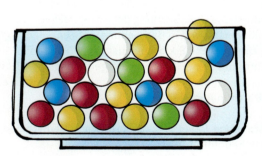

Eine Kugel wird verdeckt gezogen.
Wie groß ist die Wahrscheinlichkeit, eine blaue oder grüne Kugel zu ziehen?

★★★

Eine rote Kugel wird gezogen und nicht wieder in den Behälter zurückgelegt.
Wie groß ist danach die Wahrscheinlichkeit, keine rote Kugel zu ziehen?

★★★★

In den Behälter sollen zu den Kugeln möglichst wenige weitere Kugeln gelegt werden, sodass das Ziehen einer roten Kugel genauso wahrscheinlich ist wie das Ziehen einer grünen, aber nur halb so wahrscheinlich wie das Ziehen einer weißen Kugel.

VERMISCHTE UND KOMPLEXE ÜBUNGEN

1. Aus Erfahrungen bei Fahrzeugkontrollen weiß man, dass ca. jedes neunte Auto Mängel aufweist.
   a) Wie groß ist die Wahrscheinlichkeit, dass bei einem zufällig kontrollierten Auto Mängel festgestellt werden?
   b) Die Polizei hat 285 Autos kontrolliert und bei 26 Autos Mängel festgestellt. Vergleiche dieses Ergebnis mit dem Erfahrungswert und erkläre Abweichungen.
   c) Schätze, wie viele von 430 Autos, die von der Polizei an einem Nachmittag kontrolliert wurden, Mängel aufwiesen.

2. Beim Schulfest hat Lara ein Glücksrad mit den Zahlen von 1 bis 50 aufgestellt.
   a) Schreibe die möglichen Ergebnisse für folgende Spiele auf:
      (1) Vielfache von 6 gewinnen.
      (2) Teiler von 36 gewinnen.
      (3) Alle Zahlen, bei denen die Ziffer 4 vorkommt, gewinnen.
      (4) Alle Zahlen mit der Quersumme 4 gewinnen.
   b) Gib für die Spiele aus Teilaufgabe a) die Gewinnchancen an.
   c) Das Rad wird 200-mal gedreht. Wie oft erwartest du Rot?

3. In Leons Klasse sind 12 Mädchen und 15 Jungen. Jeden Montag wird ausgelost, wer in der neuen Woche Tafeldienst hat. Dafür schreibt die Lehrerin zu Beginn des Schuljahres jeden Namen auf einen Zettel und legt die Zettel in eine Schachtel. Wenn ein Name gezogen wurde, wird er nicht in die Schachtel zurückgelegt.
   a) Wie oft kann die Lehrerin ziehen, bis die Schachtel leer ist?
   b) In der ersten Schulwoche sind noch alle Namen in der Schachtel.
      (1) Wie groß ist die Wahrscheinlichkeit dafür, dass Leon gezogen wird?
      (2) Wie groß ist die Wahrscheinlichkeit dafür, dass ein Mädchen gezogen wird?
      (3) Wie viele Namen muss die Lehrerin ziehen, bis sicher ein Junge dabei ist?

4. Beurteile folgende Kommentare:

5. Victoria hat für das Schulfest ein Glücksrad mit drei verschiedenen Farbsektoren gebaut. Um die Wahrscheinlichkeiten für die verschiedenen Farben (rot, blau und gelb) zu überprüfen, hat sie das Rad 100-mal gedreht.
Wie groß werden vermutlich die Winkel der einzelnen Farbsektoren sein?
Begründe.
Zeichne das Glücksrad.

Ergebnis	absolute Häufigkeit
rot	17
blau	48
gelb	35

Bestimme die Wahrscheinlichkeit dafür, dass bei einem Spiel das Rad auf Gelb (120°) stehen bleibt.

Wie oft kann man Rot erwarten, wenn man das Glücksrad 300-mal dreht?

6. Die Klasse 8b baut für das Schulfest ein Glücksrad mit drei farbigen Feldern: rot, gelb und blau.
  ■ Rot → Gewinn
  ■ Gelb → Trostpreis
  ■ Blau → Niete
Das gelbe Feld ist schon fertig.
Das rote Feld soll eine Gewinnchance von 15 % haben.

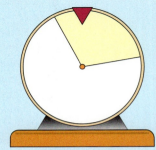

Das rote und auch das blaue Feld müssen noch eingezeichnet werden. Beschreibe, wie die Klasse vorgehen kann, damit die Wahrscheinlichkeit für Rot exakt 15 % beträgt.

Die Klasse hat für den roten Sektor 40 Preise im Wert von jeweils 5 € eingekauft und bei verschiedenen Firmen Trostpreise gesammelt. Überlege, wie groß du den Einsatz pro Spiel wählen würdest. Erläutere deine Überlegungen und schreibe auch auf, welche Annahmen du gemacht hast.

7. Rechts siehst du das Netz eines Holzquaders. Die Flächen mit den Zahlen 5 und 6 sind Quadrate.
Mit dem Quader wurde wie mit einem normalen Würfel 1000-mal gewürfelt.
Dabei wurde 121-mal die Eins geworfen.
  a) Gib einen Näherungswert für die Wahrscheinlichkeit an, eine Eins zu würfeln.
  b) Gib auch für die übrigen Augenzahlen Näherungswerte für die Wahrscheinlichkeiten an. Erläutere deine Überlegungen.
  c) Mit dem Würfel wird einmal geworfen. Bestimme die Wahrscheinlichkeit für folgende Ereignisse:
    (1) Die Augenzahl ist durch 3 teilbar.
    (2) Die Augenzahl ist eine ungerade Primzahl.
    (3) Die Augenzahl ist durch 2 und 5 teilbar.
    (4) Die Augenzahl ist durch 3 oder 4 teilbar.

Welche Flächen sind kongruent?

8. Berechne für das Glücksrad die Wahrscheinlichkeit der angegebenen Ereignisse mithilfe der Wahrscheinlichkeit des Gegenereignisses. Gib das Gegenereignis vorher durch eine Menge an.
(1) Die Zahl ist größer als 1.
(2) Die Zahl ist kleiner als 5.
(3) Die Zahl ist nicht durch 4 teilbar.
(4) Die Zahl ist 3 oder größer.
(5) Die Zahl ist durch 2 oder durch 3 teilbar.

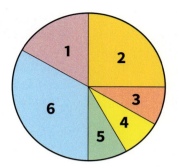

9. Aus Erfahrung weiß man, dass bei 9 von 1000 Festplatten die Magnetisierungsschicht nicht in Ordnung ist.
a) Bestimme näherungsweise die Wahrscheinlichkeit dafür, dass die Magnetisierung einer zufällig herausgegriffenen Festplatte
(1) defekt, (2) einwandfrei ist?
b) Schätze ab, wie viele Festplatten in einer Sendung von 75 000 Stück
(1) defekt, (2) einwandfrei sind.

10. Beim Lotto *6 aus 49* sind 49 Kugeln in der Trommel. Auf ihnen stehen die Zahlen 1 bis 49. Sechs Kugeln werden nacheinander mit dem abgebildeten Gerät aus der Trommel gezogen.
a) Wie groß ist die Wahrscheinlichkeit, dass auf der zuerst gezogenen Kugel
(1) eine Zahl mit zwei verschiedenen Ziffern,
(2) eine ungerade Zahl,
(3) eine zweistellige Zahl steht?
b) Auf den beiden zuerst gezogenen Kugeln stehen die Primzahlen 37 und 11. Wie groß ist die Wahrscheinlichkeit, dass auch die dritte Kugel eine Primzahl hat?

11. In einem Behälter liegen 4 weiße, 8 schwarze und eine unbekannte Anzahl roter Kugeln. Folgendes ist bekannt:
- die Wahrscheinlichkeit, eine schwarze Kugel zu ziehen, ist $\frac{1}{2}$;
- die Wahrscheinlichkeit, eine weiße Kugel zu ziehen, ist $\frac{1}{6}$;
- die Wahrscheinlichkeit, eine rote Kugel zu ziehen, ist $\frac{1}{3}$.

Wie viele rote Kugeln sind in dem Behälter?

12. Ein blauer und ein roter Würfel werden gleichzeitig geworfen. Das Ergebnis (2|5) bedeutet, dass der blaue Würfel eine Zwei und der rote eine Fünf zeigt.
a) Wie viele Ergebnisse sind möglich. Schreibe die Ergebnismenge S auf. Gehe geschickt vor.
b) Wie groß ist die Wahrscheinlichkeit für
(1) Augensumme 8;
(2) Augensumme größer als 8;
(3) Augendifferenz 3;
(4) einen Pasch;
(5) mindestens eine Sechs;
(6) höchstens eine Sechs?

WAS DU GELERNT HAST

Zufallsexperiment
Ein Zufallsexperiment kann beliebig oft wiederholt werden.
Man kennt die möglichen Ergebnisse, kann aber nicht vorhersagen, welches Ergebnis eintreten wird.

Werfen eines Würfels oder einer Münze

Ergebnis – Ereignis
Mögliche Ausgänge eines Zufallsexperiments nennt man **Ergebnisse**.

Werfen eines Würfels
Mögliche Ergebnisse: 1, 2, 3, 4, 5, 6

Ergebnisse können zu einem **Ereignis E** zusammengefasst werden.

Ereignis E: *Augenzahl ist kleiner als 5*.
Günstige Ergebnisse: 1, 2, 3, 4
Man schreibt auch: E = {1; 2; 3; 4}

Laplace-Experiment
Alle Ergebnisse haben die gleiche Wahrscheinlichkeit. Für die Wahrscheinlichkeit eines Ereignisses E gilt:

$$P(E) = \frac{\text{Anzahl der günstigen Ergebnisse}}{\text{Anzahl der möglichen Ergebnisse}}$$

Ereignis E: *Augenzahl ist eine Primzahl*.
mögliche Ergebnisse: 1, 2, 3, 4, 5, 6
günstige Ergebnisse: E = {2, 3, 5}

$P(E) = \frac{3}{6} = \frac{1}{2} = 50\,\%$

Gegenereignis
Das **Gegenereignis $\overline{E}$** besagt, dass ein gegebenes Ereignis E nicht eintritt.
Manchmal ist die Berechnung der Wahrscheinlichkeit für E durch die Berechnung des Gegenereignisses $\overline{E}$ einfacher.

In einer Urne sind 6 rote, 4 blaue, 3 grüne und 1 gelbe Kugel.
Ereignis E: Ich ziehe eine rote, blaue oder grüne Kugel.
$P(E) = \frac{6}{14} + \frac{4}{14} + \frac{3}{14} = \frac{13}{14} \approx 0{,}929 \approx 93\,\%$
Gegenereignis $\overline{E}$: Ich ziehe eine gelbe Kugel.
$P(E) = 1 - P(\overline{E}) = 1 - \frac{1}{14} \approx 0{,}929 \approx 93\,\%$

Gegenereignis: 1 gelbe Kugel

Relative Häufigkeit – Wahrscheinlichkeit
Bei einer langen Versuchsreihe gilt näherungsweise:
relative Häufigkeit ≈ Wahrscheinlichkeit

$P(6) = \frac{1}{6}$ bedeutet beim Würfeln:
Wird ein Würfel sehr oft geworfen, so erhält man in etwa $\frac{1}{6}$ aller Fälle das Ergebnis "Augenzahl 6".

Summenregel
Die Wahrscheinlichkeit eines Ereignisses ist die Summe der Wahrscheinlichkeiten der zugehörigen Ergebnisse.

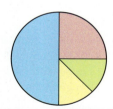

P(Rot oder Grün)
= P(Rot) + P(Grün)
= $\frac{1}{4} + \frac{1}{8}$
= $\frac{3}{8}$

BIST DU FIT?

1. In einem Gefäß sind zwei grüne, drei gelbe, vier blaue und fünf rote Kugeln. Eine Kugel wird zufällig herausgezogen.
Bestimme die Wahrscheinlichkeit dafür, dass diese Kugel
(1) rot,   (2) grün,   (3) nicht grün,   (4) blau oder gelb,   (5) weder rot noch blau   ist.

2. a) Beschreibe, wie man herausfinden kann, ob ein Würfel gezinkt ist, d. h. ob die Ergebnisse 1 bis 6 nicht gleichwahrscheinlich sind.
b) Ein nicht gezinkter Würfel wird einmal geworfen. Wie groß ist die Wahrscheinlichkeit, dass die Augenzahl
(1) größer als 2,   (2) keine Primzahl,   (3) weder durch 2 noch durch 3 teilbar   ist?

3. Ein Glücksrad hat vier Sektoren mit den Farben **Blau**, **Gelb**, **Rot** und **Grün**.

Farbe	Rot	Blau	Gelb	Grün
Wahrscheinlichkeit	20 %	$\frac{1}{3}$	0,3	

a) Wie groß ist die Wahrscheinlichkeit für **Grün**?
b) Zeichne das Glücksrad.
c) Wie groß ist die Wahrscheinlichkeit, dass das Glücksrad nicht auf **Gelb** stehen bleibt?
d) Das Glücksrad wird 70-mal gedreht. Wie oft ungefähr erwartest du **Rot**?
e) Das Glücksrad blieb viermal hintereinander auf **Rot** stehen.
Wie groß ist jetzt die Wahrscheinlichkeit, dass es beim nächsten mal wieder auf **Rot** stehen bleibt?

Oktaeder (Acht-Flächen-Körper)

4. Ein Oktaeder wird geworfen. Wir betrachten folgende Ereignisse:
(1) Die Augenzahl ist ungerade.
(2) Die Augenzahl ist größer als 5.
(3) Die Augenzahl ist durch 4 teilbar.
(4) Die Augenzahl ist einstellig.
(5) Die Augenzahl ist durch 9 teilbar.
a) Gib zu jedem Ereignis die Ereignismenge E an.
b) Beschreibe jeweils das Gegenereignis $\overline{E}$ mit Worten und gib die Menge an.
c) Berechne die Wahrscheinlichkeiten der Ereignisse.

5. Bei der automatischen Produktion von Speicherbausteinen weiß der Hersteller aus Erfahrung, dass 2,5 % aller produzierten Bausteine defekt sind.
In einer Serie werden 12 000 Speicherbausteine produziert.
a) Mit wie viel defekten Speicherbausteinen aus dieser Serie muss der Hersteller rechnen?
b) 98 % aller defekten Speicherbausteine werden in der Qualitätskontrolle des Betriebs erkannt und gelangen nicht in den Handel.
Gib einen Schätzwert an, wie viele defekte Bausteine aus dieser Serie in den Handel gelangen.

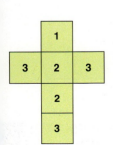

6. Links siehst du das Netz eines Würfels. Der Würfel hat nur die Zahlen 1, 2 und 3.
a) Wie groß ist die Wahrscheinlichkeit, mit dem Würfel eine Drei zu würfeln?
b) Wie groß ist die Wahrscheinlichkeit, dass die Augenzahl größer als 1 ist?
c) Bei einer Versuchsreihe wurde 85-mal die Zwei gewürfelt.
Schätze ab, wie oft der Würfel insgesamt gewürfelt wurde.
Beschreibe deine Überlegungen.

BIST DU TOPFIT?

TOPFIT – VERMISCHTE AUFGABEN

1. a) Wahr oder falsch? Begründe.
  (1) Die Zahl +5 ist eine ganze Zahl.
  (2) Die Zahl 3 ist die kleinste Primzahl.
  (3) Die Zahl 12 345 ist durch drei teilbar.
  (4) Die Zahl 5 ist eine Lösung der Gleichung $\frac{2x-7}{3} = \frac{1}{5}x$ und der Ungleichung $-10 > 2x - 19$.

b) Wie viel Prozent der rechteckigen Fläche ist gefärbt?

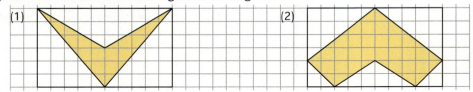

c) Konstruiere das Dreieck ABC mit:
  (1) a = 4,7 cm; b = 5,2 cm; c = 7,0 cm
  (2) a = 4,2 cm; c = 7,4 cm; β = 42°
  (3) b = 4,5 cm; c = 6,7 cm; γ = 90°
  (4) b = 6,5 cm; α = 42°; β = 85°

2. a) Berechne.
  (1) $\frac{2}{3}$ von 135 m² (2) 60 % von 140 kg (3) 0,5 % von 220 ℓ (4) 19 % von 300 €

b) Der Umfang eines Drachens beträgt 1,84 m. Eine Seite des Drachens ist 38 cm lang. Wie lang sind die anderen Seiten?

c) Löse die Gleichung.
  (1) 5x − 7 = −42
  (2) 2a + 9 = 42
  (3) 12 = 47 − 5a
  (4) 7x − 5 − x = 7
  (5) $\frac{y}{3} = -4$
  (6) $\frac{z-3}{2} = 5$

3 a) Welcher Rechenweg führt zum Verkaufspreis der Jacke? Nenne den aktuellen Preis.
  (1) 68 € − 20 €
  (2) 68 € − 20 % von 68 €
  (3) $\frac{80}{100} \cdot 68$ €
  (4) 68 € · $\frac{4}{5}$
  (5) 68 € − $\frac{1}{5} \cdot 68$ €

b) Betrachte die Abbildung rechts.
  (1) Wie lang ist die kürzeste Verbindung von A nach B?
  (2) Um wie viel Prozent ist der Weg von A nach C länger?
  (3) Wie viele Wege findest du von A nach C? Warum sind alle gleich lang?
  (4) Wie groß ist etwa die Fläche des Teiches?

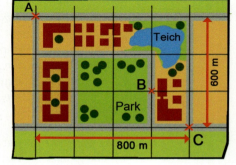

c) Welchen Überschlagswert findest du gut? Begründe. 900 g von 19,1 kg ist
  (1) die Hälfte
  (2) der zehnte Teil
  (3) der zweihundertste Teil
  (4) der fünfzigste Teil
  (5) der zwanzigste Teil

4. a) Am 05.04.2003 wurde der Freizeitpark „Belantis" südlich von Leipzig auf einer Fläche von 27 ha eröffnet. Welches der folgenden Rechtecke hat denselben Flächeninhalt?

(1) $1{,}0\,\text{km} \times 2{,}7\,\text{km}$
(2) $270\,\text{m} \times 0{,}10\,\text{km}$
(3) $300\,\text{m} \times 900\,\text{m}$
(4) $6\frac{3}{4}\,\text{km} \times 400\,\text{m}$

b) Berechne.

(1) $\frac{5}{7}$ von $560\,\text{m}^2$
(2) $26\,€$ von $130\,€$ sind … %.
(3) $15\,\text{kg}$ sind $5\,\%$ von … kg.

c) Ergänze im Heft!

a	b	c	a + b − c	2a + bc	a(c − b)
10	1	0			
−3	7	0,5			
$\frac{1}{2}$	$\frac{3}{4}$	1			

5. a) Ermittle die Größe der Winkel.

(1)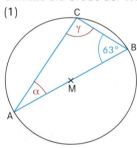
$\alpha = …\,;\ \gamma = …$

(2)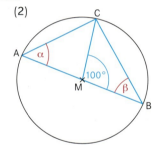
$\alpha = …\,;\ \beta = …$

(3)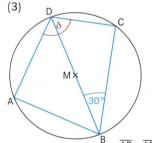
$\delta = …$
$\overline{AB} = \overline{AD}$

b)

(A) [Zahlrad mit 1, 2]
(B) [Zahlrad mit 3, 4, 5]
(C) [Zahlrad mit 6, 7, 8, 9]

Durch einmaliges Drehen mit jedem der drei Zahlräder in der Reihenfolge A → B → C lassen sich dreistellige Zahlen ermitteln.

(1) Gib alle möglichen dreistelligen Zahlen an.
(2) Wie groß ist die Wahrscheinlichkeit, die Zahl 248 zu erzielen?

c) Willi will sich ein Notebook kaufen. Er vergleicht zwei Angebote.

(1) **1. Angebot**
Preis (inkl. Mehrwertsteuer)   700 €
Barzahlungsrabatt   5 %

(2) **2. Angebot**
Preis (inkl. Mehrwertsteuer)   680 €
Skonto   2 %
(zahlbar innerhalb von 14 Tagen)

BIST DU TOPFIT?

6. a) Wahr oder falsch? Begründe.
  (1) Jedes Prisma hat zwei zueinander kongruente Begrenzungsflächen.
  (2) Wenn ein Körper zwei zueinander kongruente Begrenzungsflächen hat, dann ist es ein Prisma.
  (3) Die Kreiszahl π hat etwa die Größe $\frac{24}{7}$.
  (4) Ein Baum mit dem Umfang 1,6 m hat etwa den Durchmesser von 50 cm.
  (5) Der Wasserstrahl eines Beregners reicht 3 m weit und überstreicht eine kreisförmige Fläche von ca. 10 m².

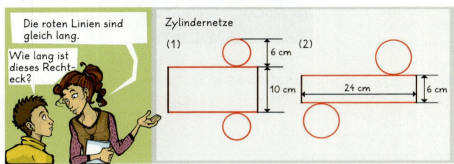

b) Bestimme mit einem Überschlag die Grundfläche, Mantelfläche, den Oberflächeninhalt und das Volumen für die beiden Kreiszylinder.

c) Berechne mit dem Taschenrechner. Runde gegebenenfalls auf zwei Stellen nach dem Komma.
  (1) $0{,}036 + 12{,}4 \cdot 1{,}87$
  (2) $81{,}3 - (10{,}8 + 84{,}98)$
  (3) $12{,}34^2 + 3{,}3^3$
  (4) $2\pi : \frac{1}{3}$
  (5) $\frac{0{,}456 \cdot 234{,}7}{0{,}008}$
  (6) $\frac{4{,}7}{2{,}8 \cdot 3{,}5}$
  (7) $\frac{23{,}06 + 9{,}234}{3{,}8 \cdot 7{,}3}$
  (8) $-47 : 6 - 5 \cdot (-2{,}7)$
  (9) $-(47 : 6) - (5 \cdot (-2{,}7))$

7. a) Welcher Anteil ist gefärbt? Gib den Anteil als Bruch, Dezimalbruch und in Prozent an.

(1) 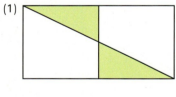 (2) 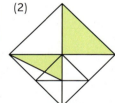 (3)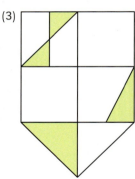

b) Gegeben sind verschiedene Kreise. Vervollständige folgende Tabelle.

r		9,6 m		
d	96 cm			
u			78,5 m	150 dm
A				

c) (1) Addiere zu −3,75 die Differenz aus 0,753 und 14,8.
  (2) Vermindere das Produkt aus $3\frac{3}{8}$ und 2,38 um 1,15.
  (3) Subtrahiere von der Summe aus 1,358 und −3,24 die Differenz aus −14,6 und 22.
  (4) Multipliziere die Summe der Zahlen 1, 4 und $\frac{2}{5}$ mit ihrer Differenz.

8. a) Wie groß ist die Wahrscheinlichkeit dafür, dass bei einem Glücksrad mit neun gleichgroßen Feldern und den Feldnummern 1 bis 9
 (1) eine ungerade Zahl gedreht wird?
 (2) eine durch 4 teilbare Zahl gedreht wird?
 (3) eine Primzahl gedreht wird?

b) Berechne den Flächeninhalt.

(1) 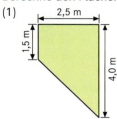 (2) 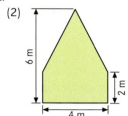 (3)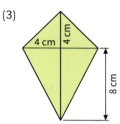

c) Berechne den Prozentwert. Runde sinnvoll.
 (1) 18,7 % von 1240 €
 (2) 91,4 % von 21,8 m
 (3) 4,54 % von 356 kg
 (4) 0,37 % von 2444,65 ha

9. a) Ergänze die Tabelle in deinem Heft.

x	y	2x − y	(x + y) · 2	$\frac{y+3}{2x}$	$\frac{1}{2}x + 3y$
$\frac{2}{5}$	2				
−4	4,13				
5	0,1				

b) Zeichne das Viereck in ein Koordinatensystem (Einheit 1 cm) und berechne seinen Umfang.
 (1) A(0|−2), B(5|−1), C(1|2), D(−4|1)   (2) A(1|−4), B(5|−4), C(6|3), D(−1|4)

c) Im Säulendiagramm ist das Ergebnis einer Befragung von 120 Schülern zur Höhe ihres monatlichen Taschengeldes dargestellt.
 (1) Wie viele Schüler (absolute Häufigkeit) bekommen monatlich mehr als 20 €?
 (2) Gibt es Schüler, die keine Angabe zu ihrem Taschengeld gemacht haben? Wenn ja, wie viele waren es?

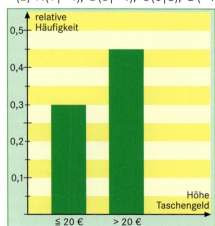

10. a) Berechne den Prozentsatz. Runde auf Zehntel.
 (1) 187 € von 1240 €
 (2) 1,4 s von 21,8 s
 (3) 94,56 t von 8560 t
 (4) 62,6 cm von 4,65 m

b) In einem gleichschenkligen Dreieck sind die Schenkel jeweils 3,5 cm länger als die Basis. Das Dreieck hat einen Umfang von 34 cm.
Wie lang ist jede Dreiecksseite?

BIST DU TOPFIT?

c) (1) Bestimme für alle Noten die absolute Häufigkeit.
(2) Bestimme für die Note 3 die relative Häufigkeit.
(3) Berechne den Notendurchschnitt auf Zehntel genau.

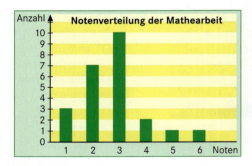

11. a) Löse die Klammer auf und fasse dann zusammen.
(1) $12(a + 2b) - (a - b)$
(2) $3(12a - 4b) - 2,5(7b - 2a)$
(3) $8(x^2 - 2y^2) + x(x + 1,6)$
(4) $-2x(-3 + 4x) + 2x^2(5 - 8y^2)$

b) Berechne die Größen der angegebenen Winkel.

(1)  (2) 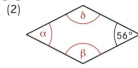 (3)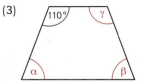

c) Berechne den Grundwert. Runde sinnvoll.
(1) 18,70 € sind 12,4 %
(2) 91,4 ml sind 2,18 %
(3) 4,5 % sind 0,356 dm
(4) 137 % sind 444,5 g

12. a) Ein Lebensmittelproduzent entnimmt seiner Produktion eine Stichprobe von 32 Nudelpäckchen und kontrolliert deren Masse in g.

554	545	557	552	543	561	551	553
549	559	554	544	560	551	550	548
562	556	548	553	556	552	557	551
553	557	549	564	554	546	558	550

(1) Wie schwer ist ein Päckchen durchschnittlich?
(2) Bestimme die relative Häufigkeit dafür, dass in einem Päckchen weniger als die angegebenen 550 g Nudeln enthalten sind.
(3) Schätze, in wie vielen Päckchen bei einer Stichprobe von 1 000 Päckchen weniger als 550 g Nudeln enthalten sind.

b) Markus meint, dass ein Straußenei einem Hühnerei in der Form sehr ähnlich ist. Wie viele Hühnereier der angegebenen Größe müsste er etwa aufschlagen, um mit deren Inhalt das Straußenei restlos zu füllen? Beschreibe deine Überlegungen.

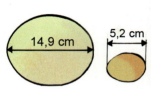

c) (1) Tim zahlt am 15. Mai auf ein neu eingerichtetes Sparbuch 450 € ein. Der Jahreszinssatz beträgt 1,75 %. Wie viel Zinsen erhält er hierfür am Ende des Jahres?
(2) Ein Sparguthaben von 4 800 € hat in 7 Monaten 78,40 € Zinsen erbracht. Zu welchem Zinssatz wurde das Guthaben verzinst?
(3) Leon erhält bei der Sparkasse für sein eingezahltes Geld nach 5 Monaten 8,75 € Zinsen; der Zinssatz beträgt 2,5 %. Wie viel Euro hat er eingezahlt?

13. a) Ergänze.

a	2,5				−1,3
a²		1,44		324	
√a			3		

b) (1) Berechne die Länge x der Dachschräge. (2) Wie lang ist der See?

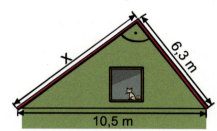
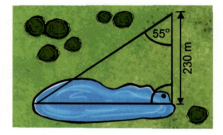

c) Vergleiche.

(1) 3,25 kg ■ 3 kg 25 g
5 m 7 cm ■ 507 mm
4 000 m² ■ 0,4 ha
0,7 ℓ ■ 70 cm³

(2) 3 500 cm³ ■ 35 ℓ
2½ h ■ 250 min
1,87 kg ■ 1 kg 87 g
1,7 m ■ 170 cm

(3) 5 mm³ ■ 5 mℓ
1 250 ℓ ■ 1¼ m³
2 km 15 m ■ 2,15 km
0,08 t ■ 80 000 g

14. a) Ergänze.

a	11,5				7,2
a³		729		27,44	
³√a			1,261		

b) Maja hat Pythagorasfiguren aus einem rechtwinkligen Dreieck und drei Quadraten gezeichnet.

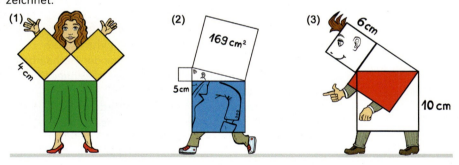

Wie groß ist die
- gelbe Ärmelfläche;
- grüne Rockfläche;
- Huthöhe;
- blaue Jackenfläche;
- rote Ärmelfläche?

c) Schreibe mit der in Klammern angegebenen Einheit.

(1) 7 km (m)
0,3 m (cm)
2,7 dm (mm)
87 mm (m)
93 m (km)
1,05 m (dm)

(2) 9 cm² (mm²)
95 cm² (m²)
0,3 dm² (cm²)
4,1 ha (m²)
3 750 m² (km²)
305 mm² (dm²)

(3) 2,4 cm³ (mm³)
514 cm³ (dm³)
1,25 m³ (cm³)
8,3 ℓ (dm³)
123 cm³ (mℓ)
2,3 ℓ (cm³)

(4) 7,3 kg (g)
69 g (kg)
0,13 g (mg)
207 kg (t)
83 mg (g)
0,72 t (kg)

(5) 240 min (h)
3¼ h (min)
45 min (h)
20 s (min)
0,1 h (min)
0,3 min (s)

BIST DU TOPFIT?

GESUNDE ERNÄHRUNG

1. Ärzte und Wissenschaftler empfehlen Kindern und Jugendlichen täglich fünf Mahlzeiten. Besondere Bedeutung hat dabei das Frühstück, das mit dem Pausenbrot zusammen $\frac{1}{3}$ des täglichen Nahrungsbedarfs ausmachen soll.
Das Kreisdiagramm veranschaulicht die Anteile, die das Mittagessen und das Abendessen einnehmen sollen.
Berechne den Anteil des täglichen Nahrungsbedarfs für die Zwischenmahlzeit am Nachmittag.

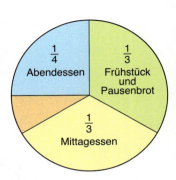

2. Viele Menschen sprechen bei Speisen und Getränken von Kalorien, gemeint sind jedoch Kilokalorien (kcal). Diese Bezeichnung wurde um 1980 durch die Einheit Kilojoule (kJ) ersetzt. In Tabellen wird heute die Energiezufuhr häufig in beiden Einheiten angegeben.
Vervollständige die folgenden Tabellen. Runde jeweils auf ganze Zahlen.
Um wie viel Kilojoule überschreiten Jana und Matthis die jeweiligen Empfehlungen?

Empfehlung
Mädchen, 15 Jahre: 10 000 kJ pro Tag
Jungen, 15 Jahre: 12 000 kJ pro Tag

1 kcal = 4,184 kJ

Jana (liebt Vollwertkost)	kcal	kJ
1 Portion Früchtemüsli	512	
1 Apfel	75	
1 Portion Vollkornspaghetti	680	
3 Vollwertwaffeln	je 104	
100 g Vollwert-Nusskekse	137	
2 Brote mit Ei und Kresse	je 336	
3 Gläser Milch	je 128	
1 Glas Orangensaft	90	

Matthis (liebt Süßes)	kcal	kJ
2 Schokocremebrote		je 1 008
1 Müsliriegel		556
1 Salamipizza		3 866
1 Eis		941
2 Marmeladenbrötchen		je 590
1 Tüte Gummibärchen		3 130
1 Glas Kakao		435
2 Gläser Cola		je 607

3. Ein Glas Orangensaft deckt $\frac{2}{3}$ des gesamten Tagesbedarfs an Vitamin C, eine Schale Müsli mit Milch $\frac{1}{4}$ und ein Stück Traubenzucker mit Vitamin C $\frac{1}{10}$.
Jan isst zum Frühstück eine Schale Müsli. Vor der Mathearbeit stärkt er sich mit zwei Stück Traubenzucker. Da ihm am Nachmittag noch ein wichtiges Training bevorsteht, gibt ihm seine Mutter davor ein Glas Orangensaft.
   a) Hat Jan den Tagesbedarf an Vitamin C gedeckt?
   b) Gib den Anteil des gesamten Tagesbedarfs an Vitamin C, den er aufgenommen hat, auch in Prozent an.

4.
Fettgehalt in % der Masse			
Vollkornbrötchen	1,4	Müsli	16
Hähnchenschnitzel	3,3	Gouda	30
Broccoli	2,0	Chips	40

Empfehlung für 10- bis 14-jährige Schülerinnen und Schüler
85 g Fett pro Tag

Die 13-jährige Mirjana hat heute bereits 200 g Müsli, 200 g Hähnchenschnitzel mit 150 g Broccoli und 2 Vollkornbrötchen (je 50 g) mit 100 g Gouda gegessen. Am Abend bekommt sie Heißhunger auf Chips und isst eine ganze Tüte (150 g).
   a) Hat Mirjana die Empfehlung für die Aufnahme von Fett eingehalten?
   b) Wie viel Gramm Chips hätte sie essen dürfen?
      Welchem Anteil an der ganzen Tüte entspricht diese Menge?

DIE KLASSE 8B FEIERT EIN KLASSENFEST

1. Maria und Tobias sollen für das Fest 12 Liter Orangensaft kaufen. Sie entdecken in einem Lebensmittelgeschäft drei unterschiedliche Angebote.
Natürlich entscheiden sie sich für das günstigste Angebot. Sie bezahlen mit einem 20-€-Schein. Wie viel Wechselgeld bekommen sie zurück?

2. Für das Fest wird eine Tombola organisiert. Die Schülerinnen und Schüler sammeln in den Geschäften fleißig Preise: Ordner, Kugelschreiber, Malstifte, Hefte, Kalender, Spielkarten, Gläser, Tassen usw. Der Hauptgewinn ist ein Basketball.
Insgesamt haben sie 105 Preise. 70 % der Lose sollen Nieten sein.
  a) Wie viele Lose brauchen sie insgesamt? Wie viele Nieten sind darunter?
  b) Wie teuer wird ein Los, wenn die Kosten von 176,20 € durch den Losverkauf wieder hereinkommen sollen? Runde das Ergebnis auf volle 10 Cent auf.
  Wie viel bleibt für die Klassenkasse über?

3. Für das Fest werden auch Spiele vorbereitet. Unter anderem hat sich Claudias Vater bereit erklärt, in seiner Schreinerei ein Glücksrad zu bauen. Das Glücksrad hat fünf verschiedene Kreisausschnitte. In jedem Ausschnitt steht eine rationale Zahl.

Kreisausschnitt	Anteil am Vollkreis	Zahl
rot	15 %	80
gelb	15 %	−35
grün	35 %	55
blau	25 %	−45
weiß	?	−90

Spielregel
Jeder darf fünfmal hintereinander das Glücksrad drehen. Die Zahlen, bei denen das Rad stehen bleibt, werden addiert. Ist das Ergebnis positiv, so erhält der Spieler einen von einer Bank gestifteten Preis. Ist die Summe der Zahlen null, so erhält er zwei Preise.

  a) Zeichne ein maßstabgetreues Modell des Glücksrads mit einem Durchmesser von 10 cm.
  b) Nicole, Peter, Theresa und Jan haben folgende Ergebnisse erzielt:
   Nicole: grün/blau/grün/gelb/blau   Theresa: gelb/grün/blau/grün/weiß
   Peter: gelb/blau/rot/grün/blau   Jan: grün/weiß/blau/grün/rot
   Berechne die Summen. Wer hat gewonnen, wer nicht?
  c) Theresas Bruder behauptet: „Die Summe kann überhaupt nicht null werden!"
   Was meinst du dazu?

4. Nach dem Klassenfest spielen Claudia und ihre Freundin zu Hause mit dem Glücksrad aus Aufgabe 3. Die Ergebnisse notieren sie in einer Strichliste:

Kreisausschnitt	rot	gelb	grün	blau	weiß
Anzahl	|||| |||| |||	|||| |||| ||	|||| |||| |||| |||| |||| ||	|||| |||| |||| ||||	|||| ||||

  a) Stelle die absoluten Häufigkeiten in einem Säulendiagramm dar.
  b) Berechne die relativen Häufigkeiten und stelle sie in einem Kreisdiagramm dar.
  c) Vergleiche dieses Kreisdiagramm mit dem Glücksrad. Was stellst du fest?

BIST DU TOPFIT?

GEWÄCHSHAUS

Herr und Frau Brasse freuen sich. Soeben haben sie von ihrer Bausparkasse die Nachricht erhalten, dass ihr Bausparvertrag zugeteilt wird. Mit der angesparten Bausparsumme kann Frau Brasse sich jetzt endlich ihren großen Wunsch nach einem Gewächshaus erfüllen.

1. Hier siehst du das Gewächshaus, das sich Frau Brasse ausgesucht hat. Das 2,80 m breite und 4,05 m lange Gewächshaus steht auf einem Stahlrahmen. Er ist an den vier Ecken in Betonsockeln verankert. Die Seitenwände sind 1,35 m hoch. Das Dach hat einen Neigungswinkel von 35°.

   a) Für die Betonsockel hat Herr Brasse 0,5 m tiefe und 0,3 m mal 0,3 m breite Löcher ausgegraben.
   Wie viel Kubikmeter Beton musste er mischen?
   b) In welchem Bereich des Gewächshauses kann eine erwachsene Person aufrecht stehen? Zeichne dazu den Querschnitt des Gewächshauses im Maßstab 1 : 50.
   c) Bestimme die Größe des umbauten Raumes sowie die Größe der Glasfläche.
   d) Beim Errichten eines Gewächshauses in einem Garten sind bestimmte Maße einzuhalten. Sohn Michael fand dazu im Internet folgende Festlegungen: Die Grundfläche des Gewächshauses darf 12 m² nicht überschreiten, es kann maximal 2,50 m hoch sein und zum Nachbargrundstück ist ein Abstand von mindestens 1 m einzuhalten.
   Entspricht das Gewächshaus der Familie Brasse dieser Vorschrift?
   e) Frau Brasse möchte Pflanzen und Samen für die Erstbepflanzung einkaufen. Sie schaut sich die Angebote in einem Gartencenter an:

   Frau Brasse möchte nicht mehr als 50 € ausgeben.
   Stelle eine Einkaufsliste zusammen.

2. Neben dem Gewächshaus befindet sich ein rechteckiges Blumenbeet mit 10 m Umfang. Im Frühjahr soll es neu gestaltet und je Quadratmeter mit vier bunt blühenden Stauden bepflanzt werden. Michael meint: „Wenn wir das Beet um 1,5 m verlängern, dann erhalten die Stauden mehr Licht. Es vergrößert sich dabei um 3 m²."
Wie viele Stauden können auf das größere Beet gepflanzt werden?

NEUGESTALTUNG EINES STÄDTISCHEN GRUNDSTÜCKS

Das städtische Grundstück an einer Straßengabelung hat die Form eines rechtwinkligen Dreiecks.
Die an die Straßen angrenzenden Seiten $\overline{AB}$ und $\overline{AC}$ sind 30 m bzw. 18 m lang.

1. Es ist geplant, das Grundstück rundherum mit 40 cm langen Rasenkantensteinen einzufassen. Wie viele Steine werden benötigt?

2. Auf dem Grundstück soll ein kreisringförmiges Blumenbeet angelegt werden. Der äußere Kreis hat den Radius $r_a = 3{,}8$ m. Im inneren Kreis, der einen Radius von 1,3 m hat, ist eine Springbrunnenanlage geplant.

   a) Erstelle eine Zeichnung des städtischen Grundstücks und des Blumenbeets in einem geeigneten Maßstab.
   b) Das Blumenbeet soll außen mit einer kleinen Buchsbaumhecke eingefasst werden. Man rechnet mit 8 Pflanzen auf 1 m.
   Wie viele Buchsbaumpflanzen werden benötigt?
   c) Im Frühjahr wird das Blumenbeet mit Begonien und Petunien im Verhältnis von 2:5 bepflanzt. Auf 1 m² kommen 16 Pflanzen. Eine Begonie kostet 1,59 €, eine Petunie 0,85 €.
   Wie viel Euro kosten die Blumen?
   d) Die restliche Grundstücksfläche außerhalb des Blumenbeets wird mit Rasen eingesät. Wie viel Prozent des gesamten Grundstücks sind das?

3. Das zylinderförmige Springbrunnenbecken hat innen einen Durchmesser von 2,5 m und ist 28 cm tief. Die Seitenwand ist 5 cm dick, der Boden 7 cm.
   a) Wie viel Liter Wasser fasst das Becken?
   b) Das Becken besteht aus Beton; 1 cm³ wiegt 2,1 g.
   Wie schwer ist das Becken?

BIST DU TOPFIT?

RUND UMS FREIBAD

Das Schwimmbecken des Freibads „Waldblick"
hat die Form eines Quaders.
Es ist 25 m lang, 15 m breit und 3,6 m tief.

1. a) Zeichne ein Schrägbild des Beckens im Maßstab 1 : 200.
b) Wie viel Kubikmeter Wasser passen in das Becken?

2. Vor der neuen Badesaison wird ein 1,8 m breiter Rundweg, der sich direkt an den Beckenrand anschließt, neu gefliest. Für das Entfernen der alten Fliesen und das Verlegen und Verfugen der neuen Fliesen berechnet die Firma einschließlich der Materialkosten 94,70 € pro Quadratmeter zuzüglich 19 % Mehrwertsteuer.
Erstelle eine Rechnung.

3. Zur Finanzierung der Renovierung der gesamten Freibadanlage hat die Bädergesellschaft am 11.4. einen Kredit von 230 000 € aufgenommen. Der Zinssatz beträgt 4,4 %.
Wie viel Euro Zinsen sind am Ende des Jahres fällig?

4. Birgit und Thorsten besuchen das renovierte Bad.
a) Der Eintrittspreis wurde um 25 % angehoben und beträgt jetzt 4 €.
Wie teuer war der Eintritt vorher?
b) Thorsten stoppt im Schwimmbad Birgits Schwimmzeiten. Birgit braucht für 6 Bahnen 3 Minuten 15 Sekunden.
Wie viel Meter ist sie durchschnittlich pro Minute geschwommen?
Wie lange braucht sie bei gleicher Geschwindigkeit für 8 Bahnen?

5. In einer Augustwoche werden folgende Besucherzahlen registriert:

Wochentag	Sonntag	Montag	Dienstag	Mittwoch	Donnerstag	Freitag	Samstag
Anzahl der Besucher	413	156	99	256	385	347	521

a) Erstelle ein Säulendiagramm.
b) Wie viele Besucher kamen durchschnittlich pro Tag?

6. Nach der Badesaison wird das Schwimmbecken leer gepumpt. Die Pumpe schafft 45 m³ stündlich. Im Becken sind 1 350 m³ Wasser.
a) Wie tief ist das Wasser noch nach (1) 4 Stunden, (2) 7 Stunden?
b) Gib eine Berechnungsvorschrift an, mit der man die Wassertiefe nach x Stunden berechnen kann.
c) Nach wie vielen Stunden beträgt die Wassertiefe noch 2 m?
d) Wann ist das Becken leer?

DURCH HERRN MEYERS GRUNDSTÜCK WIRD EINE NEUE STRASSE GEBAUT

Herr Meyer ist Eigentümer eines rechteckigen Grundstücks, durch das die Stadt eine neue Straße bauen will (s. Zeichnung).

Zu diesem Zweck erwirbt die Stadt von Herrn Meyer das Grundstück ABEG.
Das Restgrundstück BCDE soll mit zwei Einfamilienhäusern bebaut werden. Die Stadt hat sich verpflichtet, zwischen der Straße und diesem Grundstück einen Lärmschutzwall zu errichten, um zusätzlichen Lärm zu vermeiden.

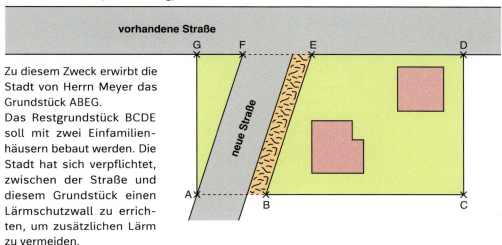

Die Zeichnung wurde im Maßstab 1 : 1 000 erstellt.

1. Ermittle anhand der Zeichnung die Größe des verkauften Grundstücks.
   Wie viel Prozent sind dies von der gesamten Grundstücksfläche?

2. Herr Meyer hat von der Stadt 78 € pro Quadratmeter erhalten. Den gesamten Verkaufserlös legt er 3 Jahre zu einem Zinssatz von 2,5 % bei einer Bank an.
   Auf wie viel Euro wächst sein Guthaben mit Zinseszins in dieser Zeit an?

3. Das Grundstück AFG wird mit Sträuchern bepflanzt. Auf 10 m² kommen 3 Sträucher. Jeder Strauch kostet 6,75 € zuzüglich 7 % Mehrwertsteuer. Berechne die Kosten.

Bei Pflanzen: reduzierter Mehrwertsteuersatz 7 %

4. Das Restgrundstück BCDE soll so längs einer Linie PQ in zwei gleich große Bauplätze aufgeteilt werden, dass die Straßenzufahrt $\overline{EP}$ des linken Grundstücks noch 10 m breit ist. Wo muss der Grenzstein Q hingesetzt werden?

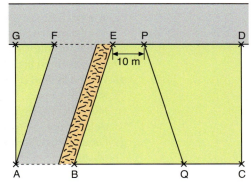

5. Die Asphaltdecke der neuen Straße wird 12 cm dick. Ein Lkw liefert 9 m³ Asphalt. Wie groß ist die Straßenfläche, die man hiermit asphaltieren kann?

6. Der Querschnitt des Lärmschutzwalls hat die Form eines gleichschenkligen Trapezes. Der Wall ist 40 m lang und an seinen Enden durch Mauern begrenzt.
   a) Zeichne den Querschnitt maßstabsgetreu. Welcher Maßstab ist sinnvoll?
   b) Wie viel Kubikmeter Erde benötigt man für den Wall?
   c) Der Wall soll mit Bodendeckern zuwachsen. Wie groß ist die zu bepflanzende Fläche?

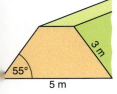

BIST DU TOPFIT?

KOMPLEXE AUFGABEN

> Niederschlagswassergebühr richtet sich nach der versiegelten Fläche

1. Herr Weigoldt wohnt seit März 2017 mit seiner Frau in einer Zwei-Raum-Wohnung zur Miete. Im Mai 2018 erhielt er die Abrechnung der Betriebskosten vom 01.03.2017 bis 31.12.2017 für seine Wohnung einschließlich des überdachten Abstellplatzes für sein Auto.

Kostenart	Ihr Anteil in Euro für 12 Monate	für ▩ Monate
Grundsteuer	114,89	95,70
Niederschlagswassergebühr	42,28	35,20
Wärmeversorgung / Wasser		346,03
Gebäudeversicherung	50,20	41,80
Gartenpflege	121,08	▩
Außenbeleuchtung	17,19	14,30
Straßenreinigung	5,76	4,80
Müllabfuhr	89,17	74,30
Gebäudereinigung	86,37	71,90
Hausstrom	26,62	22,10
Hausmeister	113,56	94,60
Betriebskosten Doppelparker	53,00	44,10
Gesamt		▩
abzüglich geleisteter Vorauszahlungen		▩
Ihr Guthaben bzw. Restbetrag		▩

In der Miete von Herrn Weigoldt waren monatlich 105,00 € Betriebskosten enthalten. Um alles unbeeinflusst kontrollieren zu können, deckt er einige Posten ab.

a) Wie viele Monate beträgt der Zeitraum der Abrechnung?
b) Wie wurden die Beträge für den Mietzeitraum berechnet?
Rechne nach. Mit welcher Genauigkeit wurden die Beträge angegeben?
c) Wie hoch ist sein Anteil für die Gartenpflege im Mietzeitraum?
d) Berechne die Gesamtkosten für den Mietzeitraum bis Ende 2017.
e) Wie hoch sind die Betriebskosten pro Monat?
f) Muss Herr Weigoldt noch einen Restbetrag überweisen oder erhält er vom Vermieter Geld zurück? Wie viel Euro sind das?
g) Für das Abstellen seines Autos im Doppelparker zahlt Herr Weigoldt monatlich 20,00 € Miete.
  (1) Wie viel Euro zahlt er für das Abstellen seines Autos pro Jahr einschließlich der Betriebskosten für den Doppelparker?
  (2) Herr Weigoldt zahlt monatlich 450,00 € Miete (Warmmiete). Wie hoch ist etwa der prozentuale Anteil der Kosten für das Auto an der monatlichen Warmmiete?
  (3) Erkundige dich über den Unterschied zwischen „Kaltmiete" und „Warmmiete".

2. Die Eheleute Weigoldt lesen auf ihrer Stromrechnung einen Jahresverbrauch von 3 550 kWh. Bei ihrem Kombi-Tarif zahlen sie einen Grundbetrag von 6,60 € pro Monat und einen Strompreis von 25,14 Cent pro kWh.
Beim neuen Trend-Tarif müssten sie einen Grundbetrag von 14,50 € pro Monat und einen Strompreis von 22,45 Cent pro kWh zahlen.
Berechne den Gesamtbetrag für beide Tarife. Vergleiche beide Tarife.

3. Herr Weigoldt überzeugt seinen Vermieter, vier zylinderförmige Wassertonnen eingraben zu lassen, aus denen dann das Wasser zum Gießen des Gartens verwendet werden kann. Jede Tonne hat einen Durchmesser von 1,20 m und eine Höhe von 1,50 m.
  a) Wie viel Liter Wasser können maximal von allen vier Tonnen zusammen aufgenommen werden?
  b) Eine vollgefüllte Wassertonne wird bei Bedarf fast leergepumpt. Pro Minute sinkt der Wasserstand um 5 cm.
    (1) Zeichne den Graphen der Zuordnung *Zeit x (in Minuten)* → *Wasserhöhe y (in cm)* mithilfe einer Wertetabelle.
    (2) Nach wie viel Minuten wäre die Tonne leergepumpt?
  c) Um eine günstige Position der Wassertonne zu ermitteln, hat Herr Weigoldt Minitonnen im Maßstab 1:50 gebaut. Welche Maße haben die Minitonnen?
  d) In welchem Verhältnis stehen die Volumen von einer Minitonne zur Originaltonne?
  e) Die Umrisse des Gartens möchte er im gleichen Maßstab wie die Tonnen zeichnen. Der Garten hat die Form eines Rechtecks mit 25 m Länge und 15 m Breite. Kann er die Umrisse des Gartens auf ein DIN-A4-Blatt zeichnen oder muss er ein anderes Format wählen?

4. Im hinteren Bereich des Hofes sollen zwei Blumenbeete angelegt werden. Jedes soll die Form eines Viertelkreises mit einem Radius von 2,50 m haben.

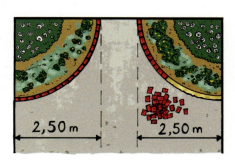

  a) Die Beete werden mit Randsteinen von 10 cm Länge eingefasst.
     Wie viele Steine werden benötigt?
  b) Pro Quadratmeter sollen etwa 5 Rosenstöcke gepflanzt werden. Es werden je zur Hälfte weiße und rote Rosenpflanzen gekauft. Jede weiße Rosenpflanze kostete 4,95 € und jede rote 5,95 €. Wie viel Euro werden für die Bepflanzung der Beete ausgegeben?
  c) Das Erdreich der beiden Beete soll 30 cm hoch mit Muttererde aufgefüllt werden. Bevor die Muttererde aufgebracht wird, müssen genauso viel Kubikmeter Erde ausgeschachtet und abtransportiert werden.
     Für das Bereitstellen des Containers berechnete die Transportfirma 39,10 € und für jeden Kubikmeter Erde zusätzlich noch 23,50 €. Zum Gesamtbetrag kommt noch die Mehrwertsteuer. Wie teuer wird der Abtransport der alten Erde?

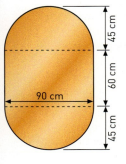

5. Der Nachbar von Familie Weigoldt hat sich einen ovalen Holztisch für den Balkon gekauft.
  a) Um zu wissen, wie viel Lasur er zum Streichen benötigt, muss er die Größe der Tischplatte ausrechnen.
  b) Er möchte den gesamten Tisch zweimal streichen und überlegt, dass er ihn von oben und unten streichen und für die schmale Seitenfläche und die Tischbeine noch etwa 25 % dazu rechnen muss. Pro Quadratmeter benötigt man 250 mℓ Lasur. Reicht ein 5 ℓ-Kanister?

ANHANG

LÖSUNGEN

Bist du fit?

SEITE 33

1. (1) 240 €   (2) 86,90 €   (3) 51,90 €   (4) 83,16 €

2. a) Im letzten Jahr wurden 10 Mechatronikerinnen ausgebildet.
b) Im Vorjahr hatte der Betrieb 750 Beschäftigte.
c) Die Ausbildungsvergütung stieg um 5 %.

3. a) 7,97 %   **b)** 5,85 %

4. a) 52,50 € Zinsen   **b)** 4 000 €   **c)** Zinssatz von 1,1 %

5. a) 0,69 €   **b)** 81,25 € Zinsen

6. Raten in Höhe von 263,75 €.

7. 241,43 €

SEITE 59

1. $x = 12\,cm$

2. a) $21\,ab + 15\,ac$ **b)** $72\,xy - 96\,xz$ **c)** $68\,x^2 + 408\,y^2$

3. a) $-ac + bc$ **c)** $3x - y$ **e)** $72\,x^2 - 60 - 60\,y + 12\,x^2 y$
b) $20\,x^2 + 8\,y^2$ **d)** $x + 8y$ **f)** $38x - 47\,xy^2$

4. a) $x(24y + 7z)$ **b)** $10b(8a - 5c)$ **c)** $9x(3y + 8x)$ **d)** $12a(4c - 3b)$

5. a) $-2(a + b)$ **b)** $-7(p + q)$ **c)** $-24(ab + ac + bc)$

6. a) $x = -5$ **b)** $x = -5$ **c)** $y = -4$ **d)** $a = 24$

7. a) $x = \frac{1}{7}$ **b)** $x = 14$ **c)** $x = -2$ **d)** $x = 2$

8. a) Die Zahl ist die 11.   **b)** Die Zahl ist die 7.

9. a) $A = g \cdot h$ **b)** $g = \frac{A}{h}$; $h = \frac{A}{g}$

10. 59 Cent

11. a) $28\,cm + 4 \cdot h$; $58\,cm$ **b)** $A_O = 24\,cm^2 + 14 \cdot h$ **c)** $5,5\,cm$

Lösungen – Bist du fit?

SEITE 85

1. a) $V = 22{,}5\,cm^3$; $A_M = 50\,cm^2$; $A_O = 59\,cm^2$ c) $V = 31\,cm^3$; $A_M = 59\,cm^2$; $A_O = 71{,}4\,cm^2$
   b) $V = 18\,cm^3$; $A_M = 47{,}5\,cm^2$; $A_O = 54{,}7\,cm^2$

2. a) $V = 384\,cm^3$ b) $h = 40\,dm$ c) $A_G = 240\,m^2$ d) $h \approx 58{,}6\,mm$

3. a) (verkleinert)

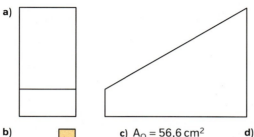

b)

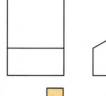

c) $A_O = 56{,}6\,cm^2$ d)

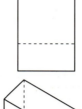

e) $V = 25\,cm^3$ (verkleinert)

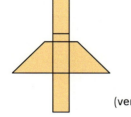

(verkleinert)

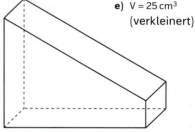

4. a) $A_M = 765\,cm^2$; $A_O = 869\,cm^2$; $V = 884\,cm^3$
   b) $h = 7\,cm$; $A_M = 98\,cm^2$; $A_O = 122\,cm^2$
   c) $u = 62\,cm$; $A_O = 3146\,cm^2$; $V = 10\,320\,cm^3$
   d) $h = 35{,}833\,m$; $A_G = 600\,m^2$; $V = 21\,500\,m^3$

5. a) Zweitafelbild   b) Zweitafelbild

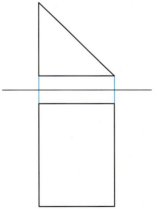 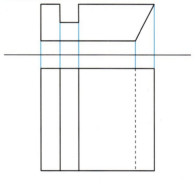

Die Höhe beider Prismen beträgt ca. 2,8 cm.
   a) $V \approx 5{,}6\,cm^3$
      $A_M \approx 19{,}1\,cm^2$
      $A_O \approx 23{,}1\,cm^2$
   b) $V \approx 7{,}0\,cm^3$
      $A_M \approx 24{,}1\,cm^2$
      $A_O \approx 29{,}1\,cm^2$

6. a) $V = 9{,}54\,dm^3$ b) $m = 74\,412\,g = 74{,}412\,kg$ c) $32{,}22\,dm^2$

SEITE 101

1. a) 7   b) 8   c) 4   d) 10   e) 10   f) 1,5   g) $\frac{3}{5}$

2. a) $\sqrt{4}$ b) $\sqrt{36}$ c) $\sqrt{121}$ d) $\sqrt{0{,}49}$ e) $\sqrt{0{,}09}$ f) $\sqrt{\frac{9}{16}}$ g) $\sqrt{6{,}25}$

3. Der Umfang des Grundstücks beträgt 116 m.

Anhang

SEITE 101

4. a) 2,236   **b)** 27,404   **c)** 50,010   **d)** 1,100   **e)** 0,513   **f)** 4,380   **g)** 16,811

5. a) a ≈ 6,9 cm   **b)** a ≈ 10,6 cm

6. Das Volumen beträgt 128,625 m³

SEITE 131

1. a) u ≈ 27 cm; A ≈ 58,1 cm²   **b)** u ≈ 23,25 m; A ≈ 43 m²

2. a) r ≈ 8,7 cm; A ≈ 238,1 cm²   **b)** r ≈ 76,5 cm; u ≈ 480,7 cm

3. a) A ≈ 44,77 cm²   **b)** A ≈ 3,54 m²

4. Es müssen für 260,88 m² Steine bestellt werden.

5. a)

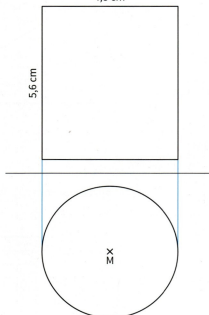
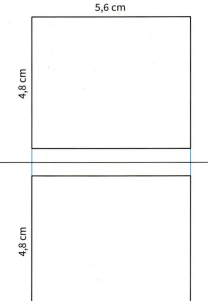

SEITE 131

b)

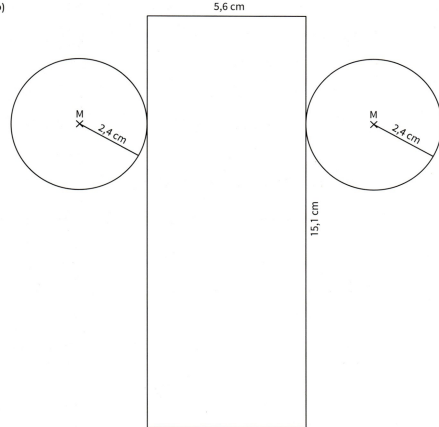

c) $A_O \approx 120{,}64 \text{ cm}^2$; $V \approx 101{,}34 \text{ cm}^3$

6. a) $u \approx 10{,}05 \text{ m}$, also 81 Steine **b)** $A \approx 8{,}04 \text{ m}^2$, also ca. 32 Rosen, also 232,00 €

7. a) (1) ca. 19,5 cm (2) ca. 26,5 cm (3) ca. 11,8 cm
   b) (1) $r \approx 4{,}3 \text{ cm}$ (2) $r \approx 5{,}5 \text{ cm}$ (3) $r \approx 6{,}3 \text{ cm}$

8. a) 32,57 ℓ
   b) $r_i = 0{,}12 \text{ m}$; $r_a = 0{,}20 \text{ m}$; $h_a = 1{,}60 \text{ m}$; $h_i = 1{,}44 \text{ m}$; $V = 67{,}96 \text{ m}^3$; $m = 47{,}6 \text{ kg}$; Trog: 63,335 kg

9. a) $V \approx 274{,}92 \text{ cm}^3$ also ca. 2,36 kg
   b) $A_O = A_{O_{Quader}} + A_{M_{Zylinder}}$; $A_O = 432 \text{ cm}^2 + 62{,}83 \text{ cm}^2 = 494{,}83 \text{ cm}^2$

SEITE 153

1.

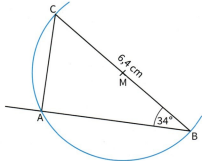

SEITE 153

2. a) c = 100 cm **b)** b = 75 cm **c)** b = 39 cm **d)** r = 28 m

3. a) Die Dachsparren sind 6,80 m lang. **b)** Sie sind 4,70 m lang.

4. Raumdiagonale $d_R = \sqrt{d^2 + 5^2}$; d ist Diagonale der Grundfläche: $d = \sqrt{8^2 + 3,5^2} \approx 8,73$ cm $\Rightarrow d_R \approx 10,06$ cm

5. a) h = 2,55 m **b)** $A = \frac{a+c}{2} \cdot h$; c = 3,4 m; h = 2,55 m; a = 12,0 m; A = 19,64 m²

6. In Wirklichkeit ist der Weg ca. 982 m lang.

SEITE 183

1. (1) 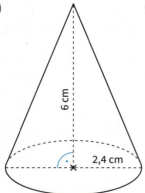 (2) V ≈ 36,19 cm³ ; A_O ≈ 66,82 cm² (3)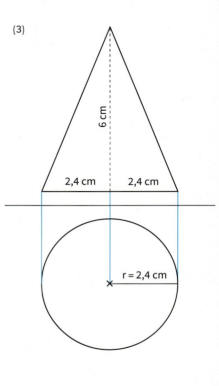

SEITE 183

2. (1)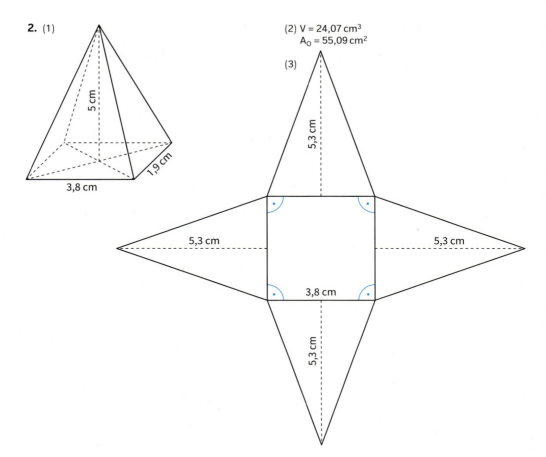

(2) V = 24,07 cm³
A_O = 55,09 cm²

3. a) r = 4,1 cm
A_O ≈ 211,24 cm²
V ≈ 288,70 cm³

b) r ≈ 1,64 dm
d ≈ 3,28 dm
V = 18,5 dm³

c) r ≈ 4,50 m
d ≈ 9,00 m
A_O ≈ 254,47 m²

4. a) A_M ≈ 309 m²; V ≈ 675 m³
b) A_M ≈ 114 m²; V ≈ 108 m³
c) A_M ≈ 1 910 m²; V ≈ 9 734 m³
d) A_M ≈ 101 m²; V ≈ 134 m³

5. a) h = 108 cm; V ≈ 229 022,1 cm³; A_O ≈ 22 902,2 cm²
b) r = 35 cm; V ≈ 107 756,6 cm³; A_O ≈ 13 854,4 cm²
c) r ≈ 6,7 cm; s ≈ 34,6 cm; A_O ≈ 869,31 cm²
d) h ≈ 26,4 cm; s ≈ 27,8 cm; A_O ≈ 969,3 cm²
e) r ≈ 3,9 cm; h ≈ 2,74 cm; V ≈ 43,68 m³; s = 4,77 cm

6. a) h ≈ 8,4 cm; V ≈ 150,0 cm³; A_O ≈ 187,61 cm²
b) h_a ≈ 18,8 cm; V ≈ 1 186,0 cm³; A_O ≈ 742,51 cm²
c) h ≈ 12,2 cm; h_a ≈ 14,4 cm; A_O ≈ 687,14 cm²

7. Das Wasser ist nach ca. 5 h vollständig gefiltert.

8. Es passen ca. 216 000 kleine Kugeln in eine große Kugel.

SEITE 207

1. (1) $\frac{5}{14}$ ≈ 36 %   (2) $\frac{2}{14}$ ≈ 14 %   (3) $\frac{12}{14}$ ≈ 86 %   (4) $\frac{7}{14}$ = 50 %   (5) $\frac{5}{14}$ ≈ 36 %

2. a) Man würfelt genügend oft, dann sollte jede Zahl mit der gleichen Wahrscheinlichkeit auftreten.
b) (1) $\frac{4}{6} = \frac{2}{3}$ ≈ 67 %   (2) $\frac{3}{6} = \frac{1}{2}$ ≈ 50 %   (3) $\frac{2}{6} = \frac{1}{3}$ ≈ 33 %

SEITE 207

3. a) $\frac{1}{6} \approx 16{,}67\,\%$

  b) Rot: 72°;   Blau: 120°;   Gelb: 108°;   Grün: 60°
  c) 70 %
  d) 14-mal
  e) 20 %

4. a) (1) E = {1; 3; 5, 7}
  (2) E = {6; 7; 8}
  (3) E = {4; 8}
  (4) E = {1; 2; 3; 4; 5; 6; 7; 8}
  (5) E = { }
 b) (1) Die Augenzahl ist gerade; $\overline{E}$ = {2; 4; 6; 8}
  (2) Die Augenzahl ist kleiner gleich 5; $\overline{E}$ = {1; 2; 3; 4; 5}
  (3) Die Augenzahl ist nicht durch 4 teilbar; $\overline{E}$ = {1; 2; 3; 5; 6; 7}
  (4) Die Augenzahl hat mehr als eine Stelle; $\overline{E}$ = { }
  (5) Die Augenzahl ist nicht durch 9 teilbar; $\overline{E}$ = {1; 2; 3; 4; 5; 6; 7; 8}
 c) (1) $\frac{1}{2}$
  (2) $\frac{3}{8}$
  (3) $\frac{1}{4}$
  (4) 1
  (5) 0

5. a) 300   **b)** Schätzungsweise 6 defekte Bausteine gelangen in den Handel.

6. a) $\frac{3}{6} = \frac{1}{2} = 50\,\%$ **b)** $\frac{5}{6} \approx 83{,}3\,\%$
 c) Die Wahrscheinlichkeit für das Würfeln einer Zwei ist $\frac{1}{3}$. 85 · 3 = 255.
  Es wurde schätzungsweise 255-mal gewürfelt.

Bist du topfit?

SEITE 208

1. a) (1) wahr, eine besondere ganze Zahl, sie ist auch natürliche Zahl (2) falsch, kleinste Primzahl: 2
(3) wahr, 12 345 : 3 = 4 115   (4) falsch, 5 ist eine Lösung der Gleichung, aber nicht der Ungleichung
b) (1) 25 % (2) 50 %
c) –

2. a) (1) 90 m² (2) 84 kg (3) 1,1 ℓ (4) 57 €
b) 38 cm; 54 cm und 54 cm
c) (1) $x = -7$ (3) $a = 7$ (5) $y = -12$
(2) $a = 16,5$ (4) $x = 2$ (6) $z = 13$

3. a) (2), (3), (4) und (5); Verkaufspreis: 54,40 €
b) (1) 1 000 m = 1 km
(2) Von A nach C: 1,4 km; um 40 % länger
(3) 4 Wege; Alle gleich, da im Quadratraster die Quadratseiten nur parallel verschoben sind.
(4) Etwa die Fläche eines Quadrates: 40 000 m² = 4 ha
c) (5), da $\frac{19,1 \text{ kg}}{900 \text{ g}} \approx \frac{20 \text{ kg}}{1 \text{ kg}} = 20$

SEITE 209

4. a) (3)
b) (1) 400 m² (2) 20 % (3) 300 kg
c)

a	b	c	a + b − c	2 a + bc	a(c − b)
10	1	0	11	20	−10
−3	7	0,5	3,5	−2,5	19,5
$\frac{1}{2}$	$\frac{3}{4}$	1	$\frac{1}{4} = 0,25$	$1\frac{3}{4} = 1,75$	$\frac{1}{8} = 0,125$

5. a) (1) $\alpha = 27°$; $\gamma = 90°$ (2) $\alpha = 50°$; $\beta = 40°$ (3) $\delta = 105°$
b) (1) 136 146 156 236 246 256   (2) Wahrscheinlichkeit: $P_{248} = \frac{1}{2} \cdot \frac{1}{3} \cdot \frac{1}{4} = \frac{1}{24}$
        137 147 157 237 247 257
        138 148 158 238 248 258
        139 149 159 239 249 259
c) (1) 665 €
(2) 666,40 € Preis fast gleich! Welcher Anbieter ist bei Problemen der bessere Ansprechpartner?

SEITE 210

6. a) (1) wahr, Grundflächen (2) falsch, da nichts über ihre Lage oder Form ausgesagt wird
(3) $\frac{24}{7} = 3,42...$ nicht gut, da $\pi \approx 3,14$
(4) wahr, da $u = \pi \cdot d \approx 3 \cdot 0,5 \text{ m} = 1,5 \text{ m}$
(5) falsch, da $A = \pi r^2 \approx 3 \cdot (3 \text{ m})^2 = 27 \text{ m}^2$
b) (1) $A_G = 27 \text{ cm}^2$; $A_M = 180 \text{ cm}^2$; $A_O = 234 \text{ cm}^2$; $V = 270 \text{ cm}^3$
(2) $A_G = 48 \text{ cm}^2$; $A_M = 144 \text{ cm}^2$; $A_O = 240 \text{ cm}^2$; $V = 288 \text{ cm}^3$
c) (1) 23,22   (4) 18,85   (7) 1,16
(2) −14,48   (5) 13 377,9   (8) 5,67
(3) 188,21   (6) 0,48   (9) 5,67

7. a) (1) $\frac{2}{8} = \frac{1}{4} = 0,25 = 25\%$ (2) $\frac{1}{4} + \frac{1}{8} = \frac{3}{8} = 0,375 = 37,5\%$ (3) $\frac{1}{5} = 0,2 = 20\%$
b)

r	48 cm	9,6 m	≈ 12,5 m	≈ 24 dm
d	96 cm	19,2 m	≈ 25,0 m	≈ 48 dm
u	≈ 302 cm	≈ 60,3 m	78,5 m	150 dm
A	≈ 7238 cm²	≈ 289,5 m²	≈ 490,9 m²	≈ 1810 dm²

c) (1) −17,797   (2) 6,8825   (3) 34,718   (4) 1,8

SEITE 211

8. a) (1) $\frac{5}{9}$ (2) $\frac{2}{9}$ (3) $\frac{4}{9}$
b) (1) $A \approx 6,9 \text{ m}^2$ (2) $A = 16 \text{ m}^2$ (3) $A = 48 \text{ cm}^2$
c) (1) 231,88 €   (2) ≈ 19,93 m   (3) ≈ 16,16 kg   (4) ≈ 9,05 ha

SEITE 211

9. a)

x	y	2x – y	(x + y)·2	$\frac{y+3}{2x}$	$\frac{1}{2}x + 3y$
$\frac{2}{5}$	2	–1,2	$4\frac{4}{5}$	6,25	6,2
–4	4,13	–12,13	0,26	–0,89125	10,39
5	9,9	0,1	29,8	1,29	32,2

b) (1) u ≈ 20,2 cm   (2) u ≈ 26,4 cm
c) (1) 0,45 = 45 %   45 % von 120 Schülern sind 54 Schüler
(2) 0,3 = 30 %   30 % von 120 Schülern sind 36 Schüler, also haben 30 Schüler keine Angabe gemacht.
Oder: 25 % haben keine Angabe gemacht. 25 % von 120 Schülern sind 30 Schüler.

10. a) (1) 15,1 %   (2) 6,4 %   (3) 1,1 %   (4) 13,5 %
b) Die Basis ist 9 cm lang. Jeder Schenkel ist 12,5 cm lang.

SEITE 212

c) (1)

Note	1	2	3	4	5	6
absolute Häufigkeit	3	7	10	2	1	1

(2) $\frac{10}{24} = \frac{5}{12}$ (3) 2,8

11. a) (1) 11 a + 25 b   (2) 41 a – 29,5 b   (3) $9x^2 – 16y^2 + 1,6x$ (4) $2x^2 – 16x^2y^2 + 6x$
b) (1) γ = 78°; β = δ = 102°   (2) α = 56°; β = δ = 124°   (3) γ = 110°; α = β = 70°
c) (1) ≈ 150,81 €   (2) ≈ 4192,7 ml   (3) ≈ 7,911 dm   (4) ≈ 324,5 g

12. a) (1) ≈ 553 g   (2) relative Häufigkeit: $\frac{1}{4}$ (3) 250
b) 24 Hühnereier
Überlegung: Näherungsweise kann man die Formel $V = \frac{4}{3}\pi r^3$ für das Volumen einer Kugel benutzen:
$V_{St} ≈ 1732\ cm^3$ und $V_H ≈ 73,6\ cm^3$. $\frac{V_{St}}{V_H} ≈ 24$
c) (1) ≈ 4,92 €   (2) 2,8 %   (3) 840 €

SEITE 213

13. a)

a	2,5	1,2	9	18	–1,3
a^2	6,25	1,44	81	324	1,69
$\sqrt{a}$	≈ 1,58	≈ 1,1	3	≈ 4,24	–

b) (1) x = 8,4 m   (2) Länge des Sees: ≈ 328 m
c) (1) >   (2) <   (3) =
   >   <   =
   =   >   <
   >   =   =

14. a)

a	11,5	9	≈ 2,005	≈ 3,016	7,2
a^3	1520,875	729	≈ 8,062	27,44	373,248
$\sqrt[3]{a}$	≈ 2,257	≈ 2,08	1,261	≈ 1,445	≈ 1,931

b) (1) Ärmelfläche: 16 cm²   (2) Huthöhe: 13 cm   (3) Ärmelfläche: 40 cm²
Rockfläche: 32 cm²   Jackenfläche: 144 cm²
c) (1) 7 000 m   (2) 900 mm²   (3) 2 400 mm³   (4) 7 300 g   (5) 4 h
30 cm   0,0095 m²   0,514 dm³   0,069 kg   195 min
270 mm   30 cm²   1 250 000 cm³   130 mg $\frac{3}{4}$ h
0,087 m   41 000 m²   8,3 dm³   0,207 t $\frac{1}{3}$ min
0,093 km   0,00375 km²   123 ml   0,083 g   6 min
10,5 dm   0,0305 dm²   2 300 cm³   720 kg   18 s

SEITE 214

1. $\frac{1}{12}$

2.

Jana	kcal	kJ
1 Port. Früchtemüsli	512	2142
1 Apfel	75	314
1 Port. Vollkornspaghetti	680	2845
3 Vollwertwaffeln	312	1305
100 g Vollwert-Nusskekse	137	573
2 Brote mit Ei und Kresse	672	2812
3 Gläser Milch	384	1607
1 Glas Orangensaft	90	377

Matthis	kcal	kJ
2 Schokocremebrote	482	2016
1 Müsliriegel	133	556
1 Salamipizza	924	3866
1 Eis	225	941
2 Marmeladenbrötchen	282	1180
1 Tüte Gummibärchen	748	3130
1 Glas Kakao	104	435
2 Gläser Cola	290	1214

Jana: um 1 975 kJ   Matthis: um 1 338 kJ

SEITE 214

3. a) ja   **b)** 111,7 %

4. a) nein (133 g Fett)   **b)** 30 g; 20 %

SEITE 215

1. am günstigsten: 0,75 ℓ für 0,63 €;   Wechselgeld: 9,92 €

2. a) Lose: 350; Nieten: 245   **b)** 0,60 €; 33,80 €

3. a) weiß: 10 %, 36°;   rot: 54°;   gelb: 54°;   grün: 126°;   blau: 90°
    b) Nicole: −15;   Peter: 10;   Theresa: −60;   Jan: 55
    c) Die Summe kann Null werden, z. B. blau / blau / grün / rot / blau

4. a)

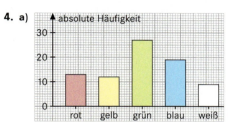

b)

Farbe	rot	gelb	grün	blau	weiß
relative Häufigkeit	0,16	0,15	0,34	0,24	0,11
Winkel	58°	54°	122°	86°	40°

c) Das Kreisdiagramm hat annähernd die gleiche Einteilung wie das Glücksrad. Wenn man das Glücksrad sehr häufig dreht, nähern sich relative Häufigkeit und Wahrscheinlichkeit an.

SEITE 216

1. a) Er musste 0,18 m³ Beton mischen.
    b) Jeweils 65 cm von den Außenwänden ist es zu niedrig.
    c) umbauter Raum: 20,9 m³   Glasfläche: 35,2 m²
    d) Grundfläche: 11,34 m²   Höhe: ca. 2,33 m
    Das Gewächshaus entspricht den Vorschriften.
    e) z. B.:

1 Weinstock	19,95 €		1 Weinstok	19,95 €
2 Paprika	7,98 €		4 Tomaten	12,76 €
2 Tomaten	6,38 €		5 Kräuter	9,95 €
3 Kräuter	5,97 €		1 Sonnenblume	0,79 €
2 Sonnenblumen	1,58 €		1 Gurke	0,99 €
2 Gruken	1,98 €		1 Kürbis	1,29 €
2 Kürbisse	2,58 €		1 Erbse	1,45 €
2 Erbsen	2,90 €			47,18 €
	49,32 €			

Der Einkauf wird sich auch nach den Vorlieben der Familie richten.

2. 36 Stauden

SEITE 217

1. $\overline{BC}$ = 24 m; 180 Steine

2. a) −
    b) u ≈ 24 m; 192 Pflanzen
    c) ≈ 40 m²; 183 Begonien, 457 Petunien; Gesamtkosten: 679,42 €
    d) 81,5 %

3. a) 1 374 ℓ   **b)** 1 016 kg

SEITE 218

1. a) Länge: 12,5 cm;   Breite: 7,5 cm;   Tiefe: 1,8 cm   **b)** 1 350 m³

2. 156,96 m² Fliesen; Gesamtsumme: 17 688,29 €

SEITE 218

3. 7 280,78 €

4. a) 3,20 €   **b)** 46,15 m; 4 Minuten 20 Sekunden

5. a) z. B.: Besucherzahlen auf Hunderter runden, 1 cm ≙ 100: 4 cm; 2 cm; 1 cm; 3 cm; 4 cm; 3 cm; 5 cm.
b) Mittelwert: 311

6. a) (1) 3,12 m;   (2) 2,76 m   **c)** 13 h 20 min
b) $t = \frac{1350 - 45x}{25 \cdot 15} = \frac{1350 - 45x}{375} = -0,12x + 3,6$ **d)** 30 h

SEITE 219

1. 912 m², das sind 34,29 %

2. 76 605,69 €

3. (68 Sträucher) 491,13 €

4. $\overline{PD}$ = 30 m; $\overline{QC}$ = 16 m

5. 75 m²

6. a) –   **b)** 330 m³   **c)** 304 m²

SEITE 220

1. a) 10 Monate
b) Anteil für 12 Monate dividiert durch 12; multipliziert mit 10; Berechnung auf 10 Cent genau
c) 100,90 €
d) 945,73 €
e) 105,00 €
f) Herr Weigoldt erhält vom Vermieter 104,27 € zurück.
g) (1) 293,00 €   (2) etwa 5,4 %   (3) –

SEITE 221

2. a) Kombi: 971,67 €; Trend: 970,98 €

3. a) 6 784 ℓ
b) (1)

Zeit x (in min)	0	1	5	10	20	30
Wasserhöhe y (in cm)	150	145	125	100	50	0

(2) nach 30 Minuten

c) d = 2,4 cm; h = 3,0 cm
d) 1 : 125 000
e) DIN-A4-Format reicht nicht aus. DIN A2 muss gewählt werden.

4. a) u ≈ 7,85 m; etwa 80 Steine
b) ≈ 50 Pflanzen; 272,50 €
c) 2,94 m³, also ≈ 3 m³; 109,60 € (ohne 19 % MwSt.); 130,42 € (mit 19 % MwSt.)

5. a) 11 762 cm² ≈ 1,18 m²   **b)** 5,88 m²; Ein 5-ℓ-Kanister reicht aus.

EINHEITEN

Längen

10 mm = 1 cm
10 cm = 1 dm
10 dm = 1 m
1 000 m = 1 km

Flächeninhalte

100 mm² = 1 cm²
100 cm² = 1 dm²
100 dm² = 1 m²

100 m² = 1 a
100 a = 1 ha
100 ha = 1 km²

Die Umwandlungszahl ist 100.

Volumen

1 000 mm³ = 1 cm³
1 000 cm³ = 1 dm³
1 000 dm³ = 1 m³

1 cm³ = 1 mℓ
1 dm³ = 1 ℓ
1 000 mℓ = 1 ℓ

Die Umwandlungszahl ist 1 000.

Zeitspannen

60 s = 1 min
60 min = 1 h
24 h = 1 d

Massen

1 000 mg = 1 g
1 000 g = 1 kg
1 000 kg = 1 t

Die Umwandlungszahl ist 1000

MATHEMATISCHE SYMBOLE

Zahlen

$a = b$	a gleich b
$a \neq b$	a ungleich b
$a < b$	a kleiner b
$a > b$	a größer b
$a \mid b$	a ist Teiler von b
$a \nmid b$	a ist nicht Teiler von b
$a \approx b$	a ungefähr gleich (rund) b
$a + b$	Summe aus a und b; a plus b
$a - b$	Differenz aus a und b; a minus b
$a \cdot b$	Produkt aus a und b; a mal b
$a : b$	Quotient aus a und b; a durch b
a^n	Potenz aus Basis (Grundzahl) a und Exponent (Hochzahl) n; a hoch n
$\frac{a}{b}$	Bruch mit dem Zähler a und dem Nenner b
$\lvert a \rvert$	Betrag von a
$p\,\%$	p Prozent
$\mathbb{N}$	Menge der natürlichen Zahlen
$\mathbb{Z}$	Menge der ganzen Zahlen
$\mathbb{Q}$	Menge der rationalen Zahlen
$\mathbb{Q}_+$	Menge der gebrochenen Zahlen

Geometrie

AB	Verbindungsgerade durch die Punkte A und B; Gerade durch A und B
$\overline{AB}$	Verbindungsstrecke der Punkte A und B; Strecke mit den Endpunkten A und B
$\overrightarrow{AB}$	Strahl mit dem Anfangspunkt A, der durch B verläuft
$g \parallel h$	Gerade g ist parallel zu Gerade h
$g \nparallel h$	Gerade g ist nicht parallel zu Gerade h
$g \perp h$	Gerade g ist senkrecht zu Gerade h
$P(x\mid y)$	Punkt P mit den Koordinaten x und y, wobei x der Rechtswert, y der Hochwert ist
ABC	Dreieck mit den Eckpunkten A, B und C
$ABCD$	Viereck mit den Eckpunkten A, B, C und D
$\sphericalangle PSQ$	Winkel mit dem Scheitel S und den Schenkeln $\overrightarrow{SP}$ und $\overrightarrow{SQ}$
$F \cong G$	Figur F ist kongruent zu Figur G
$F \sim G$	Figur F ist ähnlich zu Figur G
h_a	Höhe auf der Seite a

STICHWORTVERZEICHNIS

Abnahmefaktor 13, 32
absolute Häufigkeit 191
Additionsregel 49
Aufriss 73
Ausklammern 45, 58
Ausmultiplizieren 43, 58

Divisionsregel 49
Dreieck 62
- rechtwinkliges 139, 152
Durchmesser eines Kreises 107

Elementarereignis 197
Ereignisse 189, 196, 197, 206
- sicheres 197
- unmögliches 197
Ereignismenge 189
Ergebnisse 187, 189, 206
- günstige 189, 206
- mögliche 187, 189, 206
Ergebnismenge 187

Flächeneinheiten 63
Flächeninhalt 62
- Dreieck 62
- Kreis 111, 130
- Vierecke 62
Formeln umstellen 53, 58

Gegenereignis 199, 206
gleichartige Glieder 41
- zusammenfassen 41
Gleichung 49, 58
- Umformungsregeln 49
Grundfläche
- Kegel 162
- Prismas 67, 84, 117
- Pyramide 156, 60
- Zylinders 117, 130
Grundriss 73
Grundwert 6, 21, 23, 32
- erhöhter 13, 32
- verminderter 13, 32

Häufigkeit
- absolute 191
- relative 191, 192, 206
Höhe
- Kegel 162
- Prisma 67, 84, 117
- Pyramide 156
- Zylinder 117, 130
Hypotenuse 139, 152

irrationale Zahlen 97, 101

Jahreszinsen 23, 26, 32

Kapital 23, 26, 32
Kathete 139, 152
Kegel 162, 182
- Grundfläche 162
- Höhe 162
- Mantelflächeninhalt 165, 182
- Mantellinie 162
- Netz 162
- Oberflächeninhalt 165, 182
- Volumen 168, 182
- Zweitafelbild 162
Klammern auflösen 47
Kreis 107, 130
- Durchmesser 107
- Flächeninhalt 111, 130
- Mittelpunkt 107
- Radius 107, 130
- Umfang 107, 130

Kreisring 111, 130
Kreiszahl π 107, 116
Kubikwurzel 98, 101
Kugel 172, 182
- Oberflächeninhalt 175, 182
- Volumen 172, 182

Laplace-Experiment 189, 206

Mantelflächeninhalt
- Kegel 162, 165, 182
- Prisma 77, 84, 117
- Pyramide 160, 182
- Zylinder 117, 130
Mantellinie eines Kegels 162
Mittelpunkt des Kreises 107
Multiplikationsregel 49

Name eines Terms 38
Netz
- Kegel 162
- Prisma 66, 84
- Pyramide 157
- Zylinder 118, 130

Oberflächeninhalt
- Kegel 165, 182
- Kugel 175, 182
- Prisma 77, 84
- Pyramide 160, 182
- Quader 62, 130
- Zylinder 120

Parallelogramm 62
Prisma 67, 117
- Grundfläche 67, 84, 117
- Höhe 67, 84, 117
- Mantelfläche 67, 117
- Mantelflächeninhalt 77, 84
- Netz 66, 84
- Oberflächeninhalt 77, 84
- Schrägbild 71, 84
- Seitenfläche 67
- Volumen 79, 84
- Zweitafelbild 73, 84
Promillerechnung 21
Prozentrechnung 6, 23, 32
Prozentsatz 6, 23, 32
prozentuale
- Abnahme, 13, 32
- Zunahme 13, 32
Prozentwert 6, 23, 32
Pyramide 156, 182
- Grundfläche 156, 160
- Höhe 156
- Mantelfläche 160
- Mantelflächeninhalt 160, 182
- Netz 157
- Oberflächeninhalt 160, 182
- Schrägbild 156
- Seitenfläche 156
- Seitenkante 156
- Volumen 168, 182
- Zweitafelbild 157
pythagoräisches Zahlentripel 145

Quader 62
- Schrägbild 70
Quadratwurzel 92, 93, 101
Quadratzahl 90
Quadrieren 94

Radikand 92, 98
Radius des Kreises 107, 130
Rechteck 62
rechtwinkliges Dreieck 139, 152

reelle Zahlen 97, 101
relative Häufigkeit 191, 192, 206
Rissachse 73

Sachaufgaben lösen 51
Satz des Pythagoras 139, 152, 182
- Anwendung 147, 152
- Beweis 140
- Umkehrung 144, 152
Satz des Thales 137, 152
Schrägbild eines
- Prismas 71, 84
- Pyramide 156
- Quaders 70
- Zylinders 118
Seitenfläche
- Prisma 67
- Pyramide 156
Simulation von Zufallsexperimenten 195
Subtraktionsregel 49
Summenregel 196, 206

Tabellenkalkulation 35, 60, 61, 103, 133, 195
Terme 36, 42, 58
- wertgleiche 40
Termstruktur 38
Termwert 36
Thaleskreis 137, 152
Trapez 62

Umfang eines Kreis 107, 130
Umformungsregeln für Gleichungen 49
Umstellen von Formeln 53, 58

Variable 36
Variablengrundbereich 36
Volumeneinheiten 51
Volumen
- Kegel 168, 182
- Kugel 172, 182
- Prisma 79, 84
- Pyramide 168, 182
- Quader 62
- Zylinder 122, 130
Volumeneinheiten 63

Wahrscheinlichkeit 189, 192, 196, 206
Weglassen von Malpunkten 41
Wert des Terms 36
wertgleiche Terme 40
Wurzelzeichen 92, 98
Wurzelziehen 94

Zahlen
- irrationale 97, 101
- reelle 97, 101
Zahlenbereich 97, 101
Zinsformel 26, 32
Zinsrechnung 23, 26, 32
Zinssatz 23, 26, 32
Zufallsexperiment 187, 192, 206
Zunahmefaktor 13, 32
Zweitafelbild 73, 84, 157, 162
Zylinder 117, 130
- Grundfläche 117, 130
- Höhe 117, 130
- Mantelfläche 117, 130
- Netz 118, 130
- Oberflächeninhalt 120, 130
- Schrägbild 118, 130
- Volumen 122, 130

BILDQUELLENNACHWEIS

|adpic Bildagentur, Köln: Brauer, H. 108; Buß, A. 13. |akg-images GmbH, Berlin: Nimatallah 185. |alamy images, Abingdon/Oxfordshire: Arco Images GmbH 174; Elizabeth Whiting & Associates 25; Idealink Photography 21; Novarc Images 156; Prisma by Dukas Presseagentur GmbH 151. |Archiv Mack, Mönchengladbach: 64, 64. |Bierwirth, Arno, Osterode: 73. |bpk-Bildagentur, Berlin: 137; Alfredo Dagli Orti 139. |Brettschneider Fernreisebedarf GmbH, Grafing bei München: 161. |Bundesministerium der Finanzen, Berlin: 193, 193, 194, 206. |Colourbox.com, Odense: Kalinovsky, Dmitry 121; Prykhodko, Oleksandr 173. |dreamstime.com, Brentwood: Tachfoto 185; Tatisol 155. |Druwe & Polastri, Cremlingen/Weddel: 39, 65, 86, 105, 186, 186. |Ertel, Stefan, Bremen: Ertel, Wendel 34. |ESA - European Space Agency, Frascati: 106. |EVENT PARK GmbH I BELANTIS, Leipzig: 209. |Fabian, Michael, Hannover: 171, 188, 188, 188, 188, 188, 207. |Ferienhof Borchers, Selsingen-Granstedt: 184. |fotolia.com, New York: .shock 31; artcomedy 126; Barker, Andrew 20; blende40 28; blickpixel 205; Brauer, Heike 178; Cherries 203; chiyacat 17; Danti, Andrea 64; ikonoklast_hh 33; Jackin 162; JFsPic 178; Kara 129; Karvan 193; Kröger, Bernd 114; pixelrobot 193; Pokrovsky, Ekaterina 162; Pozdeyev, Nikolay 156; PRILL Mediendesign 109, 127; Punto Studio Foto 174; RalfenByte 104; reeel 113; Rovagnati, Julián 17; Sanders, Gina 134; scarlett 191; Schanz-Hofmann 159; schenkArt 28; shutswis 181; Thiele, Sandra 113; Thome, Eugen 173; thongsee 81; vvoe 155; Wischnewski, Marn 166. |Getty Images (RF), München: Ortakcioglu, Oktay 127; Stockbyte Titel. |Humpert, Bernhard, Rostock: 167. |Hüttner, Sandra, Issigau: 129. |Imago, Berlin: Hanel, Jürgen 33. |iStockphoto.com, Calgary: acilo 180; clu 28; Hoffmann, Oliver 171; jfairone 11; Kelly, Ryan 178; Knaupe, Ulrich 125; Nekrassov, Andrei 166; NickS 126; northlightimages 108; Omer Yurdakul Gundogdu 177; pelucco 22; Schwarz, Tobias 22; SOYHAN ERIM 15; Uhernik, Bruno 109; whitneylynn_ 164. |mauritius images GmbH, Mittenwald: 202; age fotostock/Coll, Pedro 201; Flüeler, Urs 167; Kugler 170; Kumicak 143; Merten 156; Müller, Dr. J. 208; Sportin picture 30; Vidler, Steve 177. |Meyberg, Karl-Heinrich, Diepholz: 172. |Microsoft Deutschland GmbH, München: 35, 60, 60, 61, 61, 61, 83, 103, 103, 133, 133, 195, 195. |Minkus Images Fotodesignagentur, Isernhagen: 168, 168, 168, 206. |OKAPIA KG - Michael Grzimek & Co., Frankfurt/M.: DRA/Still Pictures 173; Naturbild AB/Halling, Sven 216. |PantherMedia GmbH (panthermedia.net), München: Buida, Nikita 28; Heim, Ramona 172; Kühn, Carsten 8; Parise, Magali 52; Rukhlenko, Dmitry 81; Schneider, Detlef 154; Tsvetkov, Nikolai 106; Willig, Gabriele 9. |Picture-Alliance GmbH, Frankfurt/M.: 112; dpa (Agence France) 112; dpa-Zentralbild/euroluftbild.de 65, 104; dpa/ADAC 128; dpa/Balk, Matthias 218; dpa/Berg, Oliver 20; dpa/Kleefeldt, Frank 205; dpa/Winter 159; Fuehler 121; Kumm, Wolfgang 128; MP/Leemage 189; REUTERS/Charisius, Christian 115; SZ Photo/Kapser, Alfons 218; Vennemann, Moritz 176; ZB 149. |Promex Handels GmbH, Lübeck: 80. |Schulze, Dr. Steffen, Kemnitz: 183. |Shutterstock.com, New York: Africa Studio 178; Cheng Wei 105; DiegoMariottini 170; huyangshu 181; Kalinovsky, Dmitry 35; Karapancev, Zoran 159; Maixner, David 125; megastocker 115; Palma, Cesare 124; Pripir 127; RCDIGITAL PHOTOGRAPHY 171; worker 18. |stock.adobe.com, Dublin: eyetronic 178; Gilang 108; SkyLine 108. |Streiflicht Fotografie, Schwäbisch Gmünd: 99, 99, 99. |Tribulowski, Christine, Großenhain: 124. |ullstein bild, Berlin: imageBROKER 181; imageBROKER/Tack, Jochen 132. |vario images, Bonn: 28. |Warmuth, Torsten, Berlin: 89, 107, 107, 107, 111, 117, 117, 120, 121, 131, 144, 151, 162, 187, 187, 194, 194, 194, 196, 198, 200, 200. |Wiechert'sche Erdbebenwarte Göttingen e.V., Gleichen: Ina Siebert 174.

Wir arbeiten sehr sorgfältig daran, für alle verwendeten Abbildungen die Rechteinhaberinnen und Rechteinhaber zu ermitteln. Sollte uns dies im Einzelfall nicht vollständig gelungen sein, werden berechtigte Ansprüche selbstverständlich im Rahmen der üblichen Vereinbarungen abgegolten.